RUEDIGER DAHLKE

Wie Sex und Liebe sich wiederfinden

GOLDMANN
Lesen erleben

Buch

Dieses Buch rührt gleich an mehreren Tabus: Ruediger Dahlke diagnostiziert fehlende Leidenschaft und Erotik in unseren Schlafzimmern und macht dafür die modernen Rollenbilder von Mann und Frau verantwortlich. Offensichtlich gibt es immer mehr Männer, die es nie gelernt haben, souveräne Liebhaber zu sein. Und immer mehr Frauen, die meinen, dass tiefe Hingabe unweigerlich zu sexueller Unterdrückung führen muss. Der Autor entwirft die provozierende These, dass es ein Fehler ist, die Gleichheit von Mann und Frau in Beruf und Gesellschaft auch auf die Erotik zu übertragen und zeigt einen Weg, wie Paare zu einer lebendigen Sinnlichkeit und einer erfüllende Sexualität zurückfinden können.

Autor

Dr. med. Ruediger Dahlke arbeitet seit 37 Jahren als Arzt, Autor und Seminarleiter. Mit Büchern wie »Krankheit als Weg« oder »Krankheit als Symbol« begründete er seine ganzheitliche Psychosomatik, die bis in mythische und spirituelle Dimensionen reicht. Die Buch-Trilogie »Schicksalsgesetze«, »Schattenprinzip« und »Lebensprinzipien« bildet die philosophische und praktische Grundlage seiner Arbeit. Ruediger Dahlke nutzt seine Seminare und Vorträge, um die Welt der Seelenbilder zu beleben und zu eigenverantwortlichen Lebensstrategien anzuregen. Sein Ziel, ein Feld ansteckender Gesundheit aufzubauen, spiegelt sich in Büchern wie »Peace Food« und »Buch der Widerstände«, aber auch in der Verwirklichung des Seminarzentrums TamanGa in der Südsteiermark.

Ruediger Dahlke

Wie Sex und Liebe sich wiederfinden

Die vergessene Polarität der Liebe

GOLDMANN

Dieses Buch erschien erstmals 2013 unter dem Titel
Mythos Erotik. Eine Lebenskraft tritt aus dem Schatten
im Scorpio Verlag in München.

MIX
Papier aus verantwortungsvollen Quellen
FSC® C014496

Verlagsgruppe Random House FSC® N001967

1. Auflage
Vollständige Taschenbuchausgabe März 2017

Umschlaggestaltung: UNO Werbeagentur, München
Umschlagmotiv © Fine Pic®, München
fm · Herstellung: cb
Satz: Buch-Werkstatt gmbH, Bad Aibling
Druck und Bindung: GGP Media GmbH, Pößneck
Printed in Germany
ISBN 978-3-442-22140-0

www.goldmann-verlag.de
Besuchen Sie den Goldmann Verlag im Netz

DANK

Ich danke Stephanie von Frankenberg, Dorothea Neumayr, Agnes Weber, Ingfried Hobert, Balthasar Wanz, Kurt Eicher und meiner Partnerin Rita Fasel für Korrekturen und »erotische« Inspirationen, letzteren beiden besonders auch für die Sorge um mich, bei diesem anspruchsvollen Thema und der damit verbundenen Gratwanderung. Eckhard Graf gilt mein Dank für die Betreuung seitens des Verlages, Christine Stecher für das Lektorat.

INHALT

Mit Küssen seines Mundes bedecke er mich.
Süßer als Wein ist deine Liebe.
Köstlich ist der Duft deiner Salben, dein Name
hingegossenes Salböl;
darum lieben dich die Mädchen.
Zieh mich her hinter dir! Lass uns eilen!
Der König führt mich in seine Gemächer.
Jauchzen lasst uns, deiner uns freuen,
deine Liebe höher rühmen als Wein.
Er küsse mich mit dem Kusse seines Mundes;
denn deine Liebe ist lieblicher als Wein.
Er erquickt mich mit Blumen und labt mich mit Äpfeln;
denn ich bin krank vor Liebe.
Seine Linke liegt unter meinem Haupte,
und seine Rechte herzt mich.

Da ich ein wenig an ihnen vorüber war, da fand ich,
den meine Seele liebt.
Ich halte ihn und will ihn nicht lassen …
Ich habe meinen Rock ausgezogen,
wie soll ich ihn wieder anziehen?
Ich habe meine Füße gewaschen,
wie soll ich sie wieder besudeln?
Aber mein Freund steckte seine Hand durchs Riegelloch,
und mein Innerstes erzitterte davor.
Da stand ich auf, dass ich meinem Freund auftäte;
meine Hände troffen von Myrrhe und meine Finger von
fließender Myrrhe an dem Riegel am Schoß.

Wie schön ist dein Gang in den Schuhen,
du Fürstentochter!
Deine Lenden stehen gleich aneinander wie zwei Spangen,
die des Meisters Hand gemacht hat.
Dein Schoß ist wie ein runder Becher,
dem nimmer Getränk mangelt.
Dein Leib ist wie ein Weizenhaufen, umsteckt mit Rosen.
Deine zwei Brüste sind wie zwei Rehzwillinge.
Wie schön und wie lieblich bist du, du Liebe voller Wonne!
Dein Wuchs ist hoch wie ein Palmbaum
und deine Brüste gleich den Weintrauben.

Ich sprach: Ich muss auf den Palmbaum steigen
und seine Zweige ergreifen.
Lass deine Brüste sein wie Trauben am Weinstock
und deiner Nase Duft wie Äpfel.
Mein Freund ist mein, und nach mir steht sein Verlangen.
Ich bin gekommen, meine Schwester, liebe Braut, in meinen Garten. Ich habe meine Myrrhe samt meinen Würzen abgebrochen; ich habe meinen Seim samt meinem Honig gegessen; ich habe meinen Wein samt meiner Milch getrunken. Esst, meine Lieben, und trinkt, meine Freunde, und werdet trunken!

Aus *Salomon, Hohelied der Liebe*

REDEN WIR DARÜBER!

»Die Liebe ist manchmal das Tragischste
und oft das Schönste, aber immer das Wichtigste.«
UNBEKANNTER VERFASSER

EROS ALS LEBENSPRINZIP

Ein Lebensprinzip sein – ist das nicht ein wenig zu viel der Ehre für eine Nebenfigur im griechischen Götterhimmel? Eine Gestalt, die im Laufe der Jahrhunderte zu einem dicklichen Engelchen abwirtschaftete, das mit Spielzeugpfeilen auf putzige rote Herzen zielt? Ich meine nein. Es ist überhaupt nicht zu viel der Ehre, denn Eros ist wahrhaftig ein Lebensprinzip.

Wir haben heute die einzigartige Chance, das schönste Thema der Welt wieder so anzugehen, dass es den ihm einst zugedachten Platz in unserem Leben einnehmen kann, und es noch schöner zu machen, als es ohnehin schon ist. Es ist die richtige Zeit dafür, auch wenn es manchmal gar nicht so aussehen mag.

Eros ist kein verschleißfester Kämpfer, der mit harten Ellbogen arbeitet, aber er besitzt ein zähes Durchhaltevermögen und hat sich jahrtausendelang gegen seine zahlreichen Feinde behauptet. Er ist ein hartnäckiger Begleiter des Menschen, der seinen Fuß (lebens-)prinzipiell in jede Tür zu stellen vermag, und sollte sie nur einen kleinen Spalt geöffnet sein. Eros' Stimme ist nicht laut, aber sein Wirken nachhaltig. Um sich in der Welt der Menschen auf das Schönste zu verwirklichen, will er jedoch eingeladen sein.

Lange Zeit waren die gewöhnlichen Lebensverhältnisse wenig einladend für Eros. Als unsere Vorfahren noch in Schmutz, Kälte und Nässe ihr Dasein fristeten, als nicht nur mangelnde, sondern jegliche Abwesenheit von Hygiene die Regel war, dürfte Eros kaum eine Heimstatt unter ihnen gefunden haben. Hinzu kamen schwerste Arbeit, die den Körper erschöpfte, und der enorme Stress, den die ständige Sorge um das Überleben mit sich brachte. Somit wird von vornherein klar: Eros ist nicht nur ein Kind der Natur, sondern vor allem der Kultur. Vielleicht kam Eros sogar zur selben Zeit in das menschliche Dasein wie das Spiel. Dürften nicht sogar erotische Spiele die erste urmenschliche Äußerung des natürlichen Spieltriebs, der so vielen Kreaturen innewohnt, gewesen sein? Niemand weiß es genau, aber es wäre plausibel.

Für sehr lange Zeit konnten nur wenige Menschen es sich leisten, Eros mit gebührender Muße spielerisch zu begegnen. Erotische Kultur war ein reines Oberschichtenthema, wie wir es heute nennen würden. Sie entwickelte sich als ein Privileg der Herrschenden, Reichen und Gebildeten. Von jeher sind es die begüterten Kreise gewesen, und hier insbesondere die Männer, die über genügend Gelegenheit verfügten, überhaupt nennenswerte erotische Erfahrungen zu sammeln. Berühmt war Venedig für seine schönen und gebildeten Kurtisanen – bis die Kirche anlässlich einer Pestepidemie die Gelegenheit beim Schopfe packte und die gerade wieder einmal aufblühende Kultur des Eros erneut zerschlug. Und dies ist nur eines von vielen Beispielen aus einer nicht allzu fernen Epoche. Wenn wir heute drastisch formulieren, dass unsere Gesellschaft *oversexed* sei, so beschreibt dies auch den ungeheuer großen Unterschied an Lebensressourcen im Vergleich zu dem weit überwiegenden Teil der Vergangenheit.

Ein kulturell gebundenes Lebensprinzip wie Eros bedarf, um sich Geltung zu verschaffen, einer weiteren grundlegenden Voraussetzung, die heute überreichlich zur Verfügung steht: Information. Eine verfeinerte Genussfähigkeit ist nicht (jedem) angeboren. Sie will erlernt werden, auch aus Büchern. So ist es eine wenig beachtete, aber kaum erstaunliche Tatsache, dass erotische Literatur bereits in der Frühzeit des Druckerwesens eine der wichtigsten Einnahmequellen war. Doch erst in moderner Zeit ermöglichten Film, Fernsehen und Internet es prinzipiell jedem, das Thema Erotik jenseits eigener Erlebnisse und persönlicher Gespräche anzugehen und Anschauungsmaterial zu sammeln.

In diesem Zusammenhang ist es also keineswegs banal, darauf hinzuweisen, dass die Menschen heute in aller Regel lesen und schreiben können. Die allgemeine Schulpflicht setzte sich selbst in Mitteleuropa erst im 19. Jahrhundert durch, und ihre Einführung lässt in vielen Teilen der Welt weiter zu wünschen übrig. Sogar bei uns gibt es noch erschreckend viele sogenannte funktionale Analphabeten, Menschen, die nicht lesen können und das zu kaschieren suchen. Die ernüchternde Wahrheit ist, dass die Welt auf Film und Fernsehen warten musste, damit auch die Letzten mehr und mehr über das erfahren können, was uns alle mit am meisten interessiert, auch wenn es für viele von Angst und Scham begleitet ist. Die Überflutung unseres Alltags mit sexuellen Reizen, so vielschichtig ihre Folgen auch sein mögen, ist also zunächst einmal eine Folge dieser »Demokratisierung«. Man könnte sogar von einer Proliferation der Erotik, einem Wildwuchs, sprechen.

Es besteht darüber hinaus eine direkte Parallele zwischen der Beherrschbarkeit des Menschen und dem Entzug von Möglichkeiten des Spielens und Genießens. Hier deutet sich bereits die große Chance an, die eine gereifte und bewusste Erotik für die (innere) Befreiung des Menschen haben könnte. In ihrer Erotik freie Menschen sind weniger leicht beherrschbar, aber sie könnten viel mehr beherrschen – auch sich selbst. Sie wären frei für ein selbstbestimmtes Leben.

Eros hatte es immer schwer, gerade im für seine kulturellen Errungenschaften so hoch gepriesenen Abendland. Heute jedoch erhält die unterdrückte Lebenskraft wieder einmal eine Chance. In allerjüngster Zeit geschieht es auch dank einer neuen Variante der Frauenbewegung. Sie erhebt ihre Stimme gegen eine Lustfeindlichkeit, die ausgerechnet im Schatten ihrer eigenen politischen Schwester entstanden ist.

NEUE FREIHEITEN UND DIE FOLGEN

Auch im unmittelbaren Umfeld unserer Betten hat sich allein im letzten Jahrhundert sehr viel geändert, mit beträchtlichen Konsequenzen für das erotische Erleben. Wir haben heute praktisch alle die Möglichkeit, uns aus Liebe zusammenzutun und aus Liebe zu heiraten. Wir müssen uns in dieser Hinsicht eigentlich weder von Kirche noch Staat, noch Gesellschaft Vorschriften machen lassen, und wenn es hier dennoch Probleme gibt, existieren sie in unserem Kopf. Auch das ist relativ neu.

Nur scheint bei diesem Thema die (oberste) Oberschicht der Gesellschaft der Entwicklung etwas nachzuhinken; hier hat die Ehe bis heute wenig mit Eros zu tun. Doch offenbar befreien sich selbst reale Königskinder zunehmend von der Bevormundung ihres Liebeslebens und gehen den Weg ihrer Brüder und Schwestern aus dem Märchen, die stets viel Mut beweisen, um nach Neigung statt nach Standeszugehörigkeit zu lieben und zu ehelichen.

Wenn in Zukunft Gatte und Gattin von (geld-)adligem Stand den Beischlaf tatsächlich nicht mehr lediglich zur Reproduktion pflegten, würde das aber keineswegs den Niedergang des Geschäftsmodells moderner Märchenerzähler, der Gesellschaftsreporter der Hochglanzmagazine und Illustrierten, bedeuten.

Schließlich ist kaum zu erwarten, dass die hohen Herrschaften auf ein Liebesleben außerhalb der Ehe verzichten, welches in anderen Gesellschaftsschichten ebenfalls schon gang und gäbe ist. Die Lebensweisen gleichen sich an, und wenn der modernen Gesellschaft prinzipiell etwas abhandengekommen ist, dann wohl das Prinzip lebenslanger Treue.

Ganz oben auf der familienpolitischen Tagesordnung steht inzwischen die Unterstützung der Patchwork-Familie, vermutlich weil sie eine wesentliche Voraussetzung für die Berufstätigkeit der Frau bildet. Es ist jedoch fraglich, ob für Mann und Frau so viel wirklich Neues an dieser Form des Lebens und Liebens ist. Schon in alter Zeit musste die Meisters- oder Bauersfrau, kaum war ihr Mann an TBC gestorben oder auf dem letzten Feldzug des Landesherrn gefallen, den übrig gebliebenen jüngeren Bruder heiraten, damit der Familienbetrieb fortgeführt werden konnte. Es gab ja weder Witwenrente noch Kinderkrippen, noch Sozialhilfe. Wiederverheiratung war das Mittel der Wahl zum Zweck des Überlebens für eine verwitwete oder verlassene Frau mit Kindern. Heute kommt es in der Regel zum familiären Patchwork, weil sich die bisherigen Partner nicht mehr (zu) lieben (meinen) und mindestens einer von ihnen für jemand anderen frei sein möchte. Der Grund ist in Wahrheit meist die (erhoffte) Aussicht auf eine befriedigendere Erfüllung von erotischen Liebesbedürfnissen. Eros hat dann seine Pfeile in zwei vergebene Herzen platziert, ohne Rücksicht auf zwischenmenschliche Kollateralschäden.

In diesem Sinne unterstützt selbst das statistisch erwiesene mehrheitliche Scheitern heutiger Liebesehen und -beziehungen den Marsch von Eros durch die Institutionen, zumindest durch das Versorgungsinstitut Ehe. So eröffnen sich neue Chancen für das von ihm vertretene Lebensprinzip, in die Lebensqualität des heutigen Menschen mit einzufließen. Jedenfalls dann, wenn man durch Scheidung aus Schaden klug wird und sich jemandem zuwendet, der im Bett besser »passt«.

WENN DIE EROTIK AUF DER STRECKE BLEIBT

Die Klage über mangelnde Erotik ist wohl so alt wie die menschliche Kultur selbst. Das ist nur zu verständlich vor dem Hintergrund, dass Liebe die alles verbindende Kraft des Lebens ist. Natürlich bedauern wir jeden Tag, an dem wir Eros nicht leben und erleben, seine Chancen nicht beherzt genug ergriffen haben. Wir bedauern es, in Beziehungen zu leben oder gelebt zu haben, die es nicht wert sind, so genannt zu werden, weil Eros sich in ihnen mehr und mehr rarmacht. Und wir haben Angst, dass wir vielleicht nicht mehr genügend nachholen oder, besser gesagt, nicht alles leben können, wonach wir uns im tiefsten Grunde sehnen und was wir vor unserem inneren Auge als Möglichkeit sehen, selbst wenn wir es vielleicht nie in der Wirklichkeit erfahren haben. Immerhin haben wir das Glück, in einer Zeit zu leben, in der auch das Altern kein Hindernis für erotisches Glück mehr sein muss und wir Menschen gleicher Überzeugung um uns haben können, die ebenfalls neugierig genug sind, neue Erfahrungen zu sammeln.

Natürlich existieren wir auch weiterhin in der Welt der Polarität, die dort Anlass zu Klagen gibt, wo sie nicht durchschaut wird. Beide Geschlechter müssen heute sehr vielen und vielseitigen Aufgaben gerecht werden. Frauen sollen attraktiv, gepflegt und gebildet sein. Sie (wollen und) sollen Kinder bekommen und sie großziehen, ihnen Nachhilfe geben, sie im Krankheitsfall pflegen und sich pädagogisch auf dem neuesten Stand zeigen. Daneben sollen sie möglichst auch noch arbeiten gehen und jederzeit Lust haben, mit ihrem oft überarbeiteten Mann zu schlafen. Bei alldem haben sie nicht nur ausgeschlafen auszusehen, sondern es auch zu sein.

Ähnliches gilt für den Mann, der wie eh und je als selbstständig und erfolgreich zu gelten hat, heute aber auch kochen können sollte. Er muss nicht nur attraktiv aussehen, sondern auch gut im Bett sein, dazu tüchtig im Beruf. Allerdings muss er auch zu Hause zur Stelle sein, wenn wegen der Berufstätigkeit der Frau die Kinder versorgt werden müssen. Wenn dann endlich ein Kindergartenplatz gefunden ist, bringt er den Nachwuchs jeden Morgen pünktlich und gut gelaunt dorthin, ohne sich als Weichling zu fühlen oder mit der Kindergärtnerin anzubandeln.

Für viele Frauen bringt die moderne Rollen-(Über-)Forderung mit sich, dass sie vermännlichen. In einigen Firmen dürfen sie nur im dunklen Kostüm oder Hosenanzug erscheinen; es ist ihnen verboten, lange Haare offen zu tragen, Parfum zu verwenden oder sich sichtbar zu schminken. Die Männer hingegen verweiblichen, indem sie der Forderung nachkommen, gefühlsbetonter und sensibler, eben weicher zu werden, allerdings bloß kein *Weichei*.

Beide Geschlechter kommen diesen Anforderungen bis hin zu tiefer Erschöpfung willig nach, weil es im Sinne ihrer erwünschten Gleichstellung so erwartet wird. Welcher Preis dafür in Form von Vitalität zu zahlen ist, wird aktuell zum Gegenstand einer immer schärfer werdenden Diskussion. Das Problem zeigt sich nicht zuletzt in der exponentiell steigenden Zahl von Seeleninfarkten in Form von Burn- und Bore-out.

Allerdings wird noch nicht diskutiert, welcher Tribut dabei auch der männlichen und weiblichen Natur in uns entrichtet werden muss. Diese Frage zu stellen ist nach wie vor tabu. Gesprächsverbot wird anlässlich dieses Themas nicht nur deshalb erteilt, weil damit verbundene Fragen und Probleme von jeher mit Scham belegt sind. Sondern heute kommt noch verschärfend hinzu, dass eine offene Diskussion zwangsläufig an dem erst vor kurzer Zeit und äußerst mühsam installierten modernen Rollenbild von Mann und Frau kratzen wird. Dabei ist dieses neue Modell in unseren altmodischen Seelen noch gar nicht wirklich verankert. So bleibt es beim hohen Anspruch und einer letztlich ambivalenten Definition. Die neue Zeit fordert etwas, das die alte Seele noch gar nicht kann.

ROLLENMODELLE UND SPRACHLOSIGKEIT

In der Tiefe sorgen unklare Rollendefinitionen für unklare Verhältnisse. Die Diskrepanz zwischen politischer Korrektheit und Seelenbedürfnissen wird dabei immer auffälliger, und es wird immer deutlicher, dass die Rechnung dafür an einem Ort und bei einer Tätigkeit beglichen wird, über die wirklich ehrlich zu sprechen – aller Freizügigkeit zum Trotz – immer noch äußerst schwerfällt: in der Erotik, im Bett, beim Sex.

Mit dem wirklich offenen und ehrlichen Darüberreden ist es nach wie vor so eine Sache. Sicher können wir heute ungestraft über Sex sprechen und es sogar erstmals auf breiter Ebene tun. Immerhin bezeichnen wir ihn gern als Thema Nummer eins. Doch was so lange mit einem absoluten Tabu versehen war, muss in einem längeren Prozess erst im eigentlichen Sinn gesprächsfähig gemacht werden. Die Tatsache, dass unser Alltag mit (bewegten) Bildern und (bewegenden) Worten mittlerweile komplett durchsexualisiert ist, sagt überhaupt nichts über unsere entsprechende Aufnahmefähigkeit aus. Möglicherweise ist sogar die Mehrheit aller Ehepaare nach wie vor nicht in der Lage, miteinander frei von der Leber weg über ihren eigenen Sex zu reden. Dreißig Jahre therapeutischer Praxis haben mich wissen lassen, welch schwieriges Thema das Sprechen zwischen Mann und Frau grundsätzlich ist.

Andererseits ist diese Hilflosigkeit kein Wunder. Allein das unverfängliche, einfache Miteinandersprechen ist bei gesellschaftlichen Anlässen aller Art nicht nur in muslimischen Ländern, sondern auch in unseren Breiten noch bis in die zweite Hälfte des vergangenen Jahrhunderts so geregelt gewesen, dass Männer in aller Regel nur mit Männern und Frauen nur mit Frauen kommunizierten. Über Erotik wurde nicht einmal mit dem Ehepartner geredet; sie war Thema in »Etablissements«, allenfalls noch in intellektuell elitären Salons. Allerdings müsste die altbekannte

Sprachlosigkeit heute eigentlich nicht mehr bedeuten, dass Liebe und Erotik beim Sexualkundeunterricht steckenbleiben und dieser, wie noch in meiner eigenen Schulzeit, hauptsächlich aus Warnungen vor Geschlechtskrankheiten besteht.

Es ist sicher kein Vorurteil, dass Männer sich bis heute schwertun, über Gefühle, über Seelisches allgemein zu sprechen, geschweige denn über Erotik – *vor allem* mit ihrer eigenen Frau. Kommunikation über sinnlich-erotische Erfahrungen außerhalb der abgeschlossenen Zone des typischen Männergesprächs ist neues Terrain. Über Erotik offen und ehrlich zu sprechen will übrigens auch von nicht wenigen Frauen gelernt werden. Wir alle haben stattdessen nur zu projizieren gelernt, also den Abfalleimer eigener schlechter Gefühle und Probleme auf dem Gegenüber auszuleeren. Das ist kein Vorwurf, sondern eine weitere Beobachtung aus der Sprechstunde und aus verschiedenen Arten von Selbsterfahrungsseminaren; sie könnte so urteilslos zur Kenntnis genommen werden wie die Tatsache, dass die Generation der heute Achtzigjährigen in der Regel nicht mit dem Computer umgehen kann. So weit die schlechte Nachricht; die gute ist: Jede Projektionsneigung lässt sich durchschauen und überwinden, wenn die dahinterstehende Polarität und die aus ihr folgende Schattenentwicklung erkannt werden.

Über Eros zu schreiben heißt, etwas zu schildern, das nie ganz zu erklären, sondern wohl besser zu besingen ist. Ein Sachbuch muss per Definition eine sachliche Sprache wählen. Doch möchte ich dabei nicht allzu viel Rücksicht auf gängige Tabus nehmen, weil diese doch immer wieder im Laufe der Zeiten und Moden wechseln. Ich erlaube mir, in einer mir lieben Sprache zu schreiben, gleichsam wie in freier Rede, und mit einer besonderen Steigerung gegen Ende des Buches.

Indem ich hier entgegen sonstiger Gepflogenheit über mein Schreiben schreibe, scheint einer der Gründe durch, warum das wichtigste Thema unseres Daseins, die Liebe, weder an Schulen noch an Universitäten gelehrt wird: Sie ist nicht akademisch.

Wenn es für die heutige Zeit ein Mittel gibt, um Hektik und Stress abzubauen und somit Seeleninfarkten von Burn- bis Boreout vorzubeugen, so liegt dieses wohl im Erfahren und Erleben von Eros. Indem wir das unterdrückte Lebensprinzip in unsere Lebenswelt heimholen, könnte sich eine Liebeskultur entwickeln, die neue Maßstäbe setzt und unser gesamtes Dasein über den reinen Mammon hinauswachsen lässt. Erotik kann uns in den Augenblick bringen, kann Lust bis zur Ekstase vermitteln und uns in das absichtslose, befreiende Spiel kommen lassen – in das spielerische (Er-)Leben lebendiger Sinnlichkeit, ja, von Sinn und Leben in des Wortes umfassendster Bedeutung.

Ich bin der festen Überzeugung, dass heute die wundervolle Möglichkeit besteht, das Wissen um Eros weiter zu streuen denn je. Enge gesellschaftliche Grenzen und Abhängigkeiten haben sich aufgelöst; empfängnisverhütende Maßnahmen stehen allen zur Verfügung; die meisten können lesen und haben Zugang zu verschiedensten Medien. Und alle könn(t)en miteinander sprechen. Die Zeiten sind also gar nicht so schlecht, und die Zeichen stehen gut – für eine Einladung an Eros.

DIE MODERNE WELT ALS EROTIKFREIE ZONE

» Wenn der Mensch fähig sein soll zu lieben, muss seine Entfaltung das höchste Ziel der Gesellschaft sein. «
Erich Fromm

VERBOTENE SINNENLUST

Das Alte Testament ist nicht gerade arm an erotischen Bildern; im Neuen Testament ist zu lesen, dass es eine frohe Botschaft sei. Zudem ist ihm nirgendwo zu entnehmen, dass Christus sinnenfeindlich gewesen sei. Er vermehrte bei der Hochzeit von Kanaan Wein und nicht etwa Traubensaft. Seine Jünger ermunterte er, die Zeit zu genießen und zu feiern, die er unter ihnen weilte. Dass er eine ehemalige Hure als Frau an seiner Seite gehabt hat, ist nach den Erkenntnissen einer kirchlich unabhängigen Textkritik sehr wahrscheinlich. An den religiösen Urtexten unserer Kultur lag es also kaum, dass die Kirche Eros in ihren eisernen Griff nahm.

Obwohl der Einfluss der Kirche kontinuierlich schwindet, scheinen wir weiterhin unsere Probleme mit Eros als Lebensprinzip zu haben. Dies ist allein schon deshalb verständlich, weil dessen Unterdrückung eine so lange Zeit so konsequent aufrechterhalten wurde, dass sie mittlerweile aus unserem Inneren heraus wirksam wird. Selbst ein komplettes Verschwinden äußerer Repression würde der Erotik nicht automatisch jenen Platz im Leben zukommen lassen, der ihr eigentlich entspricht und der für unsere weitere Bewusstseinsentwicklung – in meinen Augen – so wünschenswert ist.

Aber wie wichtig ist den Menschen heute die Liebe? Wer singt noch ihr Hohelied? Warum stellt uns das Thema auch Jahrhunderte nach der Aufklärung und Jahrzehnte nach der sexuellen Revolution weiter vor solche Probleme? Könnte es an Eros selbst liegen? Wir sollten uns fragen, wie viel Bedeutung Er(os), der Gott der erotischen Liebe, heute noch für uns hat.

Zumindest ist Erotik noch immer das wichtigste Thema der Jugend. Daran hat sich auch in der Facebook-Generation nichts geändert. Eros liefert nach wie vor jenes Spannungsfeld von Anziehung und Distanz, in dem sich für vitale Menschen der Tanz des Lebens abspielt.

Eros übt eine zeitlose Faszination aus. In manchen alten Genealogien wird er zu den Urgöttern gezählt; eine diesem Rang angemessene kultische Prominenz genoss er jedoch selbst im ältesten Griechenland nicht. Es scheint, als wäre sein Thema schon den Urahnen eher peinlich gewesen. Eros ist eben nicht nur ein schöner Jüngling, ein neckisch-verspielter, listiger Knabe. Er ist auch ein rebellisches Kraftpaket, eine kosmische Urmacht und damit Element der Weltenentstehung, ein schaffendes und zeugendes Prinzip.

Wir kommen aus einer vergleichsweise alten Zivilisation, die ihre kulturelle Identität in großem Maße aus den heroischen Taten ihrer bedeutendsten Staatenlenker bezieht. Würden wir uns an den großen Liebesgeschichten und -taten messen, die aus der Geschichte bekannt sind, fühlte und ließe sich manches in Vergangenheit und Gegenwart anders an. Im Schulunterricht haben wir bestenfalls zwei große Liebesdramen kennengelernt, das von Romeo und Julia und jenes von Tristan und Isolde. Hauptsächlich prasselte tote Information über eine Unzahl von Kaisern, Königen, Päpsten und anderen für fühlende Menschen völlig uninteressanten Figuren auf uns ein, inklusive der langen Listen dazugehöriger Jahreszahlen. Wir wehrten uns, wenn auch meist nur innerlich, dagegen und haben all diesen Wust zum einen Ohr herein- und zum anderen wieder hinausgelassen. Wer aber die beiden großen Liebesschicksale auch nur einmal vernahm, hat sie nie mehr vergessen, denn unsere Seele interessiert sich für Geschichten, nicht für Geschichtsdaten – am meisten jedoch für Liebe(sgeschichten). Unsere wirkliche Welt ist eine seelische und lebt nicht von nackten Zahlen und Fakten, sondern von Gefühlen und Emotionen.

Eros' Abstieg in der von uns überschaubaren Vergangenheit wird deutlich im fortschreitenden Niedergang der ritualisierten Liebeskultur: von den erotischen Mysterien in den Tempeln der Antike zu den Eros-Centern der Moderne mit ihrer käuflichen »Liebe«. Dieser Weg führte immer stärker in das gesellschaftliche Abseits. Was nicht verhinderte, dass heute jede Kleinstadt ihr Rotlichtmilieu hat. Zur Prostitution steht zwar niemand, aber viele gehen ins Bordell. Andernfalls gäbe es solche Art Ware gar nicht im weltumspannenden Reich von Angebot und Nachfrage.

Doch das wirkliche Problem liegt tiefer, und es wurzelt nicht draußen im Straßenstrich, sondern in der Mitte der bürgerlichen Gesellschaft. Wohl kaum etwas ist so sehr dafür verantwortlich, dass Eros sich schon fast davongemacht hat, wie der Anspruch auf die lebenslange Haltbarkeit der Ehe. Dabei wurde bisher noch kaum ein monogamer Mann gefunden und auch nur selten eine wirklich monogame Frau.

Die Anforderungen an eine monogame Beziehung sind naturgemäß schon mit der drastisch veränderten Lebenserwartung der Menschen gestiegen. Musste eine Ehe vor hundertfünfzig Jahren durchschnittlich nur elf Jahre halten, so hätten es heute über vierzig zu sein. Das schaffen wir nur selten und geraten stattdessen zunehmend in den Scheidungsdschungel. Viele mögen notgedrungen monogam und dabei sehnsüchtig leben. Selbstverleugnung, Unterdrückung und Verdrängung wirken jedoch nicht gerade erotisierend.

Aus der Ehe zieht sich Eros zurück, sobald die Spannung nachlässt und nicht wiederhergestellt wird. Die sich daraus ergebene Frustration ist der Erotik natürlich weiter abträglich. Gewohnheit und Routine greifen um sich, die nicht nur die Beziehung, sondern oft auch Beruf und Arbeit sabotieren und schließlich sogar lahmlegen. Eine Scheidung bedeutet dann für viele eine Befreiung aus dem Beziehungsbeton, in dem die Erotik erloschen war; nun kann Eros neu ins Spiel (des Lebens) kommen. Damit bringt auch diese Schattenerfahrung – potenziell – das Licht am Ende des Tunnels gleich mit sich.

Wichtig ist festzuhalten, dass es zweierlei ist, etwas nicht zu brauchen oder es verdrängen zu müssen. Auch die Moderne hat die Rolle des Liebesgottes ignoriert, vielleicht, weil er sich in den meisten Ehen so unwohl fühlt und rasch entflieht. Aber kann ein Mensch, der glücklich werden will, wirklich auf Eros verzichten? Warum schiebt die bürgerliche Gesellschaft Eros in Randbereiche ab, wo er seine »Liebes*feste*« auf unerlöste Art in von der Polizei kontrollierten, verlockend und zugleich warnend rot erleuchteten »Liebes«-Festungen feiern muss. Es sei dahingestellt, ob deren Besucher ahnen, dass sie eine Sehnsucht, von der sie nicht lassen können, hier doch nicht erfüllt bekommen. Von Liebe bleibt da nichts, und die Lust ist einseitig.

Obwohl Eros längst nicht mehr als Gottheit verehrt wird und eine Kultur der Erotik ihren Stellenwert als Fixpunkt des menschlichen Daseins verloren zu haben scheint, dienen doch fast alle diesem Gott oder Lebensprinzip weiterhin, nur eben auf mehr oder weniger verschrobenen Wegen.

EROTISCHE SCHATTENWELT

Bei uns ist Eros tief im gesellschaftlichen Schatten gelandet und sein Thema mit ihm. Das aber macht ihn für uns umso wichtiger, leiden wir doch vor allem am Unbewussten, am Schatten. Und zugleich ist dieser Schatten unser größter Schatz, sofern wir ihn heben, die dort gebundene Energie befreien und sie in erlöste Bereiche fließen lassen. Der Tiefpunkt hat auch den ungeheuren Vorteil, Umkehrpunkt zu sein. Das aus dem Griechischen stammende Wort Katastrophe meint genau das.

Bei der Betrachtung der Gründe, warum wir die Achtung vor der körperlich-sinnlichen Liebe so sehr verloren haben, spielt die Körperfeindlichkeit der Kirche, die aus dem alten Hohelied der Liebe und der neuen Lehre der christlichen (Nächsten-)Liebe so wenig machte, eine Rolle. Solche Moralvorstellungen wirken noch in unsere moderne Zeit hinein, auch ohne dass sie immer noch die allgemein verbindlichen Standards für äußeres Verhalten und innere Orientierung setzen würden. Ein weiterer entscheidender Grund ist der fortschreitende Turbo-Kapitalismus, der nicht nur die Arbeit entfremdete, sondern das ganze Leben zunehmend verfremdet. Wenn Geld regiert und alles immer schneller gehen muss, wenn Qualität gegenüber Quantität zurückzustehen hat, bildet sich ein für Erotik unbefriedigendes hektisch-oberflächliches Lebensgefühl.

Obwohl es als politisch inkorrekt gilt, muss auf unserer Spurensuche auch auf die fortschreitende Gleichstellung der Geschlechter in Gesellschaft und Beruf hingewiesen werden, die auf die Beziehungen und damit das erotische Geschlechtsleben tendenziell lähmend wirkt. Es muss erlaubt sein, zu fragen, ob Männer im Bett ihren Mann nicht mehr stehen und Frauen nicht mehr Frau sein können, weil sie heute im Alltag die gleichen Rollen bekleiden. Es könnte sein, dass sie im nackten Zustand zwar noch die äußeren Unterschiede, aber nicht mehr ihre unterschiedlichen Bedürfnisse erkennen und sie sich gegenseitig dann auch nicht befriedigen können.

Beide Geschlechter erleben das Problem auf ihre jeweilige Art und Weise: Männer sind zunehmend verunsichert, weil sie gesellschaftlich von Frauen massenhaft und auf beiden Seiten überholt werden. Lange haben sie es sich in scheinbar unangreifbarer Position bequem gemacht und erschrecken nun, wie sehr diese inzwischen infrage gestellt wird. Geschwächt auf vielen Ebenen, fällt ist es ihnen schwer, als souveräne Liebhaber aufzutreten und durch Emanzipation – jedenfalls politisch – gestärkten Frauen gerecht zu werden. Wenn diese zunehmend unter Brustkrebs leiden, ist im Sinne der Krankheitsbilder-Deutung davon auszugehen – und Psychotherapien belegen es –, dass viele auf der tieferen Seelenebene mit der Rollenangleichung nicht zurechtkommen.

Die sozialen Errungenschaften der politisch linken Emanzipationsbewegung sind uneingeschränkt zu begrüßen und waren überfällig; sie gehen heute aber so weit, dass sie manchmal schon über das Ziel von Gleichberechtigung hinausschießen. Deutlich werden solche nicht eingestandenen Übertreibungen – ebenso wie die damit verbundenen Defizite – nicht zuletzt an Kleinigkeiten. Ein so gut wie nie ausgesprochenes, aber beredtes Beispiel ist die Tatsache, dass Frauen auch rein modisch ihren Sexappeal immer selbstbewusster ausspielen, während Männer darauf anscheinend kaum noch reagieren dürfen, ohne sich dem Vorwurf des Sexismus auszusetzen. Auch in Deutschland widmet man erstaunlich viel Zeit publizistisch aufgeschäumten Sexismusdebatten, die doch vom eigentlichen Problem nur ablenken: der Tatsache, dass wir es immer noch nicht vollbracht haben, eine sowohl für Frauen als auch für Männer gerechtere und genussvollere Gesellschaft zu schaffen.

Zu beobachten ist, dass sich immer mehr Frauen immer weniger für die Ambitionen und Aktionen der Emanzipationsbewegung interessieren. Zwar nehmen sie deren politische Früchte lässig mit, wagen es aber, wieder von »richtigen« Männern zu träumen. Viele *weibliche Seelen* scheinen sich dabei in Fantasien zu flüchten. Sie träumen – wohl in politisch höchst unkorrekten inneren Bildern – von einer Welt, in der Eros wieder ein großer, starker Gott ist, der mit dem Feuer seines Vaters Mars und dessen Kriegswaffen, Pfeil und Bogen, das Anliegen seiner Mutter, der Liebesgöttin Venus, in die Herzen der Menschen *schießt* oder mit der Brandfackel hinein*stößt*, um es zu entflammen.

Bleiben wir noch kurz beim Mythos, der uns später noch intensiver beschäftigen wird: Eros ist das illegale Kind eines illegalen Verhältnisses. Die kunstsinnige, Versöhnung und Frieden vermittelnde Aphrodite-Venus wendet sich, dem Polaritätsgesetz gemäß, ihrem Gegenpol zu. Sie verfällt Ares-Mars und gibt sich seiner ungezähmten Natur hin. Gegensätze ziehen sich an, und nur so kann es zu solch prachtvollen Kindern kommen wie Harmonia und Eros.

Lebendige Erotik braucht offensichtlich auch die archetypisch-männliche Kraft des Mars. Diese ist heute unter dem Druck des Zeitgeistes jedoch ausgesprochen unpopulär. Dabei könnte der zeitlose Mythos uns vieles erklären und helfen, aus der entstandenen Schieflage in ein Daseinsgefühl zu kommen, bei dem Lebens- und Liebeslust uns bereichern, statt als ständige Bedrohung empfunden zu werden.

Unterdessen bringen die – an sich wünschenswerten und längst überfälligen – enormen Rollenverschiebungen der Geschlechter im Alltag zunehmend ihren Schatten hervor. Frauen haben sich mittlerweile in »männlichen« Rollen im Berufsleben eingerichtet und zunehmend Gefallen daran gefunden – eine Entwicklung, die Männer sehr oft auf dem falschen Fuß erwischt, sie verunsichert und vielfach resignieren lässt. So mag es einerseits Frauen schwerer fallen, im Bett die archetypisch-männliche, aktiv-bestimmende Rolle abzulegen und sie stattdessen vom Partner einzufordern oder auch nur sie bei ihm zu akzeptieren. Andererseits können auch immer weniger Männer ihren Frauen diese Qualität des L(i)ebens bieten, denn Resignation ist dabei extrem hinderlich, wenn nicht verhindernd.

Viele moderne Frauen wenden sich nicht zufällig nicht mehr nur im Berufs-, sondern auch im Geschlechtsleben dem männlichen Pol zu. Die Frage ist, ob sie damit wirklich glücklich werden können oder ob sie nicht doch von sich selbst mehr fordern, als sie im Grunde geben können und wollen. So stellt sich ganz unpopulär die Frage, inwieweit die Veränderung der Geschlechterrollen in der Gesellschaft nicht bereits zu einer deutlich spürbaren Frustration in den Schlafzimmern führt. Dieser Tendenz des Verschwindens von Liebreiz und Verlockung, von Muße und absichtslosem Spiel beim Sex entgegenzuwirken und damit Eros wieder ins rechte Licht zu rücken, ist Ziel dieses Buches. Es geht darum, seine belebende Energie in ihren Auswirkungen sowohl auf beide Hirnhälften als auch beide Geschlechter anzuregen. Wer oder was auch immer uns wieder in Verbindung mit Eros, dem Gott der sinnlichen und Verbunden- und Bezogenheit herstellenden Liebe, bringen kann, ist eingeladen.

DURCHSEXUALISIERUNG ALS GEGENPOL DER LUST

Sinnlicher Genuss war zu allen Zeiten mit den Namen von Göttinnen verbunden, in der abendländischen Kultur mit dem von Aphrodite (in der griechischen Antike) beziehungsweise Venus (im alten Rom). In unserer Kultur scheint es jedoch kaum etwas zu geben, das diesen Göttinnen würdig wäre, vielmehr ist der moderne Alltag mit kruden Äußerungen des Lustprinzips durchsetzt: von der Lust auf süße Verführungen in Form von Eiscreme, über den Karibikurlaub mit braun gebrannten, knackigen, aufreizenden Gefährten, bis hin zur Lust auf Karriere oder auf kuschelige Kaschmirpullis.

Lust war und ist ein Schlüsselthema menschlichen Lebens. Nicht von ungefähr bemüht sich heute eine rasch expandierende Freizeitindustrie nach Kräften, der Lebenslust immer neue Erlebnislandschaften zu erschließen und ihre Anhänger von morgens bis abends zu bespaßen. Wenn wir uns das in moderner Zeit endlich alle leisten können – also bitte, warum auch nicht!

Unter der Knute der Kirche war Lust verpönt, sogar verboten. Menschen, die ihr frönten, galten als verwerflich – jedenfalls aus der Sicht der alten Herren, die Kirche und *Herr*schaft repräsentier(t)en und darüber das Lebensgefühl der Menschen bestimmten. Aber die Lust hat sich emanzipiert und zu einem legitimen, ja zentralen Lebensthema gewandelt, allerdings stets in Begleitung ihres Schattens. Als Schatten ihrer selbst ist die Lust käuflich geworden. Und im Zeichen gnadenloser Durchsexualisierung der Gesellschaft preist die Werbung schamlos alles Mögliche – von prallen Hühnchenschenkeln bis zur längsten Praline der Welt – mit Bildern ausladender Dekolletés an.

Obwohl wir auf so gut wie alles Lust haben können, von der Lust auf Macht bis hin zur Lust auf Schokoriegel, wird das Leben für die meisten dadurch eher hektischer und anstrengender, und beides hat nichts mit Lust zu tun. Lust als erfüllende Lebenspraxis ist untrennbar mit Aphrodite-Venus, der Göttin der Liebe und Schönheit, und mit ihrem Sohn Eros-Amor und seinen göttlichen Ressorts Lebensgenuss und Sinnlichkeit verbunden.

Erotik, die die Sinne betört und den Körper verwöhnt, führt zu genussvollem Leben, wenngleich auch nicht automatisch zu einer Tiefe im Dasein. Bei Casanova etwa lesen wir, dass er sich viel Zeit für jede seiner Geliebten nahm, um sie genussvoll aus kompliziert verschnürten Gewändern zu schälen, mit denen der weibliche Körper geheimnisvoll »verpackt« und dadurch erotisiert wurde. Diese Bewusstheit und Intensität des sexuellen Erlebens lagen im Geist seiner Zeit, die den Auftrag der Liebesgöttin noch kannte und die Muße pflegte. Als Mann tat er sich dabei vergleichsweise leicht und wurde ähnlich wie Don Juan zu einer positiven Legende.

Frauen, die ein Leben wählten, in dem die (erotische) Liebe im Mittelpunkt stand, gerieten selbst im letzten Jahrhundert noch in das Sperrfeuer der Kritik, etwa Alma Mahler, Ehefrau des Komponisten Gustav Mahler, des Architekten Walter Gropius und des Dichters Franz Werfel sowie Geliebte zahlreicher namhafter Künstler. Alma Mahler sah sich selbst als schöpferische Muse. Ein Biograf nannte sie »eine der exzentrischsten, weiblichsten, intelligentesten Frauen ihrer Zeit«, wobei er den erotischen Teil noch verschwieg. Im Übrigen waren die Kommentare vernichtend; man bezeichnete sie als herrschsüchtige, materialistische bis sexbesessene Femme fatale, die ihre prominenten Liebhaber ausnutzen würde. Ihre Offenheit für Eros war vielen suspekt.

Ein Jahrhundert zuvor war es der Schriftstellerin George Sand selbst in dem Eros gegenüber so viel offeneren Frankreich nicht viel besser ergangen, zumal bei ihr neben dem Kunstschaffen noch gesellschafts- und sozialkritische und sogar feministische Ambitionen hinzukamen. Vor allem aber war Stein des Anstoßes, dass sie neben zahlreichen männlichen auch weibliche Geliebte hatte. Eigentlich hieß sie Amandine Aurore Lucile Dupin de Francueil und hatte als Pseudonym nicht nur einen Männernamen gewählt, sondern trug auch häufig Männerkleidung und liebte es, Zigarren zu rauchen. Sie verkehrte mit dem Maler Eugène Delacroix, Schriftstellern wie Honoré de Balzac und Alexandre Dumas, Komponisten wie Franz Liszt und seiner Geliebten Gräfin Marie d'Agoult. Durch Liszt lernte sie Frédéric Chopin kennen, mit dem sie eine Liebesbeziehung begann; berühmt geworden ist ihre gemeinsame Reise nach Mallorca. Für ihre Zeit war George Sand eine einzige Provokation, und ihre wechselnden Liebesverhältnisse brachten sie in Verruf. Für André Maurois aber war sie »die Stimme der Frau in einer Zeit, da die Frau schwieg«.

Die Fülle der erotischen Beziehungen spricht natürlich noch

nicht für Liebe, sondern nur für ein hingebungsvolles erotisches L(i)eben. Frauen wie Alma Mahler oder George Sand und viele andere Anhängerinnen von Eros hätten es heute sicher leichter. Aber fänden sie es auch erotischer? Heute erlebt Eros jedenfalls keine schroffe Ablehnung mehr. Die Probleme mit ihm sind aber nicht verschwunden, sondern subtiler geworden.

Die Vorboten komplexerer Verhältnisse finden sich charakteristischerweise in jener Zeit, als sich die Rollenmuster erstmals auch äußerlich sichtbar zu ändern begannen.[1] Aus dem Ersten Weltkrieg waren viele Männer nicht oder nach grausamem Stellungskrieg seelisch gebrochen heimgekehrt. Wohl nicht zufällig bildete sich in der urbanen Boheme der Zwanzigerjahre ein neues Ideal von Weiblichkeit heraus: die Garçonniere, eine resolute Frau, die mangels richtiger Männer diese Rolle selbst übernahm. Mit einem eng sitzenden Unterhemdchen, bisweilen sogar mit einem speziellen Band drückte sie sich ihren Busen flach. Die langen Haare – das Signum vitaler Weiblichkeit schlechthin – fielen der Schere zum Opfer. Zurück blieb der Bubikopf, der die Verniedlichung der Männlichkeit schon im Namen trägt. Das berühmte Bild der Zylinder tragenden, Zigarre rauchenden Marlene Dietrich wurde zur Ikone jener Zeit und zum ersten globalen Sexsymbol, wie sie sich da im dunklen Hosenanzug räkelt, den nachlässig gebundenen Schlips um den Hals, eine klassische Schönheit mit dem provozierenden Lächeln einer Art gefallener Mona Lisa. Es war dies auch die Zeit, in der Coco Chanel das kleine Schwarze erfand, das seine Trägerinnen aus der – allerdings die Männer erotisierenden, weil die weibliche Figur betonenden – Enge von Korsagen und Miedern befreite.

Die bis dato unangefochtenen Herren der Schöpfung reagierten auf den Rollenwechsel ambivalent. In dem Schlüsselroman

---

1 Zur Psychologie der Mode der Zwanzigerjahre siehe: Franziska Meier, *Frau mit Eigenschaften*, in: DAMALS 7/97.

des 20. Jahrhunderts, Robert Musils *Der Mann ohne Eigenschaften*, spiegelt dies die Hauptfigur Ulrich wider. Er verbirgt seine Verunsicherung nur schlecht hinter anklagender Frustration: »Gegenwärtig, wo die Erscheinung der Frau an die eines gut abgesengten Huhns erinnert, das nicht viel Umstände bereitet, fällt es schwer, sich ihre frühere Erscheinung in allem Reiz des lange hinausgeschobenen Appetits vorzustellen, der inzwischen der Lächerlichkeit verfallen ist …«

Aus dem literarisch verbrämten Machismo spricht hier auch eine wichtige Wahrheit über das Wirken von Eros: Ist es nicht dieser »Reiz des lang hinausgeschobenen Appetits«, der das Erotische ausmacht und der heute wiederum fehlt? Alles ist käuflich in unserer Welt, alles ist sofort und unbegrenzt verfügbar, und wer es sich nur »leisten« kann, darf unverzüglich »zur Sache kommen« – jedenfalls wird dies den Menschen tagtäglich eingehämmert. Heute fallen die Hüllen viel rascher; die moderne Angleichung weiblicher Garderobe an die funktionalere männliche ist natürlich praktischer, aber keineswegs erotischer. Doch angesichts des allenthalben vorgelegten atemberaubenden Tempos scheint Eros vollends die Puste auszugehen. Er ist kein Sprinter, sondern braucht Zeit und Muße, um jenen besonderen Appetit des Erotischen zu erzeugen und möglichst lange am Leben zu halten.

Die sexuelle Revolution von 1968, die wie die Emanzipationsbewegung im Kern etwas sehr Fortschrittliches war, präsentiert nun ihren Schatten. Nach dem Bestseller *Sexfront* von Günther Amendt glaubte man Anfang der Siebzigerjahre, dass nun alles klar und bekannt sei. Aber wie wenig änderte sich tatsächlich! In Beratung und Psychotherapie erscheint es nicht selten so, als habe es die sexuelle Befreiung nie gegeben, Oswalt Kolle nie über den Orgasmus geschrieben und Beate Uhse nichts Spaßiges verkauft. Die Beziehungen bleiben schwierig und verlieren allzu oft und bald den Draht zu Eros. Auch noch im 21. Jahrhundert werden die Menschen rot beim Gedanken an Sinnlichkeit und quälen sich mit Themen, die längst erlöst schienen. Das müssen wir uns heute eingestehen. Es bleibt also einiges zu tun beziehungsweise zu leben und zu lieben, um es wieder positiv zu fassen. Und wir können es anpacken oder, besser noch, zart anfassen.

Dabei neigen wir heute mehr denn je zu Lust und lustbetontem Leben. Sinnliches und Geschlechtliches, samt allen Begierden, angenehmen Empfindungen und Lust(barkeiten) jeder Art, sind längst im Mainstream angekommen. Im Lustgarten der Liebe zu wandeln ist das höchste der Gefühle allerorten – primitive Lüstlinge, Lustseuchen oder gar Lustmorde sind die Schattenseiten.

Wie sehr wir auf Lust stehen, sehen wir im Übrigen am Lustspiel, auch Komödie genannt, das der antiken Tragödie den Rang längst abgelaufen hat. In Komödien und Musicals geht es fast immer darum, sich schließlich vereint im Lustgarten von Venus und Eros zu finden. Die Liebe, oder was man dafür hält, hat sich bei diesen volkstümlichen Genres locker und leicht in den Vordergrund zu spielen. Lustspiele werden auf unzähligen Bühnen gegeben, der Schattenaspekt dagegen, dem sich das psychologisch inspirierte Schauspiel widmet, hat sich auf die Bühnen hoher Theaterkunst zurückgezogen und muss dort mangels öffentlichen Interesses hoch subventioniert werden. Von der klassischen Tragödie ganz zu schweigen, die sich der urmenschlichen Situation widmet, dass das Schicksal den Helden in jedem Fall schuldig werden lässt. Davon will unsere Welt überhaupt nichts mehr wissen. Die Kunstszene bemüht sich, solch schwierige Themen – allerdings mit deutlich weniger Verständnis für die Situation der unausweichlichen Schuld – in entsprechenden Schatten-Stücken auf Theaterbühnen und vor allem in Filmen unterzubringen.

Die Überbetonung der *lust*igen und lustvollen Seite des Lebens führt zwangsläufig – über die Schattenwirkung – dazu, dass das Leben erst recht tragische Züge bekommt. »Liebe« wird heute zu später Stunde im Privatfernsehen mit drastischem Stöhnen und falschen Versprechungen verramscht oder im Internet allzeit bloßgestellt.

Zudem frönen wir Venus nicht selten durch exzessiven Essensgenuss, was nichts anderes als eine unbewusste Verschiebung des von ihr vertretenen Urbedürfnisses ist. Es heißt, dass die Liebe auch durch den Magen gehe. So lässt sich an der Riesenmenge, die von der Mehrheit der Bevölkerung in Mund und Bauch gestopft wird, und dem daraus erwachsenden Wohlstandsspeck die frustrierte Sehnsucht nach Zuwendung ablesen. Doch mit noch so zahllosen und üppigen Fettpolstern ist tiefer Lebens- und Liebeshunger nicht zu befriedigen – schwer, träge und unansehnlich sind Eigenschaften, die den Liebesgöttern, Mutter wie Sohn, zuwider sind. Aber selbst das wäre noch kein gravierendes erotisches Hindernis, denn Männer stehen – wider den Zeitgeist – noch immer mehr auf runde als auf magere Frauen.

Auf dem Gegenpol finden sich zunehmend Magersüchtige, die so wenig Zugang zu ihrer angestammten Geschlechtsrolle finden, dass sie kaum noch Lust auf Körper und Sinnlichkeit verspüren. Mit sechzehn sind unter deutschen Großstadtmädchen nur noch sechs von hundert Jungfrau und drei davon äußerst unglücklich über diese Schmach. Die andere Seite kommt in der Statistik ebenfalls recht deutlich und bedauerlich zum Tragen. Von den sechzehnjährigen Mädchen leiden in Deutschland 63 Prozent unter Essstörungen, mit steigender Tendenz. Letzteres wird verschärft als Problem erkannt, denn es verabschiedet sich ein erschreckend hoher Anteil der Magersüchtigen vom Leben durch Essensverweigerung. Im Sinne der Krankheitsbilder-Deutung *verdünnisieren* sie sich, oft bis zur gänzlichen Selbstaufgabe. Makaber ist, dass die moderne Gesellschaft ein pubertätsmagersüchtiges Figurideal propagiert, das diesem schwerwiegenden Krankheitsbild auf so leichtsinnige Art Vorschub leistet. Der seelische Hintergrund von Magersucht ist die (Ver-)Weigerung, ins weibliche Reich hineinzuwachsen. Der unauflösliche Zusammenhang zwischen Essen und Liebe findet hier auf erschreckende Weise Bestätigung.

Wenn wir von Venus' und Eros' Höhen und Tiefen die Tiefen streichen, weil sie uns verdächtig sind und wir lieber auf der Oberfläche bleiben, laufen wir Gefahr, Opfer des Schattens zu werden. Die Tendenz ist unübersehbar, besonders eben bei den jungen Menschen. An der Oberfläche, in der Welt der Phänomene, lässt sich gut *cool* sein, um die heißen und oft brennenden und drängenden Gefühle der Liebe außen vor zu halten. Dates im Flackerlicht von Clubs ersetzen Rendezvous im Mondschein, cooler Sound verdrängt heiße Rhythmen, es geht ums *Chillen*. Chill-out-Musik will nicht an- und auf-, sondern abregen, was unsere über- und aufgedrehte Gesellschaft wohl auch nötiger hat. Doch der Schatten hat ebenso seine Kehrseite, die sich wieder im Licht präsentiert. Denn Chillen ist natürlich zugleich der ideale Wiedereinstieg in die Hitze des Gefechts des zeitlosen Geschlechterkampfs und wird auch so genutzt.

Um Eros müssen wir uns letztlich weniger sorgen als um uns selbst, auch wenn heutzutage Flirt und Spiel mit dem Feuer – zentrale Anliegen von Eros – (scheinbar) abgeklärter Coolness gewichen sind. Und sogar wo der rein funktionale Aspekt der Sinnenlust, purer Sex, an Bedeutung gewinnt, wird sich Eros nie ganz unterkriegen lassen, denn ein Ur- oder Lebensprinzip kann nicht verschwinden. Im Übrigen gibt es den Aspekt direkter unerotischer Sexualität von jeher. Einst äußerte er sich sogar gesellschaftlich geduldet und auch bei uns in deutlich brutalerer Form, etwa wenn sich der Bauer über die Magd hermachte, der Hausherr über das Stubenmädchen und gar nicht so selten ältere Verwandte über die kleinen Mädchen, sogar Väter über ihre Töchter.

Wenn es heutzutage in den Massenmedien »zur Sache geht«, gehört die Oberflächlichkeit zum Geschäftsmodell. Die seelisch tiefen Bereiche der Liebesgötter Eros und Venus sind hier eher schlecht fürs Geschäft. Eine der auflagenfördernden Fragen in Illustrierten lautet: »Wie gut bist du im Bett?« Sicher keine unwichtige Frage, doch die Antworten beschränken sich auf physische Kunstfertigkeit, medialen Konsum und Kosmetik. Letzteres auch bei Problemen im Beziehungsleben, die zu übertünchen sind. Es geht um anspruchsvolle Stellungen, Ersatz für eigene Fantasie durch noch schärfere Filme, ein noch raffinierteres Styling, noch mehr, noch bessere Partner, am besten für jeden Aspekt der Lust einen.

Sex, der körperliche Aspekt erotischer Liebe, wird in den Medien auf seinen quantitativen Aspekt reduziert, und die Qualität muss weichen. Von Erotik keine Spur, denn sie ist auf die Seele angewiesen. Immerhin ist es ein erheblicher Gewinn gegenüber früheren Zeiten, dass zumindest offen über Sexualität gesprochen und geschrieben wird, wenn auch nicht in der Form und mit dem Inhalt, die echte Zufriedenheit und Erfüllung herstellen könnten.

Wie immer haben wir die Wahl. Niemand zwingt uns, daraus eine Qual zu machen. Oberflächliche, rein quantitative sexuelle Befriedigung bringt Eros wenig – ihr fehlt die Brücke zur seelischen Liebe. Stattdessen wächst die Gier. Sichtbar wird dies an extremen sexuellen Gewohnheiten, die sich weiter verbreitet haben, als man vielleicht vermuten mag. Geschlechtsverkehr mit zwanzig Partnern an einem Tag in sogenannten Darkrooms von manchen Homosexuellen-Bars und -Saunas oder in einigen Swingerclubs befriedigt offenbar nicht, sondern steigert Lust nur zur Gier. Viel geläufiger ist uns dies beim Essverhalten: Mit jedem Stück Schokolade wächst die Lust auf mehr, von Befriedigung keine Spur. Süßigkeiten erhöhen die Lust auf Süßes und stillen weder den normalen Hunger noch den nach Liebe. Ersteres können wir wissenschaftlich über den Insulin-Mechanismus erklären, Letzteres ist die Erfahrung so vieler Naschkatzen. Im Hoheitsgebiet der Venus sind Süßigkeiten Ersatz, ein ungesunder obendrein.

Die Betonung von Quantität und die Suche nach Ersatz legen den Verdacht nahe, dass im Reich der Liebesgötter heute akute

Not und gravierender Mangel herrschen. Das mag angesichts des Überangebots an Naschereien und einer bisher unbekannten Offenheit dem Sexuellen gegenüber zunächst verblüffen. Doch gerade die Tatsache, dass uns von jeder Litfaßsäule *süße Mädchen* in verführerischen Dessous zulächeln und sich Millionen Wohlstands(mit)bürger beachtliche Polster angenascht haben, ist ein Hinweis auf einen Mangel an echter Liebe und tief empfundener Lust im Sinnenreich der Erotik. Wir leben aus der Fülle, aber diese ist oberflächlich und wenig befriedigend. Kummerspeck ist eben Frust- und nicht Lustspeck. Und der sexuelle Vielfraß zeigt ganz *unverschämt* seinen unbefriedigten Hunger auf tiefe ekstatische Lust und echte Liebe. Nicht zuletzt verrät auch der orale Rauchertyp, der süchtig an seinem Glimmstengel saugt und diesen fast immer fest zwischen den Lippen (be-)hält, dem geschulten Blick ein Liebesproblem.[2]

2 Siehe auch Dahlke, *Das Raucherbuch* (Literaturverzeichnis im Anhang).

WAS IST EIGENTLICH EROTIK?

»Therapie ist eine Sache der Liebe.«
Bhagwan-Osho

ZWISCHEN KÖRPER, GEIST, SEELE UND LIEBE

Heute ist es wohl tatsächlich nötig, Erotik gegen Sex(ualität) und (göttliche oder platonische) Liebe abzugrenzen, denn zu sehr ist das Lebensprinzip Eros unserer Erfahrungswelt entglitten.

Im Dreigespann mit Sexualität und (geistig-seelischer) Liebe ist Erotik jener Bereich, der als einziger an den beiden anderen Anteil haben muss, damit er überhaupt als eigene Erfahrungswelt erlebt werden kann. Sexualität und platonische Liebe sind auch jeweils für sich allein denkbar und praktizierbar – wenn auch kaum erfüllend. Erotik aber braucht sowohl Seele als auch Körper zum Lebendigsein und verbindet so beide miteinander.

Erotik könnte Sexualität und Liebe zu aller Vorteil zusammenschweißen, da keine für sich allein Vollständigkeit der Erfahrung bietet. Rein körperliche Sexualität kann wohl von Druck entlasten, aber nicht im tieferen Sinne befriedigen. Bei platonischer, also rein geistiger Liebe scheint dies wohl eher der Fall zu sein. Doch bleibt auch sie unbefriedigend; verzichtet sie doch auf die ganze Fülle kreatürlicher Erfahrung, die ohne Körper nicht möglich ist.

Andernfalls hätten wohl kaum so viele katholische Priester dem Himmelreich Gottes so vielerlei Sexuelles vorgezogen. Selbst wenn die Mehrheit derer, die sexuell enthaltsam leben sollten, nicht auf Abwege gerät, bieten diese Menschen kaum ein überzeugendes Beispiel für erlösende geistig-seelische Liebe.

Physisches und Psychisches zu trennen hat sich auf Dauer nie bewährt. Für Erotik aber sind beide Ebenen grundlegend und unverzichtbar. Folglich findet Erotik immer auch auf der Seelenebene statt, drängt jedoch auf den körperlichen Ausdruck. David Deida kleidet es in seinem empfehlenswerten Buch *Erleuchteter Sex*[3] in die Worte, dass das Licht der Liebe durch unseren Körper zum Ausdruck kommen möchte. Wissenschaftliche Erkenntnisse unterstreichen dies auch: Wenn wir jemanden anschauen, den wir lieben, öffnet sich nicht nur im übertragenen Sinn unser Herz, sondern auch die Pupille geht auf – um bis zu 45 Prozent, wie durch Versuche mit 800 Studenten der Stanford University belegt.

Erotische Fantasien sind eine der liebsten inneren Beschäftigungen unserer Psyche; sie wollen ausgelebt und umgesetzt werden und neigen charakteristischerweise auch bei einsamen Fantasieübungen zu körperlichen Reaktionen. Gleichsam als leibseelischer Kleber verbindet, ja versöhnt Erotik den Körper mit der geistig-seelischen Welt und leistet einen Beitrag dazu, uns aus der immer einseitigeren Materiebesessenheit zu befreien.

Erotik lebt also von Sex und Liebe gleichermaßen, und wir verbinden sie mit Verführung, Zärtlichkeit, Intensität, Intimität, Anmache, Lust und Sinnlichkeit. Sinnlichkeit ist geradezu ein Synonym für Erotik, die im Bewusstsein beginnt und auf die Erregung der Sinne zielt. Die Sinnesorgane sind körperlich, die Verarbeitung ihrer Reize aber ist geistiger und seelischer Natur und verlangt Zeit und Be*sinn*lichkeit. Das plötzliche Anspringen und der sich möglichst langsam steigernde Genuss der Sinne gehören

3 David Deida: *Erleuchteter Sex. Ekstase als spiritueller Weg*. Goldmann 2012.

unbedingt zur Erotik. Letztlich geht es um eine ästhetische, körperlich zärtliche und auch starke Anregung möglichst vieler Sinne, um sich in einen genussvollen Zustand wacher Spannung zu versetzen, die sich mit ihrer Entladung viel Zeit lässt. Erotik braucht – um mehr als Sex zu sein – zu ihrer Entfaltung Zuwendung, Muße und Achtsamkeit. Außerdem lebt sie vom Geheimnisvollen. Eros vermag aus seiner Verdrängung an den Rand der Gesellschaft und des geschäftigen Tages in Richtung Abenteuer, eben in den Übergangs- und Schwellenbereich, wo der Tag schon vorüber, aber die Nacht noch nicht begonnen hat, das Allerbeste zu machen.

Man kann sagen, dass Erotik auf Sinnlichkeit zielt, die dem Leben Sinn gibt und es fündig werden lässt – in der Liebe. Sprachbilder und Geschichten wären ihr angemessener als Aufzählungen. Erotik eignet sich wenig für Definitionen und lebt von der Erfahrung. So ist es nicht überraschend, dass ein angenehmes Ambiente, ein bequemes Lager und die passenden Reize für alle fünf Sinne ihrer Entfaltung förderlich sind. Je betörender für die Sinne und je berührender für die Seele, desto besser. Was immer die Sinne erregt und verwöhnt, bringt Eros ins Spiel. Entscheidend bleiben aber die geistige und seelische Anregung, eine unverkennbare und unvergessliche Spannung zwischen Menschen, die sich über die Sinne vermittelt und sich anschließend körperlich ausleben will. Somit ist gelebte und genossene Erotik ein den ganzen Menschen forderndes und förderndes Thema, dessen Fehlen sich negativ auf Stimmung und Entwicklung auswirkt.

Reiner Sex ist, wie gesagt, möglich, reine Liebe im Sinne platonischer Bande immerhin denkbar. Aber erst die Erotik schafft die Verbindung und lässt das Ganze zu weit mehr werden, als die Summe der Teile es vermuten lässt. Wenn Liebe über die Erotik in Sexualität einfließt, andererseits aber auch sexuelle Spannung die Liebe beeinflusst, belebt und vertieft, entfaltet sich erst der große geheimnisvolle Zauber der Liebe.

Es heißt, Männer verliebten sich beim Sex, während Frauen erst Sex wollten, nachdem sie sich verliebt hätten. Das ist sicher sehr verallgemeinert gesprochen, und viele Ausnahmen bestätigen diese Regel. Trotzdem gibt es Hinweise aus der Sozialforschung, die nahelegen, dass im Allgemeinen Frauen Liebe wichtiger sei und Männern Sexualität. Daraus wird aber kein Problem, solange die Erotik gleichsam als Kleber zwischen beiden fungiert. Denn die Lust auf körperliche Vereinigung, die den verliebten Mann umtreibt, wird ihn ein erotisches Feuerwerk entzünden lassen, das ihre Liebe entfacht, wonach einer Vereinigung nichts mehr im Wege steht.

Für die unterschiedliche Annäherung der Geschlechter an das Thema Erotik spricht auch die Beobachtung, dass Männer in der Partnerschaft sehr auf Aussehen fixiert sind, während Frauen mehr auf Ansehen und Macht Wert legen. Kaum ein gut aussehender Mann wählt eine unattraktive Frau, dagegen haben viele weibliche Schönheiten angesehene, aber unansehnliche Männer. Diese Art der Wahl ist natürlich auch altersabhängig. Junge Frauen suchen sich eher einen Mann, der die Familie ernähren kann, wofür Status wichtig ist. Reifere Frauen, die ihre eigene erfolgreiche Karriere haben, tendieren dann auch eher zu gut aussehenden Männern.

Gerade Eros, der Verbindungen schafft, könnte darüber hinaus wundervoll helfen, unangenehme und unfruchtbare Polarisierungen zwischen Psyche und Soma, wie sie im medizinischen Modell der Gegenwart leider geradezu herbeigeredet werden, zu überwinden und zwischen beiden zu vermitteln. Insofern hat er dasselbe Thema und die gleiche Aufgabe wie die Psychosomatik. Wir könnten Eros als den Psychosomatiker unter den Gottheiten bezeichnen, der obendrein das wichtigste Thema des Menschseins, die Liebe, regiert.

In der Erotik wollen sich Körper und Seele treffen und sinnliche Liebesfeste feiern. Je vorbehaltloser zwei Menschen mit ganzer Seele und ganzem Körper auf Vereinigung drängen, desto spannender und prickelnder wird die Erotik. Wenn sie wortwörtlich mit Leib und Seele Liebe machen, ist Eros am intensivsten mit von der Partie.

Sobald die körperliche Anziehung und die geistig seelische Faszination gleichermaßen groß sind, kann sich erotische Spannung umso besser entwickeln, je weiter deren Ausgleich zeitlich hinausgeschoben wird. Dafür zu sorgen war früher mehr die Aufgabe der Frau, heute könnten beide darauf achten, sich Zeit zu lassen und genussvoll auf den anderen einzugehen. Auch hier wäre Erotik der lohnende Gegenpol zum immer schnelleren Voranstürmen, das im Berufs- und Alltagsleben gefordert ist. In der geschickten Verzögerung und Entschleunigung kann Erotik auf immer verlockendere Höhen führen, und das sollte der eigentliche Anlass sein, um sogar das Wort *Hoch*zeit in den Mund zu nehmen. Erotik braucht jedenfalls den heute seltenen und deshalb besonders kostbaren Luxus störungsfreier Zeit.

Dabei leistet auch die moderne Informationstechnik ihre typischen Beiträge, um erotische Situationen anzubahnen. Statt des herkömmlichen Liebesbriefs sorgen Telefonat, Mail und SMS für Spannung. Aber wenn zwei Liebende sich treffen, sollte das Handy doch ausgeschaltet bleiben. Zärtliche Zuwendung verträgt äußere Störungen und Unterbrechungen nur schwer. Die heute schon alltägliche Hektik ist und bleibt ein Erotikkiller erster Ordnung.

Die Anregung der Sinne zur Erregung von Sinnlichkeit ist im eigentlichen Sinne Meditation: eine Übung, um mit vollem Gewahrsein ins Hier und Jetzt einzutauchen. Es geht dabei nicht mehr nur um *Sehen*, sondern um *Schauen*, darum, eine verzauberte Schau des Partners zu entwickeln. Nicht nur um *Hören*, sondern um *Horchen* – auf die eigene und die innere Stimme des Partners – und darum, der Stimme des Herzens zu *gehorchen*. Nicht mehr nur um *Spüren*, sondern um *Fühlen*. Eros' Pfeile treffen mitten ins Herz, von wo aus die Erotik aus mythischer Sicht ihren Ausgang nimmt.

Alles spricht dafür, dass es Erotik ist, die beide Partner, aber auch ihre jeweiligen körperlichen und geistig-seelischen Erlebnisräume innig verbindet und so die Magie der Liebe ermöglicht. Sinneserfahrungen gehören grundlegend dazu, ohne sie kann es eigentlich nicht zu Liebesbeziehungen in des Wortes voller Bedeutung kommen.

Der Kuss, Symbol der erotischen wie der venusischen Liebe, ist mehr als ein Lippenbekenntnis und regt mehrere Sinne an. Die Küssenden schmecken sich in des Wortes Doppelsinn. Sie können sich riechen und erspüren, ob die Chemie zwischen ihnen stimmt. Beider Lippen und Zungen, die zu den sensibelsten Regionen des Körpers gehören, berühren und fühlen einander. Und während die Liebenden sich aneinanderschmiegen, kommen die schneller schlagenden Herzen sich so nahe, wie es nur geht.

Mit dem Kuss schaffen wir intime Verbindung und Bezogenheit, aber auch Vertrauen; die Bremer Kulturanthropologin Ingelore Ebberfeld geht davon aus, dass das Küssen dem Beschnüffeln und Belecken der Tiere entspreche. Erotische Zärtlichkeit tendiert, wie am Kuss sicht- und vor allem spürbar, sehr zu den Körperöffnungen, wo Außen- und Innenwelt sich begegnen und sogenannte Schleimhäute die Übergangszone markieren. Eros ist also nicht nur zeitlich, sondern auch körperlich Gott der Übergangsbereiche zwischen Innen und Außen sowie der normalen Welt des Alltags und der magischen Welt der Liebe.

Die Naturwissenschaft belegt heute, dass Küssen nicht nur den Atem anregt, was uns atemlos macht vor Liebe, sondern auch über die Adrenalinausschüttung das Herz tatsächlich schneller schlagen lässt. Wir können sogar mit harten Fakten belegen, dass Küssen ausgesprochen gesund ist – wahrscheinlich durch die Anregungen so vieler Sinne und Organe, denn über vierzig mimische Muskeln werden dabei aktiviert. Japanische Forscher animieren besonders Allergiker zum Küssen und Schmusen, weil das – im Blut nachweisbar – Allergene reduziert. US-Forscher haben herausgefunden, dass der bessere medizinische Werte hat und länger lebt, der oft küsst und geküsst wird und viel flirtet. Das ist nicht erstaunlich, aber Wasser auf die Mühlen des modernen Eros.

Wer erotisch erfüllende Sexualität l(i)ebt, kann also sogar von Krankheit gesunden. Wer auf körperlicher und seelischer Ebene jenes Sichöffnen und Sicheinlassen erlebt, das wir Liebe nennen und das sich nicht nur so ungemein angenehm, ja euphorisierend anfühlt, sondern auch seelisch erweiternd wirkt, macht demnach eine Art von psychosomatischer Therapie.

Oft habe ich beobachtet, wie die Liebe bei Patienten Wunder wirkte, die wir als Ärzte mit allen modernen Tricks nicht bewirken konnten. Der große, übergewichtige Schlaganfallpatient, der wochenlang unmobilisierbar blieb, kam gleichsam spielend auf die Beine, als er sich in die neue Physiotherapeutin verliebt hatte. Der Herzinfarktpatient, der schon mit dem Leben abgeschlossen hatte und durch nichts mehr zu motivieren war, wurde von seiner aufgeweckten kleinen Enkelin locker aus der Reserve und zurück ins Leben gelockt – offensichtlich ein Effekt dessen, was man sich vor den unsäglichen Missbrauchsskandalen in Kreisen der Reformpädagogik noch »pädagogischer Eros« zu nennen traute.

Für in Routine und Langeweile gestrandete Beziehungen gilt allgemein: Nichts kann sie so gesunden lassen wie die Rückkehr der Erotik. Der Einbezug der Seelenebene ist dabei zwingend, weil auf den Körper reduzierte Liebe ihres Inhalts beraubt ist und sich als leere physische Form rasch erschöpft. So sind häufige Bordellbesuche nicht wirklich gesund, weil Quantität niemals Qualität ersetzen kann. Das Freudenhaus mag wohl körperlichsinnliche Freuden ermöglichen, aber die Verbindung der Sinneserfahrungen zur Seele bleibt – im Allgemeinen – aus. Solange die Seelenebene nicht hinzukommt, wird sich der verbindende und schließlich verbindliche Zauber nicht einstellen. Dass die Verwechslung von Quantität und Qualität bei uns zum verbreiteten Gesellschaftsspiel geworden ist, macht es Eros nicht leichter.

Sexualität als körperlicher Aspekt der Liebe benötigt und sucht also die Erweiterung durch die seelische Ebene, um gesund, erfüllend und heilsam zu wirken. In dieser erweiterten Form, wenn Inhalt und Form sich verbinden und die erotische Schnittmenge wächst, wirkt sie auch heilend, weil integrierend. Wirkliche Heilung kann nie durch Unterdrücken oder Wegschneiden geschehen, sie muss immer hinzufügen und integrieren, was bisher gefehlt hat. Insofern bedarf es auch des Partners, der anderen Hälfte, um Liebe zu erfahren und um eigene Fehler, die der Partner spiegelt, im Sinne von Schattenintegration zu Bewusstsein zu bringen.

Platon erzählt im *Symposion* das Gleichnis von den Kugelmenschen: Die ursprünglich kugelförmigen Menschen sind mit ihren beiden Köpfen und vier Armen und Beinen so rund und gesund und vor allem so selbstbewusst, dass sie sogar die Götter herausfordern. Zeus macht dem Spuk ein Ende und trennt sie mit seinem Schwert in der Mitte durch. Seitdem irren die Menschen über die Erde und suchen ihre andere oder, wie der Volksmund so ehrlich sagt, ihre bessere Hälfte, um wieder ganz und heil zu werden. Eros unterstützt sie mit seinen treffsicheren Pfeilen bei der Suche. Er bringt sie in die Spur und auf den Weg. So können sie erfahren, dass der Schlüssel zur Lösung ihres Dilemmas dort versteckt liegt, wo sie ihn zuletzt suchen würden: in ihrem eigenen Herzen.

Das Herz ist bei der Erotik mit im Spiel – oder es ist keine Erotik. Auf das Herz zielen Eros' Pfeile, und über das Herz kann es zur Wiedervereinigung der getrennten Hälften kommen. Das Herz ist dabei als Sinnesorgan im Einsatz oder, wie Antoine de Saint-Exupéry den *kleinen Prinzen* sagen lässt: »Man sieht nur mit dem Herzen gut. Das Wesentliche bleibt für die Augen unsichtbar.«

Wie gut es einem nach einer Vereinigung in Eros' Reich geht, teilen die so Beglückten durch ihre strahlenden Augen und Gesichter mit. Nach einem sinnlich-erotisch erfüllenden Liebesfest fühlen *man* und *frau* sich ausgeglichen und wohl, die alltäglichen Kontakte mit anderen Menschen werden leicht und offen. In dieser Stimmung ist man hilfsbereit und freundlich, (immer noch) liebevoll und fördernd.

Demgegenüber weiß der Volksmund besonders frech von Frauen, dass sie all diese Eigenschaften vermissen lassen, wenn sie ein sexuelles Defizit hätten; sie seien »schlecht gevögelt«, neudeutsch *underfucked*. Wobei *oversexed* und *underfucked* heutzutage auf beide Geschlechter zutrifft, angesichts der kommerziellen Durchsexualisierung der Alltagswelt bei gleichzeitiger Verfrachtung von Erotik als Seelennahrung in die Schattenwelten von Scham und Schuld. Bei Männern kann dieser prekäre Zustand sogar gefährlich werden, weil einige dann tatsächlich gefährlich werden.

Genauso wie die Verbindung von Soma und Psyche, von Körper und Seele oder Sex und Sinnlichkeit, beglückend und sogar heilend wirkt, ist natürlich auch die Umkehrung möglich. Eine Trennung von Sexualität und seelischer Liebe führt nicht selten zu gesundheitlichen Störungen. Sich zu verlieben, wie es Eros vermittelt, entspricht offensichtlich unserer Natur – auch der dabei entfesselte Hormoncocktail ist ein Zeichen dafür – und drängt in Richtung Vereinigung und damit Sexualität.

NATUR UND KULTUR

Eine lebendige Beziehung benötigt Erotik. Umgekehrt ist Erotik nicht auf eine dauerhafte Beziehung angewiesen, wie es zahllose Lebensgeschichten belegen. In diesem Sinne ist Erotik ein durchaus archaischer Ausdruck unseres Menschseins. Eros als Urgottheit hält sich auch nicht an die jeweiligen gesellschaftlichen Konventionen. Unter passenden Umständen findet er sogar seinen besonders befriedigenden Ausdruck in Opposition zu ihnen. Der Reiz des Verbotenen steigert die Lust, wie jeder weiß, denn so wird sie doch erst zum richtigen Abenteuer.

Unsere Kultur drängt uns – sicher früher mehr als heute – sowohl vonseiten der Religion als auch des Staates mit Zuckerbrot und Peitsche in die Ehe. Somit werden nach der Verheiratung Eros' Signale, die später von außerhalb in die eheliche Verbindung gesendet werden, zu Angriffen auf die vorhandenen Verhältnisse und sogar die bestehende Ordnung. Ehepartner reagieren dann ähnlich wie Staaten auf Umsturzversuche von Terroristen. Die Unterdrückung eines Ur- oder Lebensprinzips, einer Lebenskraft, kann aber nur scheitern. Die Folge ist, dass es von bewussten auf unbewusste Ebenen verdrängt wird. Dort aber existiert das Problem im Gärungszustand weiter. Wie bei unsachgemäß gelagertem, noch feuchtem Heu kann es zur Selbstentzündung kommen.

Inzwischen liegt allerdings das durchschnittliche Heiratsalter in Deutschland bei zweiunddreißig Jahren, das heißt, die Menschen lassen sich Zeit, bevor sie sich »auf ewig« binden. Wenn dies offenbar auch nicht zu vermehrter Weisheit bei der Wahl des Partners führt – wie die Scheidungsrate beweist –, so bekommt Eros doch vermehrt ganz legale Chancen, auf Menschen in den Teen- und Twen-Jahren nicht nur Einfluss zu nehmen, sondern von ihnen auch erhört zu werden. Außerdem vergrößert jede Scheidung sein Spielfeld. Unter den Singles der Großstädte gar hat Eros in allen Altersgruppen Hochkonjunktur. So spielt ihm der Zeitgeist auch in die Hände und macht die heutige Zeit zu seiner.

Herabsetzung und Unterdrückung eines Lebensprinzips beziehungsweise einer Lebenskraft beschwören im menschlichen Dasein ein ständiges Aufeinanderprallen von Natur und Kultur herauf, die als die lebensnotwendigen Pole eines zutiefst menschlichen Daseins eigentlich keine Gegensätze sein müssten. Wenn sie es in der Beziehung der Geschlechter zueinander dennoch werden, gewinnt meist die Natur – sei es im heimlichen oder offen gelebten Liebesspiel. Sie war vorher da und hat dank der älteren Rechte die größere Durchsetzungskraft. Trieb ist für die Erhaltung der Art allemal effizienter als Konvention.

Bei kultureller Indoktrination aber gerät die Seele in Zerreißproben. Sie ist naturwüchsig geprägt, und wenn Menschen aus moralischen Erwägungen für Kultur und gegen ihre eigene Natur optieren, kann das in Krankheitsbilder führen. Eine wahre Geschichte illustriert es:

Eine Frau kam als neue Angestellte in das Großraumbüro einer Bank und verliebte sich auf den ersten Blick in den Direktor, wie es auch bei ihm sofort funkte. Obwohl beide katholisch und verheiratet waren und jeweils Kinder hatten, erlebten sie Eros' Angriff auf ihre Herzen so intensiv, dass sie sich die Situation gegenseitig (ein-)gestanden. Aber dann beschlossen sie sogleich, aus religiösen, moralischen und gesellschaftlichen Gründen und wegen der Verantwortung für die Familie, nichts daraus zu machen.

Als die Frau sich ein Jahr später als Patientin bei mir einfand, war ihr Konflikt bereits erheblich eskaliert. Die Beziehung zu ihrem Ehemann war gestört, ihre Sexualität zum Erliegen gekommen, und sie litt unter starken Schlaf- und Herzrhythmusstörungen. Sie war ihrem Mann damals nur widerwillig an den neuen Ort gefolgt; seine beruflichen Ambitionen hatten den Ausschlag gegeben. Nachdem Eros' Pfeil sie getroffen hatte, wollte sie ihre neue Stelle aufgeben, aber ihr Mann redete es ihr aus finanziellen Erwägungen aus. Die Schlafstörungen hatten sich entwickelt, weil sie Angst hatte, im Schlaf zu sprechen. Sie träumte nämlich oft von ihrem Geliebten, denn nichts anderes war der Bankdirektor, obwohl sie sich nicht berührt hatten und sogar Augenkontakt mieden. Dadurch war die Spannung bei ihr aber nicht geringer geworden, im Gegenteil, Eros' Pfeil entfaltete erhebliche Giftwirkung. Vielleicht hatte er ihn auch zuvor durch Galle gezogen – wie es der Mythos durchaus kennt –, denn es entwickelte sich bei ihr eine gewisse aggressive Bitterkeit. Um sich zu entlasten, hatte sie angefangen, ihrem Mann die Schuld zu geben, schließlich hatte er erst den Ortswechsel durchgesetzt und sie später genötigt, in der Bankfiliale tätig zu bleiben.

Wie es ihrem heimlichen Geliebten ging, wusste sie nicht, nur sah sie, dass er zugenommen hatte. Auf meinen Rat fragte sie ihn widerstrebend nach seinem Befinden und erfuhr eine ebenso gravierende Krankengeschichte. Er hatte Bluthochdruck entwickelt und die eheliche Sexualität durch vermehrtes Essen ersetzt. In den Augen seiner Frau machte ihn das unattraktiv und unästhetisch, was sie ihm auch vorwarf. Die ständigen Auseinandersetzungen dürften seinen Hochdruck noch verschlimmert haben, was sein Hausarzt mit Betablockern vergeblich aufzufangen versuchte. Mit gleich geringem Erfolg schluckte auch er Schlafmittel. Sie halfen auch ihm natürlich nicht, denn beider Seelen wollten erwachen und ließen es sie auch gleichermaßen spüren.

Durch Maßnahmen der Schulmedizin, das zeigt auch diese Fallgeschichte, kann man den gesundheitlichen Kollateralschäden ungelebten Lebens nicht beikommen. Vielmehr werden dabei fürchterliche Missverständnisse auftreten, so, als wolle man das ganze Leben gleich mit unterdrücken. Schlafmittel bringen erotische Energie nicht »zur Ruhe«, und Betablocker können sie nicht »unterbinden«. Der gestiegene (Blut-)Druck ist eine natürliche Reaktion auf die Repression eines naturhaften Begehrens. Dem Symptom mit einer weiteren (chemischen) Repression zu begegnen heißt, in eine Endlosspirale des Kampfes gegen die Natur einzutreten. Die überschießende Aktivität des Herzens lässt sich chemisch wohl niederzwingen, aber damit werden auch die Lebensgeister insgesamt niedergedrückt. Herzrhythmusstörungen zeigen die Problematik überdeutlich auf, im Sinne von *Krankheit als Symbol* (siehe Literaturverzeichnis). »Rhythmus ist Leben«, sagte Rudolf Steiner, und man möchte hinzufügen: Die Rhythmen der Liebe zu unterdrücken ist der vergebliche Versuch, das Leben mit seiner natürlichen Schwankungsbreite zu unterdrücken. Insofern ist guter medizinischer Rat teuer, und nicht nur in wörtlicher Bedeutung. Festzuhalten ist: Solange das Lebensprinzip Eros in Widerspruch zur Kultur steht, neigt es dazu, in den Schatten zu sinken. Es kommt dann als Krankheitsbild wieder ans Licht, worauf die Schulmedizin die Antwort schuldig bleibt.

Hoffnung machen könnte die Tatsache, dass Eros ein Gott aus archaischer Zeit ist, in der sich Natur und Kultur noch nicht in so krassem Widerspruch gegenüberstanden wie heute. Eros verbindet eben auch beides in sich: die wilde Natur seines Vaters Mars und die Liebeskultur seiner Mutter Venus. Nichts und niemand hindert uns daran, dass es irgendwann nicht auch zu dieser Einheit von urwüchsiger Kraft und kultivierter Verfeinerung des Lebens und Liebens kommen könnte – außer wir selbst.

Was also sollte ich als Arzt der Frau und letztlich beiden Partnern raten? Ich konnte ihr vermitteln, dass weder sie noch ihren heimlichen Geliebten Schuld traf, und auch nicht ihren Ehemann. Es gab einfach keinen Grund für Schuldgefühle oder Projektionen. Keiner von ihnen hatte ja vorsätzlich gehandelt. Sie hatten eigentlich überhaupt nichts getan, sondern es war ihnen etwas (an sich) Wundervolles geschehen, was immerhin zeigte, dass sie noch lebendig waren. Eros' Pfeile hatten sie beide zugleich getroffen. Erst beider Widerstand gegen die Bedürfnisse ihrer eigenen Natur hatte die Energien in den Schatten und damit in die Körperlichkeit gedrängt und als Krankheitssymptome zurück auf die Bewusstseinsebene gebracht. Folgten beide weiter der (Verbots-) Kultur, würden ihre Symptome weiter eskalieren, um ihre Botschaften anzubringen und durchzusetzen. Würden sie aber zu ihrer Natur stehen und die Energien in einen Seitensprung fließen lassen, wäre die Natur, und damit die Symptomebene, entlastet.

Der Preis dafür wären wahrscheinlich Verwerfungen im familiären, sozialen Raum im Sinne von Skandal, Scheidung und Leiden der Kinder.

Als dritte – und meistgewählte – Lösung bleibt in so einem Fall, der Natur heimlich ihr Recht einzuräumen und das allgemeine Unterdrückungsspiel der Mehrheit mitzuspielen. Solch ein Verhältnis kann aber auf Dauer ebenfalls krank machen. In diesem Zusammenhang erlebte ich manchmal sogar Lungenkrebspatienten, die nie geraucht hatten, aber an einem noch schwereren Kommunikationsproblem als die beiden Liebenden litten und an einem Leben, das sie nicht mehr als ihres empfinden konnten, zerbrachen. Diese scheinheilige Möglichkeit, Kultur und Konvention zuliebe die äußere Fassade zu wahren und heimlich der Natur nachzugeben, hat sich wahrscheinlich so weit verbreitet, weil sie kurzfristig am wenigsten Schaden verursacht und als am leichtesten zu leben scheint. Typisch psychosomatische Symptome verschwinden zunächst wieder, die Kinder werden (angeblich) geschont, und beide Betroffene bekommen zwar nicht ganz, was sie sich wünschen, aber doch immer wieder ein Häppchen. Wenn dieser dritte Weg dazu führt, dass die heimliche Beziehung durch die sich lösenden Spannungen an Energie und Wichtigkeit verliert und als kurzes Verhältnis in die persönliche Geschichte eingeht, entsteht möglicherweise sogar eine gar nicht so seltene echte *Lösung*. Meine Patientin ging diesen Weg, indem sie ihren Geliebten vorsätzlich verführte, aber dieses Verhältnis wieder beendete, als der erotische Stau sich bei ihr gelöst hatte. Dann ließ sie sich – die Kinder waren nun älter – scheiden, um »ihr eigenes Leben« zu finden.

Der vierte und anspruchsvollste Weg besteht darin, allen Beteiligten reinen Wein einzuschenken und diese Erfahrung mit Lust, Liebe und Leiden gemeinsam, das heißt in Beziehung und Bezogenheit, zu durchleben. Dies ist aber im bürgerlichen Rahmen schon wegen oft übermächtiger Eifersucht nur selten möglich.

Dabei würde es die besten Entwicklungschancen bieten und Krankheitsbilder sicher abwenden.

Die vielen Menschen in festen Bindungen, die bemüht sind, ihr Urteilen und Verhalten religiös-christlich auszurichten, stehen vor schwierigen Herausforderungen, wenn sie von Eros' Pfeil getroffen werden oder es dem Partner geschieht. Dabei könnten sie, wenn sie die Bergpredigt mit neuen Augen läsen, auch neue psychologische Einsichten gewinnen. Immerhin legt Christus in diesem wichtigsten Basistext für die Gemeinschaft der Christen die mosaischen Gebote völlig neu aus. Bezüglich des sechsten Gebotes sagt er: »Moses hat euch gesagt, ihr sollt nicht ehebrechen, ich aber sage euch, schon wer nur seines Nächsten Weib begehrt, ist schuldig.« Man muss das nicht so verstehen, dass er damit die schon rigide Sexualmoral des Judentums nochmals verschärfen wollte. Vielmehr ist es auch ein Hinweis, dass jeder, der das Gebot wörtlich nimmt, an seiner Erfüllung nur scheitern kann. Denn wer nur einmal einen Film mit verheirateten Schauspielern wie Richard Gere, Johnny Depp oder Julia Roberts gesehen hat und diese in den neunzig Filmminuten begehrte, hat sich in diesem Sinne bereits schuldig gemacht.

Im Gleichnis von der Ehebrecherin sagt Christus: »Wer von euch ohne Schuld ist, werfe den ersten Stein.« Er weiß, dass sie alle in Gedanken schon einmal Ehebruch begangen haben. Ähnlich verfährt er mit den anderen Geboten. Also geht es für Christen eigentlich darum, sich endgültig zum neuen Glauben, zum Christentum der Bergpredigt, zu bekennen, sich damit aber auch einzugestehen, dass wir alle den hohen Anforderungen des Meisters (noch) nicht gerecht werden. Damit ließe sich gut leben, ohne Schuldgefühle und Projektionsneigung, aber auch in dem klaren Bewusstsein, noch einen langen und anspruchsvollen Entwicklungsweg vor sich zu haben. Eros spielt auf diesem Weg die Rolle eines himmlischen Controllers. Er wird mit seinen Pfeilen immer wieder testen, ob wir wirklich noch auf unserem Weg sind.

Im Vergleich zu Judentum und Christentum mit ihren Gesetzesbüchern orientierte sich die Religion beziehungsweise Lebensprinzipienlehre der griechischen Antike an der Wirklichkeit des Menschen. Salopp gesagt, wurde hier hinsichtlich der Anpassung des Einzelnen an die Leitkultur die Messlatte niedriger gelegt. Man wollte die Verbindung von Natur und Kultur pflegen, statt deren Trennung durchzusetzen. Offenbar wussten die Menschen der Antike um den Beitrag, den Eros dazu durch die von seiner Mutter Venus übernommene Art von Liebeskultur leistete. Sie schätzten sie, weil sie wiederum der Natur nutzt, da sie auf genussvolle Art die Entwicklung neuen Lebens unterstützt, im biologischen, aber auch im spirituellen Sinne. Zudem wird, auch dies ein willkommener Effekt, die Spannung zwischen Natur und Kultur sowohl im Individuum als auch in der Gesellschaft vermindert, was zusätzlich Harmonie und Freude ins Dasein gebracht haben dürfte.

DAS GESAMTKUNSTWERK LIEBE

»Liebe ist die höchste Seelenkraft,
auch die stärkste Gestaltungsmacht, in unserer Welt.«
CARL ZUCKMAYER

SPIELARTEN DER VEREINIGUNG

Das Ideal der Vereinigung von Mann und Frau und die spirituelle Erfahrung der Einheit mit Gott stehen in Wesensverwandtschaft zueinander. Die erotische Liebe ist in mystischen Schulen aller Weltreligionen immer auch ein – meist gut verborgener – Weg gewesen, die Körperlichkeit mit der Seelenwirklichkeit zu verbinden. Insofern ist es nicht überraschend, dass für die Menschen der sinnenfreudigen Antike – wir sprechen von der gebildeten und begüterten Oberschicht – eine eigene, ursprünglich überaus mächtige Gottheit diese Verbindung herstellte.

Eros entflammt uns auf der Sinnenebene und kann uns damit bis zu sinnenbetörender (Gottes-)Liebe entfachen. Auch das *Hohelied der Liebe*, am Buchanfang zitiert, ist in diesem Sinne ein mystischer Text mit vielschichtigen Bedeutungsebenen. Heute aber dienen wir nicht mehr Göttern, sondern verwirklichen bestenfalls Lebensprinzipien. Das entlastet uns, die wir erzogen wurden, die Verbindung von Spiritualität und Sex zu übersehen. Es fällt vielen spürbar leichter, dem Lebensprinzip Eros zu dienen als dem Gott Eros.

Dabei passt es zu unserer Welt, in der alles als machbar zu gelten hat, uns in geschickter Weise gewisser Techniken und Stimulanzien psychologischer und anderer Art zu bedienen, sodass selbst der sexbeflissene alte Orient von uns noch lernen könnte. Und nicht zufällig kommt es heute auf diesem Gebiet zu Annäherungen zwischen Orient und Okzident, die für beide Seiten durchaus folgenreich sind. All das wohl wissend und einkalkulierend, führte der indische Philosophieprofessor Chandra Mohan Jain, weltweit besser bekannt als Bhagwan und später als Osho, in den 1980er-Jahren in seinem Ashram in Poona, heute Pune, sexuelle Freizügigkeit ein. Es geschah zum doppelten Zweck der Abfuhr einschlägiger Energiestaus und der spirituellen Erhebung. Es hatte jedoch, nebenbei bemerkt, für die Beteiligten meist nicht den Reiz, wie es sich die voyeuristische Bürgerwelt und ihre sensationslüsterne Presse vorstellten. Wichtiger im hier interessierenden Zusammenhang ist, wie wenig echte Anhänger von Eros dabei auf ihre Kosten kamen. Warum? In Poona waren die Tage lang, die Sonnenstrahlen und Rhythmen heiß und wir als Sannyasins nur leicht bekleidet und im Nu nackt. Mit meisterlicher Erlaubnis und sogar Aufforderung tendierte das Vorspiel verführerischen Anmachens und Ausziehens bei eindeutigem Auftrag und weiten wallenden Gewändern gegen null. Mit ausdrücklicher Billigung von höchster Stelle wurden Sinnlichkeit und alles Spielerische fast überflüssig.

Für den Abbau des Aggressionsstaus gab es morgens die »Dynamische«, eine spezielle Meditation, bei der wir schrien und tobten, was das Zeug hielt, und obendrein noch Encountergruppen, in denen es – was Aggressionen betraf – wirklich zur Sache ging. Es herrschte generelle Freizügigkeit, und gegen den sexuellen Energiestau besuchte man zudem sogenannte Tantra-Workshops, die weniger auf tantrische Philosophie und Lebenslehre als auf

»freies Vögeln« hinausliefen. Phasenweise erinnerte es mehr an Aerobic als an Erotik. All das hatte durchaus Effekte, aber dem Gesamtkunstwerk Liebe wurde es nicht gerecht. Das war wohl auch gar nicht beabsichtigt. Die große Liebe war nicht Thema, und Sinnlichkeit fiel – wie so oft – den Umständen zum Opfer.

Was übrig blieb, war eine körperlich relativ freie Sexualität, die Spaß machte, aber auf Dauer weder sehr befriedigend noch animierend war. Besonders die Männer verloren bald an Lust und viele auch an Fähigkeit zu so viel sexueller Bereitschaft und Standfestigkeit. Allerdings begann sich nun in der spirituellen Szene die Akzeptanz für Sex und Tantra zu erhöhen. Tantra empfahl sich aber auch von selbst, um der um sich greifenden Impotenz bei der sexuellen Abarbeitung des meisterlichen Auftrags zu begegnen. Doch Sex(ualität) ohne Erotik in Form von Workshops führt nicht zu Liebe, auch nicht bei Männern, und ist kein wirkliches Erfolgsmodell. Arbeit(sladen) ist auch das falsche Wort in diesem Zusammenhang.

Wenn Sexualität der rein körperliche Anteil ist und Liebe die geistig-seelische Ebene des Einswerdens, bleibt der Erotik das Spielerische, Verführerische, jener Reiz des lang hinausgeschobenen Appetits oder eben der Kleber zwischen beiden.

FORMEN DER LIEBE

Die Inuit interessieren sich naturgemäß mehr für Schnee als andere Völker, und so haben sie für ihn viel mehr Namen als nur Pulver- und Pappschnee. Die alten Griechen interessierten sich offenbar für Liebe und unterschieden gemäß traditioneller Darstellung drei Formen, was bei einem so wichtigen Thema auf gründliches Nachdenken und gelungene Reduktion auf das Wesentliche schließen lässt: erstens den auf die Sinne und damit den Körper bezogenen *Eros*, zweitens die freundschaftliche und geschlechtsunabhängige *Philia*, und drittens die auf Gott zielende *Agape*, die später im christlichen Sinn als Nächstenliebe aufgefasst wurde.

Doch kannte und praktizierte man dank der Göttin Aphrodite-Venus noch eine vierte archetypische Form der Liebe: In der Verliebtheit tauchen zwei Menschen mit Eros in den Augenblick ein und erfahren grenzenloses Einverstandensein mit einem Partner, der in dieser Situation zum himmlisch-göttlichen Wesen wird – ein Gnadenzustand, der sich in unserer normalen Lebenswelt nicht permanent festhalten lässt. Aber in der Freundes- und auch in der *venusischen Liebe*, die auf Dauerhaftigkeit angelegt sind, lässt sich in allen Nuancen das Einswerden mit dem (auch schwierig werdenden) Partner, einschließlich seiner Eigenarten, proben und verwirklichen und so bereits die Schattenkonfrontation üben.

Venus, der Mutter von Eros, geht es also einerseits um die Entwicklung von Liebeskunst und die Herstellung von Resonanz mit dem Partner, das heißt, zusammen zu schwingen und in der Partnerbegegnung Erfahrungen von Ekstase zu spüren, die auf Einheit zielen. Andererseits bringt sie auch das Schattenprinzip ins Spiel. Der Partner spiegelt mit der Zeit ungeliebte eigene Eigenschaften wider. Diese an ihm lieben zu lernen ist die große Herausforderung des erotischen Prinzips und das eigentliche Ziel von Partnerschaft. Sie stellt uns die Aufgabe, dem von Eros mit seinen Pfeilschüssen entfachten Feuer der erotischen Liebe Dauer zu verleihen. Dazu dienen die von ihr vermittelte Resonanz und vor allem die Liebeskunst.

Insofern ist dieser vierte Archetyp der Liebe für unsere Entwicklung äußerst wichtig, wenn nicht am wichtigsten, denn ohne dauerhafte Liebeserfahrung kommen wir nicht in die Tiefe und bis zur Schattenerfahrung. Am Schattenprinzip vorbei, es vermeidend, gelangt niemand zur Einheit, weder in der Ausschweifung noch in der Askese.

Es besteht kein Grund zur Idealisierung des Alltags im Altertum und etwa anzunehmen, dass die Menschen damals die Lebensprinzipien durchweg erkannt und geachtet hätten. Wenn man nur die schonungslose psychologische Analyse von Sokrates heranzieht, so gab es schon damals Anlass zu derselben Klage wie heute: dass man für Freunde und Partner zu wenig Zeit habe, Erotik zu gering schätze und die Gottesliebe aus dem Auge verliere. Doch immerhin galt die Liebe dem antiken Menschen als mächtiger Archetyp, was ausgerechnet der Mythos von Thanatos, dem schier unbezwingbaren Gott des Todes, verdeutlicht. Als er die mit Herakles in Liebe verbundene Alkestis holen wollte, stellte ihn der Held zum Kampf, und Thanatos unterlag. Nur dieses einzige Mal musste er von seinem Opfer ablassen; sonst holte er sich stets die Seelen, deren Zeit gekommen war. Das heißt, dass nur die Liebe im Extremfall sogar den Tod besiegen kann.

Bei unvoreingenommener Betrachtung wird klar, wie wichtig alle vier Liebesformen für ein gelungenes Leben auch in unserer modernen Welt sind. Beratung und Psychotherapie offenbarten mir als Beobachter so vieler und unterschiedlicher Formen zwischenmenschlicher Beziehungen, wie reich das Leben durch die Zuneigung unter wirklichen Freunden wird, die sich auf dem Lebensweg begleiten, manchmal stützen und jedenfalls gegenseitig die Seele nähren. Die Arbeit mit Burn- und Bore-out-Betroffenen unterstreicht, wie zentral für das Gelingen des Lebens Agape, die göttliche Liebe, als Sinn des Lebens ist. Auch die moderne Glücksforschung belegt, dass sich Glück am ehesten in der Partnerschaft und jedenfalls nur selten in Einsamkeit verwirklichen lässt. Partnerschaftliche Liebe aber zielt auf Eros, den Gott der Sinnlichkeit und Erotik, und auf Venus, die Liebesgöttin der Harmonie, des Friedens und der Versöhnung der (geschlechtlichen) Gegensätze. Falls beide in das Leben eingeladen werden, kann Partnerschaft gelingen. Wenn dagegen Eros ausgeklammert wird, wie in der platonischen Liebe, fehlt bereits eine wesentliche Brücke, um zur letzten Erfüllung zu gelangen.

Ent-Würdigung erotischer Liebe(skunst) zieht auch die Freundschafts- und sogar die Gottesliebe in Mitleidenschaft. Sobald die Erotik nicht mehr gelingt, leidet die Lebensstimmung, was Freundschaften belastet und den Blick für die göttliche Liebe trübt. In der Erotik finden wir die vielleicht beste Gelegenheit, die Vereinigung der Gegensätze zu üben und damit dem wichtigsten der Schicksalsgesetze, dem der Polarität, gerecht zu werden. Ähnlich wie die Mutterliebe die ideale Chance bietet, Agape, die göttliche Liebe, in ihrer Selbstlosigkeit zu üben, erlaubt Erotik die langsame spielerische Annäherung der Gegensätze von Yin und Yang in Gestalt des Weiblichen und Männlichen. Im Idealfall gewährt sie an ihrem Höhepunkt das größte Geschenk, das Menschen erhalten können, nämlich die Erfahrung der Einheit. Offensichtlich fördert Erotik, die den Körper einschließt und also ganz an der Basis unseres Menschseins ansetzt, die beiden anderen, weiterentwickelten Spielarten der Liebe.

Das Wort der Bibel für Beischlaf ist *erkennen*. Abraham erkannte Sarah (in ihrer Seele), und sie zeugten Isaak. Ihre Seelenbegegnung war also ebenso intensiv wie die körperliche. Die Vereinigung der Körper öffnet die Pforten der Wahrnehmung und ermöglicht jenes unmittelbare und umfassende Verstehen, das der mühevollen Umwege des schlussfolgernden Verstands nicht mehr bedarf. Die Tatsache, dass dabei neues Leben entsteht und ein Kind geboren wird, veranschaulicht unzweideutig, dass Geist und Physis in der Metaphorik des Mythos zur ganzheitlichen Wahrheit verschmelzen.

Der christlichen Kultur wurde die körperliche Liebe zum Problem, entgegen theologischem Dogma zwar noch nicht bei Christus selbst, aber doch zunehmend bei seinen Nachfolgern. In den Evangelien, einschließlich der von der Kirche auf dem Konzil von Nicäa im vierten Jahrhundert verworfenen Fassungen, spricht Jesus nie herabwürdigend über die körperliche Liebe. Dass er mit Maria Magdalena eine Frau an seiner Seite hatte, die ihre Geheimnisse kannte, gilt der Mehrheit nicht kirchlich gebundener Forscher heute als wahrscheinlich. Die Kirchenväter dagegen gingen Schritt für Schritt sogar so weit in die entgegengesetzte Richtung, dass sie dem Stifter ihrer Religion nicht einmal den normalen Weg ins Leben zugestanden.

Beide großen christlichen Strömungen taten sich im Laufe der Geschichte gleichermaßen damit hervor, die körperlich-erotische Liebe zu verunglimpfen, und sie geriet dadurch immer mehr auf die Schattenseite und lebte sich dort aus. Dies gilt auch für jeden Einzelnen von uns, denn was wir uns im Licht des Bewusstseins nicht zugestehen, rutscht in den Schatten und drängt dort auf Verwirklichung. Die verdrängten Triebe drängten und trieben die zum Zölibat gezwungenen Priester, psychologisch gedeutet, nicht zufällig in allerlei »Spiel«- und Abarten der Liebe und zu Aktionen, die sie anderen strikt untersagen. So zeigt sich selbst in ihren Schattenaspekten die Unverwüstlichkeit der körperlich-sexuellen Liebe, und dieser Schatten wird umso dunkler, je rigider man Sexualität in die Schranken zu weisen sucht. Die Evolution hat sie aus Selbsterhaltungsgründen in unserer Art fest verankert und in unsere Gene geschrieben.

Erotik als sinnlicher Genuss und spielerisches Element auf der Mitte zwischen körperlicher und platonischer Liebe ist auch eine Verbindung zwischen der unteren weltlichen und der höheren göttlichen Ebene. Insofern harrt des Berufschristentums, zumindest seines katholischen Teils, noch eine äußerst bedeutsame Entdeckung bei der Umsetzung von Christi erklärtem Ziel, der Verwirklichung des Himmelreichs Gottes in uns.

Immerhin konnten die Kirchenväter sich auf Platon, den berühmtesten Vertreter des Geisteslebens des klassischen Griechenlands, berufen. Anders als seine vorklassischen Kollegen – und vermutlich war dieser Gegensatz im Vergleich mit der schriftlosen archaischen Ära noch stärker ausgeprägt –, ließ Platon nur noch körperlose Formen der Liebe als philosophisches Ideal gelten, und damit bereitete er den Boden für die weitere Entwicklung. Weder Platon noch spätere aufrichtig von der Richtigkeit dieser Grundidee überzeugte christliche Lehrer hatten damit Böses im Sinn, sondern wollten im Gegenteil die Menschen auf ihrem Entwicklungsweg rascher voranbringen. Nur verstanden sie nicht, wie hilflos sie sie damit machten.

Auch indem christliche Lehrer das wundervolle »Liebe deinen Nächsten wie dich selbst« zwar dem Wortlaut nach beibehielten, es aber dem Geiste nach umwandelten in »Liebe deinen Nächsten über alles«, wähnten sie sich wohl auf den Spuren des Meisters und wollten seine schon hohen Vorgaben sogar noch überbieten. Im Rückblick wird deutlich, wie wenig es bringt, so hoch zu zielen, wenn die Basis nicht stimmt. Christus selbst rief eindeutig zur Selbstliebe auf und machte sie zum Maß möglicher Nächstenliebe. Spätere Kirchenlehrer aber wollten offenbar mehr und entzogen der urchristlichen Religion der Liebe damit die Grundlage. So wurde die Liebe bodenlos und sank in den Schatten und bis in tiefe unerlöste Abgründe, wie sie sich im Missbrauch auftun.

Aber auch sonst wurde die Liebe zum Problem, denn wer sich selbst nicht liebt, wie es Christus ausdrücklich zum Maß und Ausgangspunkt der Liebe gemacht hat, tut sich schwer, andere zu lieben. Wer sich dagegen selbst liebt und so annimmt, wie er ist, kann auch seinen Nächsten lieben und es an seine(r)m Liebsten wundervoll üben. Er kann so weit kommen, dass er sogar seine Feinde liebt, sie achtet und annimmt. Mit den Feinden ist der dunkle Teil der eigenen Seele, der Schatten, gemeint, der sich in inneren wie äußeren Feinden gleichermaßen widerspiegelt. Soweit der Meister, seine offiziellen Vertreter machten das Gegenteil daraus. Dabei war die Absicht womöglich durchaus auch hier eine gute, nämlich alle Energie aus den Tiefen und Abgründen der Liebe gleich für ihre lichtesten Höhen zu gewinnen. In unserer Zeit unternahm Sigmund Freud nochmals einen Versuch, die körperliche Liebe durch Sublimation zu erlösen und in höhere Formen zu wandeln. *Natürlich* scheiterten er und seine Anhänger ebenfalls.

Sinnliche Liebe lässt sich noch in Mutterliebe wandeln, wie es Frauen geschehen kann, deren sinnliches Begehren zur Schwangerschaft führt. Oft problemlos erfolgt der Wechsel von Eros über Venus mit ihrer auf Resonanz gepolten Partnerliebe zum Mondhaften in Gestalt der Mutterliebe. Doch die Probleme beginnen, wenn der männliche Partner diese anspruchsvollen Schritte nicht simultan mitvollzieht, weil er es weder körperlich noch geistig-seelisch schafft. Die zur Mutter gewordene Frau hat dabei eine wahre Hormonflut auf ihrer Seite, der frischgebackene Vater nur ihn häufig überfordernde ethisch-moralische Ansprüche.

DIE LIEBE VERKENNEN

Heute haben wir in unserer christlich-abendländischen Kultur eine Situation im Reich der Liebe, die deren körperliche Formen weitgehend abwertet, während deren hohe geistige Aspekte die Öffentlichkeit nicht mehr zu interessieren scheinen. Sie kommen deshalb auch nur noch in wenigen Fällen zum Tragen. Eros, den Vermittler und Basisarbeiter der Liebe, zu verkennen zieht uns und dem eigentlichen Anliegen unserer abendländischen (Liebes-) Kultur einerseits den Boden unter den Füßen weg. Andererseits fehlt uns mit Eros als Psychosomatiker auch der Brückenbauer und damit der Zugang nach oben. So haben viele fast vergessen, und das moderne Leben kann es auch leicht vergessen lassen, dass unsere Kultur angetreten ist, die Liebe zu verwirklichen. Christliche Kernaussagen wie »Liebe deinen Nächsten wie dich selbst« und »Liebet eure Feinde« stehen dafür.

Zwar versteht sich das Christentum als Religion der Liebe, es hat sich aber wie die meisten großen Religionen im eigenen Schatten verwickelt und dabei das ursprüngliche Ziel weitgehend aus den Augen verloren. Das evangelisch-puritanische Christentum wurde zudem zum Nährboden des Kapitalismus und damit jener Ideologie, die der Liebe so fern ist wie kaum eine andere. Indem er das Geld zum Maß aller Dinge macht, wurde der Kapitalismus – wenn auch bei hohen materiellen Errungenschaften – zur Basis der meisten psychischen Probleme, die wir heute kennen. Nächsten- und Freundesliebe fallen immer öfter dem von ihm geforderten und geförderten Zeitmangel zum Opfer. Gottesliebe wurde durch die zum Geld ersetzt, also Geld zum Gott erhoben. Der Tanz um das Goldene Kalb wurde klammheimlich, ohne Reformationen oder gar Revolutionen, zum weltenverbindenden großen Ritual.

Auch die Partnerliebe widersteht dem Druck des Zeitgeists kaum noch. Nächstenliebe, die Grundforderung des Christentums, aber ist geradezu der Gegenpol zum Recht des Stärkeren, insofern hätte das Christentum in der heutigen Zeit durchaus schon wieder revolutionäres Potenzial, wir müssten es nur ernst nehmen und umsetzen. Würden wir etwa aus Nächstenliebe teilen und auch die Tiere als unsere Nächsten wahrnehmen, wie es Franz von Assisi nahelegt, könnte Mutter Erde mit pflanzlicher Ernährung gut zwölf Milliarden Menschen nicht nur am Leben, sondern auch noch gesund erhalten. Mit der auf Egoismus und Fehlinformation beruhenden Fleischnahrung, die Schlachthäuser und Schlachtfelder hervorbringt, schaffen wir es nicht einmal, die vorhandenen knapp sieben Milliarden zu versorgen, und bringen uns noch selbst – wie zur Strafe – früher als nötig und ausgesprochen elend ins Grab.[4]

Dieser Weg in den Schatten und auf den Gegenpol der Liebe, der im Laufe der Geschichte unausweichlich zu werden schien, hindert uns aber keineswegs daran, zum Ursprung der christlichen Lehre zurückzufinden, wie es das Beispiel des Franz von As-

---

4 Siehe Dahlke, *Peace Food* (Literaturverzeichnis im Anhang).

sisi beweist, dessen Liebe alle fühlenden Wesen einschloss und der aus tiefsten Herzen sagen konnte: »Herr, mach mich zu einem Werkzeug Deines Friedens.«

Freundesliebe im Sinne der Philia lässt sich offenbar ebenfalls unterdrücken und ignorieren. Zwar haben viele Frauen noch eine beste Freundin, aber bei den Männern ist der beste Freund schon seltener geworden. Wahre Freundschaft ist für ein gelungenes Leben jedoch viel wichtiger als Übereinstimmung mit dem Zeitgeist. Viele Menschen fristen heute auf ihrem Weg in den Seeleninfarkt ohne wirkliche Freunde ihr Dasein und scheinen das nicht einmal zu bemerken. Während im Blue-Collar-Bereich der Industriearbeiter noch die Verbundenheit auf Kumpelebene existiert, erleben Sakko- und Schlipsträger ihre Bürokollegen als Konkurrenten. Quer durch die Gesellschaftsschichten werden zudem Verwandtschaftsbeziehungen zur Last. Die Frage ist, wer von unseren Mitmenschen unserem Herzen noch wirklich nahe und in der Lage ist, unsere Seele zu nähren. Von wem würden wir es überhaupt annehmen (wollen)?

Diese Entwicklung wird besonders bei modernen Männern mit Mangel an Zeit sehr deutlich. In den USA gibt es inzwischen das Krankheitsbild Alexithymie, dessen Hauptkriterium das Wegfallen jeglicher Bezogenheit auf Mitmenschlichkeit, Partnerschaft und Freundschaft ist. Insofern muss am Rande unserer Erörterung auch die Wichtigkeit von Philia, der Freundesliebe, für ein erfülltes Leben in den Blick genommen werden.

Die göttliche Liebe oder Agape vermissen die meisten modernen Menschen scheinbar überhaupt nicht mehr. Aus theologischer Sicht können wir allerdings nicht aus dieser göttlichen Liebe herausfallen. Aber die Möglichkeit, sie bewusst zu verwirklichen, im Sinne von Erleuchtung oder Christusbewusstsein, wird im Mainstream – nicht zuletzt leider auch bei den sich selbst sabotierenden Kirchen – immer weniger wahr- und wichtig genommen. Das einzig wesentliche Gegengewicht bildet heute nach meiner Einschätzung die spirituelle Bewegung, die nicht kleiner, sondern stetig größer wird, obwohl sie seit Jahrzehnten in den oberen Etagen der Medien und Presseorgane keine ihrer Bedeutung und Größe angemessene Repräsentation erhält.

Selbst für moderne Menschen bleibt die göttliche Liebe letztlich zentral für das Gelingen des Lebens. Wenn sie fehlt, rutschen sie zunehmend in Seeleninfarkte. Bei den neun Millionen von Burn-out Betroffenen allein in Deutschland wird das erschreckend deutlich. Bedenkt man, dass auch über die Hälfte der niedergelassenen Ärzte unter diesem Elend leiden, wird klar, wie verfahren die Lage mittlerweile ist. Wie sollen Menschen, die selbst Sinnlosigkeit spüren und alle Zuversicht verloren haben, anderen Sinn und Hoffnung vermitteln?

Die Grenzen diesseitig ausgerichteter Sinnfindung zeigen uns auch die neuen Zivilisationskrankheiten. Wer allen Sinn in der Arbeit sucht, kann Opfer des *Pensionsschocks* oder der *Rentendepression* werden. Ist die Arbeit vorbei, ist auch der Sinn dahin. Ähnlich unbefriedigend ist der Versuch, alle Erfüllung in Familie und Kindern zu suchen; fliegt der Nachwuchs irgendwann endgültig aus, kann das *Leere-Nest-Syndrom* die Illusion entlarven. Dass materielle Sicherheit oder Reichtum keine Lösung bringt, zeigt unter anderem das *Häuslebauer-Syndrom*. Es belegt, dass Hausbauen bestenfalls eine Nebenbeschäftigung sein kann. Nimmt es überhand, droht dieses nicht nur in Schwaben häufige Syndrom sich als weitere Form der Depression zu manifestieren. Dort, wo Agape, die Liebe zu Gott, zur Einheit, das Leben erfüllt und bestimmt, sind dagegen Depression und Burn-out unbekannt, wie die wenigen Kulturen zeigen, die diesen Ausdruck noch verdienen, weil ein gemeinsamer, verbindlicher Kult sie trägt. Die erotische Liebe kann immerhin durch ihre Verbindung von Körper, Gefühl und Seele den Geschmack von göttlicher Liebe vermitteln, wenn sie uns für Momente in den Himmel hebt und uns unsterbliche, zeitlose Liebe erleben lässt.

Sobald die erotische Liebe in Beziehung und Leben fehlt, droht die Gefahr, dass Philia und Agape, die freundschaftliche in der sozialen Welt und die göttliche im Himmel, verhungern. Wo aber Philia und Agape nicht mehr Ziel sind, wie bei vielen modernen Menschen, denen dieser Mangel kaum noch auffällt, stürzt die alleingelassene erotische Liebe tief in unerlöste Bereiche käuflicher Liebe oder Ersatzbefriedigung.

Der heute fast üblichen Verwechslung der Ebenen auch in der Liebe wird dadurch Vorschub geleistet, dass wir nur ein einziges Wort für so viel Verschiedenes verwenden. Priester, die heute am Pranger stehen, weil sie ihre jugendlichen Schüler körperlich zu sehr geliebt haben, verwechselten die Ebene. Nichts wäre falsch gewesen, wenn sie die ihnen anvertrauten Jugendlichen seelisch und in geistiger Hinsicht geliebt hätten, denn das ist ihr Auftrag und der ihrer Religion. Aber ungelebte, lediglich unterdrückte Triebe trieben sie auf die in diesem Fall falsche körperliche Ebene. Was auf der seelischen und geistigen Ebene höchster Auftrag ist, wird so zum Verbrechen. Dies ist keineswegs allein ein Problem in katholischen Einrichtungen, sondern betraf ausgerechnet auch Schulen der mit so hohen Ansprüchen angetretenen Reformpädagogik.

Je lichter das Ziel, desto dunkler der Schatten, besagt das Polaritätsgesetz. Wo Menschen ohne Fundament im Leben stehen, droht ihnen die gleiche Gefahr wie Häusern. Genau das ist der Fall, wenn die Liebe keine Basis im Körper hat und damit die einfachste Ebene der Gegensatzvereinigung wegfällt. Wer dagegen häufig erlebt, wie wundervoll es ist, sich mit einem geliebten Menschen zu vereinigen, um Einheit zu erfahren, der wird auch in der übrigen Zeit freundlicher sein und leichter Freundschaften schließen. Vor allem erlebt er ständig im Kleinen das Modell für das große Ziel: Einswerden mit allem, was ist, die Vereinigung mit der Schöpfung, den Orgasmus mit dem Universum. Venus und Eros können uns so sehr unterstützen auf unserem Weg der Befreiung zum umfassenden Glück der Einheit.

Für die bürgerliche Welt bleibt Erotik eine der letzten Chancen, Rausch, Ekstase und Gefühle von Erfüllung und Glückseligkeit zu erleben. Solch eine Möglichkeit auszulassen ist nicht nur gefährlich, weil so viele junge Menschen auf ihrer vergeblichen Suche in die Drogenszene abgleiten, sondern es ist auch ausgesprochen ungeschickt im Hinblick auf den eigenen Lebensgenuss. Menschen, die ihr Glück in Drogen suchen, bleiben im besten Fall Suchende, im schlechtesten werden sie Abhängige und verlieren ihre Eigenständigkeit und Kreativität. Die wahre Ekstase der Erotik aber macht unabhängig, glücklich und kreativ.

Drogensucht entstammt zum guten Teil der Sehnsucht nach Ekstase, denn niemand kann dauerhaft auf Erfahrungen von Glück und Glückseligkeit verzichten, ohne Schaden an seiner Seele zu nehmen. Mit anderen Worten, die Seele braucht immer wieder Erinnerungen an ihre eigentliche Seinsform, an ihre Bestimmung der Rückkehr in die Erfahrung der Leichtigkeit des Seins und der Einheit. Nur so kann sie sich weiterhin im jeweiligen Körperhaus lebendig und wohl fühlen. Ekstase bringt uns in das Reich von Dionysos, dem Gott der Orgien, der noch mehr Abwertung erfahren hat als Eros.

Wie alles andere braucht also auch die Liebe Basis und Verwurzelung. Ihre körperliche Ebene ist das ideale Fundament einer gesunden Liebesbeziehung. Das Beispiel der katholischen Kirche zeigt, wie leicht sich hier ein Versagen programmieren lässt. Christus hatte weder das Zölibat noch die Herabsetzung der körperlichen Liebe im Auge. Aus keinem seiner Worte lässt sich diese von Vornherein zum Scheitern verurteilte Politik ableiten. Wer das Fundament schlecht baut oder anschließend ruiniert, braucht sich nicht zu wundern, wenn das darauf errichtete Haus instabil und unsicher gerät und von einem Erdbeben(-Skandal) nach dem anderen geschüttelt und gerüttelt wird.

Wer die körperliche Form der Liebe verteufelt und gleich höhere Ebenen der Liebe anstrebt, kann ohne solide Basis die Höhe nicht gewinnen, sondern siedelt die Erotik unbeabsichtigt wirklich beim Teufel an, den Christus als »Herrn dieser Welt« bezeichnet. Die Liebe will zwar über diese Welt hinauszielen, aber es sind Eros' Pfeile, die dazu den Einstieg vermitteln. Die erotische Liebe wurde in die Halb- und Unterwelt verbannt, aber ohne sie heilt selbst Religion nicht – nicht die Seele und noch viel weniger Körper und Geist.

So ist auch in der Liebe dem archetypischen Weg zu folgen, der den Aufstieg von unten nach oben propagiert, wie die sieben Energiezentren (Chakras) ihn nach östlicher Lehre an unserer Wirbelsäule vorzeichnen. Im christlichen Sinn sind wir angehalten, mit dem Engel zu ringen, also das Leben zu wagen und die sieben Sprossen der Jakobsleiter zu erklimmen. All das spricht dafür, sich, beginnend mit der körperlich-erotischen Liebe, höher zur Freundes- und Gottesliebe zu entwickeln. Erst wer mit der körperlichen wirklich fertig und im Reinen ist, könnte die Berufung erhalten, auf sie zukünftig zu verzichten und andere Menschen zu höheren Ebenen der Liebe anzuleiten. Die Ergebnisse wären wesentlich inspirierender.

NEUE SPANNUNGSFELDER

»Die seelischen Erkrankungen sind Folgen der Störungen der natürlichen Liebesfähigkeit.«
Wilhelm Reich

ARCHETYPISCHES UND AKTUELLES ÜBER MANN UND FRAU

Die Emanzipation der Frau war zweifellos überfällig und segensreich, aber jede lichte Entwicklung hat eben auch dunkle oder Schattenseiten. Der Schatten der Emanzipationsbewegung hat mit ihrem Erfolg zu tun, mit den selbstbewussten Frauen und der Stärkung der Frauenrechte.

Heute könnte die Emanzipationsbewegung sich neuer brennender Probleme annehmen, statt einfach immer nur weiter kämpferisch anzuprangern und damit – unabsichtlich – Männer tiefer in die Defensive zu treiben, wo auch Frauen nichts mehr mit ihnen anfangen können und wollen. Sie könnte sich verstärkt der Ökonomisierung der Ware Frau entgegensetzen und ihre ganze Energie in den Kampf gegen die entsetzlichen Verbrechen gegen Frauen in manchen Teilen der Welt lenken. In afrikanischen Ländern werden noch immer zahllose Mädchen verstümmelt, damit sie nie erotisch-körperliche Lust erleben. In Indien, aber auch in

Ländern wie Ägypten, werden Mädchen und Frauen fast routinemäßig vergewaltigt. In manchen islamischen Ländern steinigt man Frauen nach einer Vergewaltigung wegen Ehebruchs. Dies ist nur ein kleiner Ausschnitt wesentlich wichtigerer Probleme, als hierzulande mit Argusaugen über verbale Verfehlungen an sich harmloser Männer zu wachen. Damit entfernt sich die politische Frauenbewegung von ihrem ursprünglichen Anliegen und eben auch dem seelischen Anliegen der Frauen.

Die Emanzipationsbewegung hat für starke Frauen gesorgt und im Schatten schwache Männer geerntet. Das war nicht etwa ihr erklärtes Ziel, aber es wird mehr und mehr zum problematischen Nebeneffekt. Die starken Frauen neigen inzwischen dazu, sich und die Männer zu überfordern, die ihnen kaum mehr gewachsen sind und so auch nicht *standhalten*.

Was soll man dazu sagen, wenn schon nicht mal zwanzigjährige Jungmänner mit Impotenz auf schnoddrig-selbstbewusste Sätze cooler Girls reagieren wie: »Wenn's das schon war, dann geh du erst mal üben, ich bin nicht eifersüchtig.« Und wer in seiner unbekümmerten Männlichkeit von einer dominanten Mutter pädagogisch »abgekocht« wurde, der wird wohl als Jungchen in die Welt hinausgehen. Bei ihm können solche kühlen Sprüche, zumal wenn sie nach dem unbeholfenen ersten Mal fallen, tatsächlich ins Schwarze treffen. Und dann war's das womöglich tatsächlich schon.

Die archetypisch gegründete Beziehungsstruktur zwischen Mann und Frau findet ihren Ausdruck im Mythos, übrigens auch im bekanntesten Mythos unseres Sprachraums, dem Nibelungenlied. Der Prototyp des männlichen Helden, Siegfried, nahm sowohl Brunhild als auch Krimhild »den Gürtel ab«, und beide verfielen ihm in Liebe. Sein König Gunther war dagegen eher ein moderner Mann und dazu nicht mehr in der Lage. Er musste sich von Siegfried nicht nur beim Kampf um Brunhildens Hand, sondern auch im Schlafgemach beim Geschlechterkampf vertreten lassen, was zum entsetzlichen Ausgang des Nibelungendramas beitrug.

Natürlich besaß nicht nur die germanische Liebesgöttin Freya, sondern auch Venus-Aphrodite, die Liebesgöttin und Mutter von Eros, solch einen Gürtel, ebenso wie all die anderen starken Frauen in ihrer Gefolgschaft. Ihre modernen Vertreterinnen aber werden ihn einfach nicht mehr los, mangels Partnern, die ihn einfordern oder abnehmen könnten. Wobei die Frage offenbleibt, ob moderne emanzipierte Frauen ihn sich überhaupt noch abnehmen ließen, selbst wenn moderne Männer dazu noch in der Lage wären. Aber die Männer vermögen es nicht, weil sie eher entwaffnet als entwaffnend sind. Möglicherweise kommt beides verstärkend zusammen: Frauen, die nicht mehr wollen, und Männer, die nicht mehr können.

Langjährige Beratung und Psychotherapie – zu zwei Dritteln mit weiblichen Patienten – lassen für mich jedoch keinen Zweifel, dass auch moderne Frauen es wollen und davon noch immer träumen. Und *ihr den Gürtel abnehmen* bedeutet ja nichts anderes, als sie völlig zu befriedigen und ihr eine Erfahrung überwältigender Hingabe zu ermöglichen. Wir könnten uns fragen, warum solch eine Erfahrung aus der praktischen Arbeit mit Patientinnen, die so viele Therapeut(inn)en heute teilen, kaum noch aussprechbar ist, ohne dass man öffentlich dafür abgestraft wird. Droht da eine neue Inquisition? Warum muss sich eine ursprünglich linke, als fortschrittlich angetretene Bewegung für so etwas hergeben?

PSYCHOLOGIE DES VERLIEBENS

Verliebte können von leichtester Kost leben, eigentlich von Luft und Liebe. Gott und die Welt umarmend, fühlen sie sich offen und leicht und sind bereit, alle Grenzen zu überwinden. Ihr Geheimnis ist die Resonanz, die sie miteinander schwingen und eins werden lässt. Das Ego verblasst gegenüber dem frühlingshaften Glanz der Liebe, es tritt zurück hinter dem höheren Interesse an totaler Einheit. Eine große Liebe kann tatsächlich den Partner samt seines Schattens integrieren; bei einer oberflächlichen Verliebtheit ist die gemeinsame egofreie Zone naturgemäß kleiner. Aber auch nur kurzzeitig Verliebte werden zumindest eins mit ihren positiven Projektionen auf den Partner; das allein fühlt sich bereits wundervoll an.

Wenn sich dann über kurz oder lang das Ego zurückmeldet, verliert die himmlische Liebe ihre Macht über das Paar. Jetzt kann der Alltag mit seinen Grenzen und ganz anderen Regeln die beiden einholen und bannen. Begrenzendes Denken gewinnt wieder die Oberhand. Dann lassen auch die beschwingten Gefühle mitreißender Leichtigkeit rasch nach, und Alltagstrott kehrt wieder ein. Ohne den Übergang von der Verliebtheit zur Liebe, also von Eros zu Venus, ist diese Entwicklung zwingend.

Damit es Liebe wird, muss die von Eros und seiner Energie gestiftete Entflammung der Herzen in stillere Glut übergehen und die Mutter Aphrodite-Venus das Steuer übernehmen. Nicht umsonst hat sie ein Dauerverhältnis mit dem wilden und ungestümen, ihr so fremden Mars, Eros' Vater, um ihr Feuer mithilfe von außen am Brennen zu halten. Auch ihr rechtmäßig angetrauter Mann und Künstler unter den Göttern, Hephaistos, bringt als Schmied fehlendes Feuer in die Verbindung. Diese Beziehung ist zwar legal, aber unfruchtbar; ihr entstammen keine Kinder oder, in der Sprache des Mythos, keine Entwicklungsimpulse. Wir erkennen hier eine vom Resonanzgesetz gestiftete Verbindung nach dem Motto »Gleich und Gleich gesellt sich gern«.

Dagegen ist Venus' Verhältnis zu Mars vom Polaritätsgesetz bestimmt nach dem Motto »Gegensätze ziehen sich an«, und damit irgendwie spannender. Die Hitze des lodernden Mars- und Aggressionsfeuers wandelt sich in ihr, der Venus, und verbindet sich mit ihrer Leichtigkeit und ihrem Charme, die dazu beitragen, die Liebe am Leben zu erhalten. Mit Venus und ihren Themen der Aussteuerung und Balance kommen auch so anspruchsvolle Aufgaben wie die Integration des Schattens ins Spiel des Lebens und der Liebe.

In der Zeit des Werbens, wenn sie sich *freien*, wie man früher sagte, nach Freya, der germanischen Liebesgöttin, sind erhebende Freiheitsempfindungen möglich. Ein ganzer Bereich des menschlichen Erfahrungsspektrums wird aus den Fängen des Banalen und Alltäglichen befreit: die Gefühle. Nichts kann uns dem Himmel kurzfristig so nahe bringen wie das Aufbrechen der Grenzen des Ego im Verlieben, wodurch diese wundervollen Empfindungen von Weite und Freiheit anstrengungslos in uns Einzug halten. Jetzt lässt sich alles loslassen, und doch haben beide, was sie sich nur wünschen und brauchen.

Das Gefühl der Leichtigkeit des Seins, das die Liebe heraufbeschwört, entspricht der Wahrnehmung der freien Seele. Im Gefühl des Liebens findet die Seele zu ihrer eigentlichen Bestimmung zurück oder kommt ihr doch zumindest nahe. Im Zustand des Verliebtseins erhalten wir sozusagen einen Vorgeschmack auf diese begnadete Erfahrung. Grenzen (er-)scheinen der Seele so fremd wie der Liebe.

Das Ego ist des Menschen entscheidendes Problem, denn es lebt ausschließlich von Grenzen, schließlich vermag es sich nur an diesen zu spüren. Gleichzeitig fürchtet das Ego, ohne Grenzen alles zu verlieren und unterzugehen. Indem Verliebte ihre Egogrenzen aber hinter sich lassen oder doch weitgehend aufweichen, kommt die Seele in ihr Element, und die Verliebten erfahren die schwebende Leichtigkeit des Seins.

Sichverlieben ist ein – zeitlich beschränktes – Hinauswachsen über die eigenen Grenzen, während die Liebe das wirkliche Auflösen dieser Grenzen bedeutet. Es bietet einen Vorgeschmack auf das eigentliche Ziel. Wo Grenzen – im seelischen Bereich – fallen, entsteht automatisch Leichtigkeit. Selbst wenn sie nur durchlässiger werden, kann das immer noch beflügeln.

Echte Gipfelerlebnisse sind stets mit einem Gefühl der Liebe zur Schöpfung verbunden. Die Nähe von Liebes- und Einheitserfahrungen wird hier sehr deutlich, und so bietet es sich an, Liebe als Weg zur Einheit zu erkennen und zu nutzen. Damit entpuppt sich die Liebe als Weg, in das Reich unserer eigentlichen Bestimmung zu gelangen.

Leider kann man sich nicht nach Belieben verlieben, es ist eher wie beim luziden Träumen, einer weiteren spontanen Erfahrung zeitweiliger Freiheit der Seele. Wir können auf das Geschenk hoffen und uns darauf freuen, uns auch innerlich dafür bereitmachen, aber wir können es nicht herbeizwingen. Andererseits lässt sich natürlich bewusst daran arbeiten, seine eigenen Grenzen zu öffnen, um weiter zu werden. Auch das wird sich immer leichter und freier anfühlen, je mehr Erfahrung man entsprechend sammeln kann.

Ein Leben in Liebe ist durchaus möglich, und es gibt wundervolle Beispiele. Ein Leben ewigen Verliebtseins ist weder möglich noch erstrebenswert; man liefe Gefahr, auf rosaroten Wolken schwebend die Tiefe des Lebens zu verpassen. Echte Liebe braucht Kontinuität, um durch die Niederungen des Lebens hindurch zu tragen und zu halten. Einem Menschen, der – einem von Blume zu Blume flatternden Schmetterling nicht unähnlich – von einer Verliebtheit zur nächsten eilt, fehlt neben Tiefe auch Kontinuität.

Tiefe und Kontinuität sind Qualitäten, die der mythologischen Gestalt des Saturn entsprechen. Saturn hatte seinen eigenen Erzeuger, Uranos, kastriert, wobei Uranos' Reich der Himmel ist, der für Liebende eigentlich sprichwörtlich voller Geigen hängen sollte. Doch aus diesem Gewaltakt entsteht die Liebe, Aphrodite-Venus, denn die Zeugungsmacht des Himmelsgottes, sein abgeschlagenes Ge*mächt*e, stürzt ins (archetypisch weibliche) Meer. Als Schaumgeborene entsteigt Venus dann Neptuns Reich.

Verliebte und Liebende lehren uns etwas sehr Wichtiges: Je mehr wir in Resonanz gehen, das heißt mit anderen Menschen und Wesen mitschwingen, desto beschwingter und leichter wird uns das Leben. Sexualwissenschaftler haben festgestellt, dass im Moment eines gemeinsamen Orgasmus die Gehirnwellen sowie die Herz- und die Atemfrequenz beider Liebenden eine verblüffende Synchronizität aufweisen, was nur eine andere Beschreibung von Resonanz ist. In solchen Momenten berückender Resonanz ist es dann sogar möglich, erotisches Geschehen zu transzendieren und einen Moment reinen Seins zu erfahren. Ganz ähnlich wie jede Mantra-Meditation oder Atemreise über sich hinaus auf Transzendenz zielt, will auch Liebe über Erotik hinauswachsen und zur Agape, jener umfassenden Liebe der höchsten Ebene, werden. Um in Resonanz zu kommen, brauchen wir »nur« unsere Grenzen zu öffnen und das Ego zurückzustellen. So schließt sich der Kreis der Liebe und des Mitschwingens.

STICHWORT SHADES OF GREY

Einen Megaerfolg und den raschesten Siegeszug eines Buches um die Welt errang ein Werk aus Eros' Reich, auf das wohl niemand gefasst war und das folglich auch einige aus der Fassung gebracht hat: *Shades of Grey.*[5] Innerhalb kurzer Zeit haben über 70 Millionen Menschen, vor allem Frauen, auf der ganzen Welt die Romantrilogie gekauft und verschlungen. Das Werk sprengte nicht nur die bisherigen Maßstäbe des Buchhandels, es ist offenbar auch Sprengstoff für die Meinungsmacher unserer leitkulturellen Medien, denn seinem riesenhaften Erfolg beim Publikum steht seine demonstrative Ablehnung so auffällig gegenüber, dass man wohl von

5 E. L. James: Shades of Grey. Bd. 1: *Geheimes Verlangen,* Bd. 2: *Gefährliche Liebe,* Bd. 3: *Befreite Lust.* Goldmann 2012.

einem frappanten Beispiel von Verdrängung ausgehen muss. Verdrängt wird im Grunde die Sehnsucht der Menschen nach einer direkten Begegnung mit Eros, dem Gott und Prinzip der Liebe.

Denen, die das Buch verreißen oder es demonstrativ ignorieren, ist es meist nicht einmal möglich, hineinzublättern, geschweige denn, es ganz zu lesen, bevor ein (vernichtendes) Urteil gefällt wird. Oft war der Satz zu hören: »Ich finde das nicht gut, also brauche ich es auch nicht zu lesen.« Es mag ja nicht jedermanns Geschmack sein, dieser sehr speziellen Liebesgeschichte mit sadomasochistischen Spieleinlagen zu folgen, die einerseits aus den Augen einer modernen, selbstbewussten und erfolgreichen jungen Frau und andererseits aus ihrem sehr altmodischen Herzen heraus erzählt wird. Für viele Männer scheint es sich hier auch um ein »reines Frauenphänomen« zu handeln.

Die Autorin Erika Leonard hatte unter Pseudonym (E. L. James) ihre Texte zunächst in das Internet gestellt; dort wurden sie von Frauen entdeckt, verbreitet und später für die Buchveröffentlichung auch von einer Frau lektoriert. Frauen machten es zu ihrem Anliegen, zum im Augenblick vorrangigen Thema. Wenn ich als Mann mit einem der drei Bände »erwischt« wurde, hieß es gleich erstaunt und auch abwertend-kritisch: »Was, du liest so was?« Für Triviales, ja Billiges verschwendet *man* doch keine Zeit. Tatsächlich ist Eros heute preiswert und damit auch billig geworden, aber er beherrscht weiter unsere Welt, und nicht nur unterhalb der Gürtellinie. Wobei der Verdacht, dass auch Männer schon immer von dort gesteuert werden, ungefähr so alt ist wie Politik und andere angeblich seriösere Bereiche gesellschaftlichen Interesses.

Ich möchte mich sogleich und eindeutig festlegen: Die Geschichte von Anastasia Steele und Christian Grey ist keineswegs eine Ausgeburt der Sadomaso-Szene. Zwar gingen aufgrund des Megasellers die Umsätze an Sexspielzeug hoch, in der SM-Szene bewegte er nichts. Dort ist man an der seelischen Dimension von

Sex eher wenig interessiert. Wohingegen gerade die psychologische Seite der Geschichte von Steele (Stahl) und Grey (Grau) bemerkenswert ist, und genau dort liegt auch das Problem der bildungsbürgerlichen Feuilletons und der politisierten Frauenbewegung: Man sieht diese Seite nicht; man will sie nicht sehen. Jedenfalls nicht im Zentrum einer erotischen Erlebniswelt, die jegliche rigide Sexualmoral hinter sich lässt.

Eine Geschichte, die sich so beeindruckend ihren Weg bahnt, muss einen Archetyp, ein Urmuster, bedienen, nach dem viele Menschen, unter ihnen wohl vor allem Frauen, eine große Sehnsucht haben. Wenn ausgerechnet dieses Werk die internationalen Bestsellerlisten stürmte, ist Erotik offensichtlich bisher ein bei uns sehr vernachlässigtes und verkanntes Thema. Frauen scheinen auf einmal (wieder) dazu zu stehen, wie es bis vor Kurzem noch undenkbar gewesen wäre. Die Trilogie sagt ihnen etwas, und das könnte uns allen etwas sagen: Der Archetyp Eros scheint moderne Frauen zunehmend zu beschäftigen. Kehrt womöglich Eros, der ehemals große Gott, zurück? Wenn dies der Fall sein sollte, werden sicher die Frauen dafür sorgen, etwa indem sie sich in Internetforen zusammenfinden, wo ihnen nicht alte Männer den Weg in die Öffentlichkeit versperren. Dass sie die vom Internet gebotenen (Frei-)Räume auch mit erotischen, über gesellschaftliche Tabuzonen weit hinausreichenden Fantasie-Bilder-Welten bevölkern, ist nicht so spektakulär, aber ein ebenso starkes Zeichen wie der Erfolg von *Shades of Grey.*

Ein Hinweis auf die Brisanz der Entwicklung ist, dass immer mehr männliche Journalisten, Rezensenten und sogar Literaturkritiker sich mit dem Thema Erotik beschäftigen (müssen), wenn auch meist mit blasiertem Widerwillen und rhetorisch ausgefeilter Nörgelei. Die amerikanische Kulturwissenschaftlerin Bacon-Smith dagegen macht bereits einen subversiven Akt vieler Frauen aus, der sich nicht zuletzt auch gegen diejenigen ihrer Geschlechtsgenossinnen wendet, die sich selbst als alleinig rechtmäßige Vertreterinnen weiblicher Interessen im öffentlichen Raum sehen. Mythen und ihre Archetypen sind grundsätzlich unsterblich. Um sich wieder in den Vordergrund zu spielen, sind ihnen alle Wege recht, auch wenn diese um kluge und gebildete Männer einen Bogen machen. Ja, es scheint ihr typischer Stil zu sein, auf dem Weg zurück in die öffentliche Aufmerksamkeit gerade nicht logisch oder rational und schon gar nicht wissenschaftlich vorzugehen. So rückt der Mythos von Eros, wenn es sein muss, auch in Form eines Unterhaltungsromans in unser Bewusstsein und kann die Geschichte von Anastasia und Christian als moderne Version des Mythos von Anima und Animus, von Eros und Psyche, verstanden werden. Natürlich kommen die *Shades of Grey*, ganz dem heutigen Geschmack entsprechend, dabei nicht ohne Happy End aus – als wären sie von Anfang an für eine Hollywood-Verfilmung geschrieben, was ganz im Sinne von Eros höchstpersönlich wäre. Ihm ist, wie hoffentlich schon deutlich wurde, jedes Mittel recht, um seine Ziele zu erreichen.

Literaturkritik und Psychologie mögen einwenden, für einen Mythos sei dieses Happy End zu einfach und einseitig. Das mag richtig sein, insofern hat der Roman auch etwas sehr Märchenhaftes. Damit dürfte aber ein nur noch stärkerer Lockstoff in dieser in die heutige Welt verlegten uralten und tatsächlich zeitlosen Geschichte liegen. Mythen- und Märchenhaftes, Tiefen- und Höhenpsychologie und damit Ober- und Unterwelt verbinden sich hier, wie in Venus Himmel und Meer und in Eros Krieg und Frieden. Das sichert die große Spannbreite und den verbindlichen und bezaubernden Charme der Geschichte. Man möge mir die folgende, relativ ausführliche Inhaltsangabe des Romans nachsehen. Sie erscheint mir nötig, weil so viele das Buch zwar beurteilen, es aber nicht gelesen haben; sie soll außerdem dazu anregen, die Story mehr von der psychologischen Seite her zu sehen.

Ein schönes, intelligentes, mutiges und faszinierendes, andererseits auch naives, armes, aber doch fleißiges und obendrein jungfräulich ungeküsstes Aschenputtel hilft kurz vor seinem Examen aus gutherziger Nachgiebigkeit und Freundschaft der erkälteten Freundin und Zimmernachbarin aus. So weit zum Ruf des Schicksals. Die Freundin Kate ist, quasi als lichte Schwester, ein reiches, lebensfrohes Geschöpf aus gutem Haus. Sie nimmt sich der in ihrem Schatten stehenden Anastasia (Ana) an. Für die Collegezeitung hat sie ein Interview beim faszinierenden, geheimnisumwitterten, sagenhaft reichen und obendrein gut aussehenden Mr. Grey verabreden können. Im letzten Moment aber lässt das Schicksal sie unpässlich werden, um ihre unbedarfte Freundin Ana ins Spiel zu bringen. Diese übernimmt willig den Auftrag und folgt damit – ohne es zu wissen – ihrem Ruf. Sie stolpert unvorbereitet in das Gespräch mit Christian Grey und ist fasziniert von dem Mann. Für ihn gilt Gleiches. Der blendend aussehende, superreiche, elegant gekleidete, von einem wundervollen Duft umwehte Großunternehmer, der nichts dem Zufall überlässt und alle haben könnte, ist nun ausgerechnet hinter Aschenputtel her. Natürlich bekommt er die Kleine auch, wozu er sich der charmantesten Tricks bedient, die *frau* sich nur vorstellen kann.

So weit, so nett und ganz dem Muster vieler Märchen, Geschichten und Filme folgend: der (einfluss-)reiche, wundervolle Mann nimmt sich des auf den ersten Blick unscheinbaren Mädchens an und hievt es auf sein (gesellschaftlich) viel höheres Niveau. In diesen zeitlosen Rahmen packt die Autorin ein modernes Liebesmärchen, in dessen Mittelpunkt Eros in heute ungewohnter Pose auftritt. Der Liebesgott lässt es zwar noch auf bewährte Weise zwischen beiden funken, spielt aber anschließend eine uralte, doch mittlerweile ungewohnte Karte aus. In Zeiten der Emanzipation passt diese so gar nicht oder eben nur wie die Faust aufs Auge. Darin dürfte ein weiterer Grund für den Zuspruch liegen, den die Geschichte weltweit erfährt, kommt so doch gleich von Anfang an die Polarität von Eros mit ins Spiel. In diesem ins helle Tageslicht beförderten Schatten dürfte der Grund liegen, warum fast niemand sich offen als Fan des Romans outet, aber so viele ihn ja kennen und mögen. Wahrscheinlich konnte der neuerliche Wiederaufstieg von Eros auch nur über das anonyme Internet geschehen, wo sich Millionen Frauen ohne Hemmung und eben anonym und per Klick zu ihm und seiner Thematik bekennen konnten.

Der Märchenheld Christian Grey ist, wenn auch äußerlich untadelig, innerlich doch ein überaus problematisches Wesen, bei dem Licht und Schatten sehr nahe beisammenliegen. Die Autorin baut hier schlicht auf ein Generalthema zwischen den Geschlechtern: Er hat Angst vor (ihrer) Nähe, sie vor seinen erotischen Wünschen und konkret vor seinen ungewöhnlich herausfordernden Schattenspiel-Vorstellungen. Dies ergibt eine faszinierend heiße Mischung, die sie schon bald aneinanderfesselt, auf verschiedene Art und Weise, und die Leserinnen obendrein.

Christian Grey besitzt und betreibt eine sehr erfolgreiche Firma, von der man erst ganz zum Schluss anlässlich einer kleinen, aber gut nachvollziehbaren Racheaktion erfährt, dass sie andere Firmen kauft, zerschlägt und die Filetstücke gewinnbringend weiterverkauft. Dies ist eine späte und etwas herbe Erkenntnis, ansonsten tut er mit dem bei diesen Geschäften reichlich herausspringenden Geld vor allem Gutes. Da er selbst als Sohn einer von Crack abhängigen Hure hungern musste, will er den Hunger auf der Welt mit humanitären Projekten stillen, gar besiegen. Noch tagelang neben seiner toten Mutter ausharrend und unter ihrem brutalen Zuhälter leidend, lernte er einst das Böse kennen und nahm seelisch Schaden. In dieser tiefsten Finsternis ereilte ihn sein Ruf auf den Gegenpol zuerst durch Adoption in eine reiche Familie der guten Gesellschaft. Dann verwirklichte er den in den USA überaus beliebten und sogar öfter gelebten Traum eines Aufstiegs vom Tellerwäscher zum Milliardär, der sich im alten Europa wegen Undurchlässigkeit und Starrheit der Gesellschaftsschichten meist auf Mythen und Märchen beschränkt. Gleichsam als Kompensation seines frühen Elends und unterstützt von einer Freundin der Familie, die ihn als Domina erst sexuell gefügig und dann wieder lebensfähig machte, wird er schwerreich und gewinnt den erotischen Charme der Macht. Geld macht inzwischen auch im alten Europa sexy. Ebenso reich wie mächtig, verfügt Christian Grey über eine faszinierende Anziehungskraft und gibt viele Rätsel auf. Vor allem seine Sexualität bleibt in seinem Umfeld geheimnisumwittert.

Ana enthüllt er seine sexuellen Wünsche dagegen rasch: Er will sie hart (ran-)nehmen und rücksichtslos »ficken«. Aus dieser speziellen (Vor-)Liebe bezieht der Roman seine Spannung; allerdings klingt das alles härter und gröber, als es sich dann tatsächlich erweist. Es fließt zwar Blut, bei Anas Entjungferung – er beschert ihr eine wunderschöne erste Erfahrung –, aber es bleibt das einzige blutige Laken. Sonst geht alles schön ästhetisch und sauber zu, weit entfernt von den schmutzigen Fantasien der *Feuchtgebiete* und *Schoßgebete* aus der Schattenecke der »dreckigen« Erotik, die uns, wenn auch nicht so gewaltig, doch auch mit einer überraschenden Welle heimsuchte und ordentlich und anständig ekelte.

Der Faszination des Jungfrau-Archetyps kann Christian Grey nicht widerstehen, und die Autorin lässt hier schon erahnen, wie mit der Jungfrau Ana etwas wirklich Neues in sein neurotisches, von Kontrollzwängen beherrschtes Leben tritt. E. L. James lässt sozusagen nichts aus, die Jungfrau muss natürlich auch noch gebären und kommt tatsächlich zum Kinde, wie es nur einer Jungfrau, einer reinen Unschuld, widerfahren kann: indem sie zu verhüten vergisst.

Passend zur männer- und unternehmerkritischen Zeit lebt hinter der Fassade aus Charme und Schönheit, Geld und Eleganz in Christian Grey ein kontroll- und eifersüchtiger Zwangsneurotiker oder, zeitgemäßer formuliert, ein echter Kontrollfreak. Auf diese Weise verschafft die Autorin dem Lebensprinzip Polarität einen großen Auftritt. Ana selbst bleibt hier ganz licht und taucht nur kurz, um ihren schon bald sehr geliebten und auch begehrten Christian zu retten, in die Unterwelt ein, wo sie geradezu heldenhaften und archetypisch männlichen Mut beweist. Auch dies passt gut in unsere Zeit: Die »guten« männlichen Eigenschaften werden inzwischen auch von Frauen repräsentiert. Christian hat lediglich eine tolle Fassade, der Rest bleibt Aufgabe, der sich Ana Steele als selbstbewusste Frau von heute bereitwillig stellt. Sie heißt nicht nur so, sie scheint auch aus Stahl gemacht – nicht zuletzt kann sie schießen.

Statt nun aber den alten Mythos »angesehener, (einfluss-)reicher Mann zieht armes, aber herzensgutes Mädchen zu sich hoch« mit viel Gefühlsbarock à la *Pilcher* oder *Pretty Woman* in Szene zu setzen, bringt die Autorin ihr eigentliches viel erotischeres und faszinierendes Anliegen ins Spiel. Der alte Mythos dient dafür als geschickt gewählter Rahmen.

Die ebenso ehrlichen wie sinnlichen Ambitionen von Ana retten Christian schließlich nicht nur aus kriminellen Verwicklungen, sondern sogar aus seiner Neurose. Erstere Rettungsaktionen schafft sie mit männlichen Tugenden, wie Umgang mit dem Schießeisen, Letztere mit ihrer überzeugend weiblichen Art und vor allem ihrer Liebe. Wenn er nicht spurt, entzieht sie sich und bekommt, was sie sich erträumt: eine tolle Beziehung und einen Mann, der ihr nicht nur all die Selbstverständlichkeiten eines Idealpartners bietet, wie Bildung und Kultur, Reichtum und Charme, sondern auch das Reich von Eros eröffnet. Sie lässt sich von ihm bereitwillig jenen schon erwähnten magischen Gürtel der starken Frau abnehmen.

Statt also das arme Mädchen vom angesehenen Mann retten und adeln zu lassen, wie es in der schreibenden und filmschaffenden Zunft sonst üblich ist, kehrt die Autorin zum viel älteren, auch von Goethe im *Faust* nicht erfundenen, sondern lediglich wieder aufgegriffenen Stoff zurück: »Das ewig Weibliche zieht uns hinan.« Und *hinan* meint eindeutig *hinauf*, obwohl es lange und vorsätzlich anders interpretiert wurde. Die reine und unschuldige – eben noch jungfräuliche – Seele Anas wird mit den ebenso abgründigen wie gefährlichen Gelüsten des durch seine schlimme Kindheit verdorbenen Christian fertig und rettet ihn in jeder Hinsicht wieder für ein sauberes Leben. Doch nun geht die Autorin mutig weiter, viel weiter als etwa Paulo Coelho, der in seinem Buch *Elf Minuten* sich zwar an das Thema heranwagt, aber abbricht, bevor er Eros inklusive Schattenseiten gerecht wird. Ehe sich Ana versieht, hat Eros auch in ihr sein abgründiges, zutiefst ambivalentes Feuer entfacht.

E. L. James hat eine Reihe von Klischees für ihren Märchenmythos wundervoll in Szene gesetzt und obendrein noch ein uraltes, aber neu ins Licht der Moderne drängendes Thema präsentiert. Gewiss hat sie auch an Zuckerguss nicht gespart. Christian, den man sich als All-American-Boy mit einem blitzend weißen Lächeln und einem großen und starken, wohltrainierten und sonnengebräunten Body mit diesem Duft, der so anmacht, vorstellen muss, hat natürlich einen eigenen Hubschrauber und Privatjet. Neben solch himmlischen Spielzeugen im Luftelement steht auch eine traumhafte Yacht für Abenteuer im Wasser- und Seelenreich zur Verfügung; dazu gibt es ein Penthouse und ein wundervolles Ufergrundstück sowie jede Menge Kohle für die gemeinsame Zukunft auf E(r)den.

Abgesehen vom Luft-, Wasser- und Erdelement, hat er auch im Feuerreich viel zu bieten, nämlich (s)einen *Red Room of Pain*, in dem einiges an Kundalini-Feuer abgefackelt werden will. An diesem Feuer im roten Raum entzündet sich die Faszination für den Mythos von Eros, der den Roman zu dem macht, was er (geworden) ist. In diesem besonderen Gemach, der Kammer der Qualen, wie es in der deutschen Übersetzung leider heißt, erlaubte sich der Unwiderstehliche bisher – durch Vertrag und Einverständnis abgesichert –, mit willigen und genau nach seinen Vorschriften unterwürfigen Frauen verschiedenste fantasievolle Herr-und-

Sklavinnen-Nummern aus Eros' Reich. Er kehrt mit äußerster Konsequenz zum archaischen Geschlechtsrollenmodell zurück und verlangt Gehorsam – aus keinem anderen Grund, als dass es ihm gefällt. Davon mögen auch andere Männer träumen, aber welcher Mann traut es sich noch auszusprechen und vor allem in die Tat umzusetzen? Wohl kaum einer. So muss es wieder eine Frau machen, und E. L. James legt Christian mutig diese so scheinbar völlig aus der Zeit gefallenen Worte in den Mund: »Ich bin dominant (...) Es bedeutet, dass du dich mir freiwillig unterwerfen sollst, in allen Dingen.«

Ana fragt widerstrebend, warum sie das denn tun solle, und er sagt es ihr: »Um mir Vergnügen zu bereiten.«

Aber während sie mit anfänglichem Widerwillen darüber nachdenkt, warum sie ausgerechnet diesem Mann Vergnügen bereiten sollte, spürt sie plötzlich, dass sie tatsächlich *genau das* will. Sie will ihn verdammt noch mal und vollkommen von sich entzücken. Diese Erkenntnis wird ihr zur wahren Enthüllung, ja Offenbarung. Auch sie will – tief in ihrer Seele – in dieses alte Rollenmuster zurück, jedenfalls in diesem besonderen Moment.

Christians Spielregeln erinnern an das SM-Milieu, allerdings geht es ihm »nur« um Hingabe und Schmerzerfahrungen und keinesfalls um blutige oder unästhetische Erlebnisse. Das Muster »Starke Domina nimmt sich unterwürfigen Jungen zur Brust« hat er schon in seiner Jugend mit der Freundin seiner Adoptivmutter ausgelebt. Jetzt geht es um die Umkehrung: (Über-)mächtiger Mann bedient sich einer unterwürfigen Sexsklavin, die an vorgeschriebener Stelle nackt und demütig mit gesenktem Kopf kniend auf ihn zu warten hat und ihn weder direkt ansehen noch mit den Augen rollen darf. Zuwiderhandlungen droht er mit flacher Hand oder Peitschen nach Wahl zu ahnden.

Ana weiß nicht, was ihr bevorsteht, und sie kann nichts voraussehen, denn er verbindet ihr die Augen. So erlebt Ana ebenso erschreckt wie fasziniert und bald auch stramm aufs Bett gefesselt, wie ihr Leibesinnenraum mit den ungewöhnlichsten Sensationen angefüllt wird. Während Eros' eigene Musik über die Ohren ihren Kopf und mehr füllt, führt Eros Christian die Hand, um ihren Mund mit verführerischsten Aphrodisiaka zu füllen, ihre oberen Lippen sanft liebkosend, während geheimnisvolle Düfte ihr Gefühlszentrum im limbischen System umschmeicheln und verwirren. Hier ist ein Meister geheimnisvoller Erotik am Werk und in seinem Element. Als Kontrollfreak überlässt er nichts dem Zufall, sondern plant alle Elemente und Ebenen ein. Ana kann wie ihre Vorgängerinnen ganz das Hier und Jetzt erleben, denn sie weiß nicht, was kommt, das heißt, die Zukunft ist ihr versperrt, und Erfahrungen der Vergangenheit helfen ihr nicht weiter. Dazu ist alles zu neu, zu überraschend, zu faszinierend, und vor allem ist sie selbst völlig unbedarft.

Der Schmerz seiner Schläge auf ihren nackten Po zwingt sie erbarmungslos in den Augenblick und bereitet ihr unerwartet große Lust. Das Gehirn gibt bei dem Versuch, ihre ungewisse und zugleich so faszinierende direkte Zukunft zu erleben, einfach auf. Christians geschickte und natürlich auch wunderschönen, elegant langen Finger öffnen auch Anas untere Lippen, um Eros' heute nicht mehr nur elektrische, sondern schon elektronisch regelbare Accessoires in ihrem mehr als bereiten Schoß unterzubringen. Längst ist ihr das Wasser im Mund – dem oberen wie dem unteren – zusammengelaufen und hat sie heiß und (tropf-) nass gemacht. Sie sieht nichts aufgrund der Augenbinde und ahnt weder, was auf sie zu-, noch was in sie hineinkommt, oben an Geschmackserlebnissen, unten an Eros' Lust durch Vibrationen und Temperatursensationen vermittelndem Spielzeug. Er macht sie mit Worten und Tönen und seinen Händen und jenen Dildos und Peitschen bis zu Vaginalkugeln verrückt, längst bevor er weitere Spielzeuge aus Eros' Shop zum Einsatz bringt. Und so zwingt er sie zu völliger Hingabe und bereitet ihr mit ebensolcher Hingabe die größten, längsten und schönsten, zum Himmel schreienden

Orgasmen, bei denen sie nie weiß, ob sie sich nach dem nächsten sehnen oder vor ihm fürchten soll.

Virtuos baut Christian ein erotisches Szenario auf, bevor er Wellen von Lust und Explosionen von Ekstase ihren Weg durch Anas ganzen Leib und über diesen hinaus in ihre Seele finden lässt. Er kennt die ganze bunte Palette von Gelüsten und Spielen, die Eros' Reich zugleich so verlockend wie beängstigend machen. Hier wird eine tiefe, immer noch vielfach unbefriedigte Sehnsucht vieler Frauen angesprochen nach einem Mann, der Bescheid weiß in diesem himmlischen und zugleich von dunklen Begierden beherrschten Reich. Sie möchten einen Partner, der ihnen Lust auf Liebe macht und Lust zur Liebe vermittelt und der alle, wirklich alle mögliche Lust bei der Liebe entfacht, der die Welt der Gefühle mit Sinnlichkeit und eben Erotik versüßt, ein prickelndes Vergnügen beschert und jederzeit und auf der ganzen Linie Herr der Lage bleibt. All das kann nur durchschauen, wer Eros' Ambivalenz kennt, die so überdeutlich in seiner Herkunft liegt.

So groß auch ihr Genuss und bald schon ihre Liebe ist, als gut erzogene Collegestudentin des 21. Jahrhunderts kann und darf Ana mit dem Prozedere und der Einseitigkeit der Machtverteilung nicht einverstanden sein. Aber sie genießt und hat – genau wie Christian – Feuer gefangen. Beide sind von Anfang an von Eros ins Herz getroffen und auch im übertragenen Sinn aneinandergefesselt.

Christian bindet sie so gern, und sie lässt sich so gern von ihm fesseln und bald auch auf allen Ebenen, ob er am Flügel Bach spielt oder die Leihgaben aus Inquisitionszeiten in seiner Spezialkammer einsetzt. Er will seine Frauen binden, um sie ganz zu bekommen und zu besitzen und nie mehr zu verlieren. Doch er bemerkt an Ana rasch, dass dies mit seinen Folterwerkzeugen nicht wirklich gelingen kann. So versucht er, sich selbst an sie zu binden. Er macht ihr einen Heiratsantrag, ein geradezu magischer Bindungs(vor)schlag, dem sich bis heute selbst emanzipierte Frauen nur schwer entziehen (können). Allerdings kommt selbst dieser letzte Trick, der allergrößten Einsatz fordert, bei modernen Frauen immer weniger sicher an und bindet sie jedenfalls nicht mehr annähernd so verlässlich wie früher. Heute trennen sich Frauen viel rascher, wenn sie sich ent- und getäuscht fühlen, selbst mit mehreren Kindern.

Ana spürt den Bindungswunsch zuerst sehr konkret, und zwar körperlich in der Kammer der Qualen. Christian erlebt ihn, als sie sich ihm aus Enttäuschung – oder (macht-)politischen Gründen – entzieht oder wann immer sie auch nur schmollt. So langsam und sicher, wie er sich seiner Verliebtheit bewusst wird, verändert sie die Spielregeln; den Vertrag hat sie oft bedacht und diskutiert, aber nie unterschrieben. Nachdem sie ihm und sich für kurze Zeit die Erfahrung vermittelt, die erste große Liebe zu verlieren, hat sie das Spiel praktisch gewonnen, und die Leserin ahnt schon, dass das Ganze in den *sicheren Hafen der Ehe* münden wird. Er will das auch bald und im wahrsten Sinne des Wortes um jeden Preis, um sie nur ja nie mehr zu verlieren. Bedingungslose Liebe kennt keine Einschränkungen, und so blitzt sein gut meinender Stiefvater mit dem (arche-)typisch männlichen Wunsch nach einem Ehevertrag ab; dadurch ist er im ursprünglichen Sinn des Wortes erst einmal abgeschrieben. Durch anschließendes untadeliges Verhalten kann er aber Anas Gunst zurückgewinnen, sodass einer bedingungslosen Ehe in vollständiger familiärer Harmonie schließlich nichts im Wege steht.

Naiv und geradezu vertrauensselig stolpert Ana in ihre erste Schwangerschaft. Dabei hatte Christian rational mit supernetter Promi-Ärztin per Hausbesuch vorgesorgt und alles scheinbar optimal organisiert und abgesichert. Aber Ana erweist sich auch in dieser Hinsicht ihm – unbewusst – als gewachsen und überlegen und wird im wahrsten Sinne des Wortes sein Schicksal. Damit deutet sie ein Muster an, das über den Roman hinausweist. In vielen, wenn nicht allen wirklich wichtigen Bereichen außer auf

Finanz- und Bettebene, ist sie ihm überlegen, und das geschieht und fasziniert aus dem Grund, dass sie sich ihm auf der Bettebene ganz hingibt, bedingungslos ausliefert und entwaffnen lässt. Die Finanzebene *nimmt* sie erst widerwillig und dann *billig*end *mit in Kauf*.

Aus dem Verhütungsdesaster ergibt sich nach anfänglicher Krise schließlich eine wundervolle Familienidylle an einem der schönsten Orte der Welt mit den schönsten Menschen derselben. Aber die dem Saturn-Archetyp angehörende Institution der Ehe und die Familienidylle des Mond-Archetyps beinhalten natürlich keine Lösung für Christians Neurose und vor allem nicht für den Archetyp des Eros.

Selbst dies berücksichtigt die Autorin. Fast beiläufig verdeutlicht ihre nicht nur be- und anrührende, sondern auch heilsame Geschichte, dass große, bedingungslose Liebe alle Verletzungen und Wunden heilt. Denn wie so viele verliebte Frauen findet Ana ihren Traummann Christian zwar wundervoll, aber einiges bleibt doch zu überarbeiten und ist ausgesprochen therapie- beziehungsweise reparaturbedürftig. Und tatsächlich ermöglicht ihre Liebe die erfolgreiche Therapie seiner frühkindlichen Störungen, die sich zeitlich unschwer auf die anale Phase, also die der Sauberkeitserziehung, festlegen lassen, sodass auch der nimmermüde Kontrollfreak in ihm zwanglos eine Erklärung findet. Auf diesem Gebiet hat er auch selbst schon viel gelernt und scheint sein Geld zu besitzen, statt besessen davon zu sein, ist er doch sensationell großzügig zu ihr und dem Leben.

Auch das ist ein Traum, den viele und sogar noch selbstversorgende Frauen träumen: ein Mann, an dessen Schulter sie sich auch in materieller Hinsicht lehnen können und Geborgenheit finden. Wobei Ana natürlich nie weiß, ob der Platz in der ersten Klasse neben ihr frei bleibt, weil er ihr Ruhe schenken will oder sich selbst Ruhe vor seiner Eifersucht, seinem Kontrollzwang und Besitzwahn auf Seelenebene.

Dass bedingungslose Liebe heilt, ist eine altbekannte Wahrheit. Märchen und Mythen sind voller Beispiele für die Heilkraft großer Liebe. Wahre Liebe und die Unschuld des ehrlichen Herzens können nicht nur retten, sondern sogar erlösen. Das haben lange vor E. L. James vom Froschkönig bis zum viel beschworenen Biest schon einige von Neurosen verzauberte, verhexte und von ihrem Schatten entmachtete archetypische Prinzen erfahren dürfen. Dass Neurosen und Schatten verzaubern, ist auch die Erfahrung der Krankheitsbilder-Deutung, die sich gezielt der Aufgabe der Entzauberung körperlicher Symptome widmet.

Inzwischen belegt sogar eine wissenschaftliche Studie, dass Erotik und Sex in Gestalt von Geschlechtsverkehr tatsächlich dem Leben helfen. Menschen, die kürzlich Geschlechtsverkehr hatten, reagieren demnach weniger gestresst als Menschen ohne diese Erfahrung, selbst in normalerweise überaus stressvollen Situationen. Medizinisch ausgedrückt, ihre Blutdruckregulation ist danach deutlich besser. Geschlechtsverkehr hilft also beim Stressabbau und ist gut für die Gefäße.[6] Am Ende ist Christian so domestiziert und von Ana auf (Anas) Spur gebracht, dass er aus lauter Angst, sie nochmals zu verlieren, gleichsam schlagartig all seine in den Red Room (»die Kammer der Qualen«) verbannten Gelüste loslässt. Und hier liegt die große Gefahr für ihre künftige Beziehung, denn er würde so langfristig die Kraft und Macht verlieren, ihr weiterhin *den Gürtel abzunehmen*. Beim »Blümchensex« mit einem einfühlsamen, aber völlig gezähmten und nun seinerseits gefügigen Mann bekommt mit der Zeit auch das schönste Blütenbouquet etwas Monotones. Aber Ana wird auch hier zur Retterin, hat sie doch schon *Feuer gefangen* und Eros' Faszination erfahren. Sie hat nun Sehnsucht nach ihm und fordert ihrerseits Besuche in jenem roten Privatetablissement für sich ein.

---

6 Biol Psychol. 2006 Feb; 71(2): 214–22. Epub 2005 Jun 14. Division of Psychology, School of Social Sciences, University of Paisley, Paisley PA1 2BE, Scotland, UK.

Die Autorin arbeitet hier mit einem archetypischen Trick und beschreibt Anas Erleben nicht nur auf der gewohnten rationalen und an den Phänomenen der Oberfläche orientierten Ebene, sondern hin und wieder auch aus den Augen ihrer inneren Liebesgöttin. Diese hat sie schon ganz zu Beginn als eine Eros nahestehende weibliche Göttinnengestalt eingeführt, die ihr Mut und Lust zugleich macht, an ihrem und Eros' Thema dranzubleiben. Und natürlich kommt Christian ihren Wünschen auch in dieser Hinsicht nur zu bereitwillig nach.

Ana macht das überaus geschickt: Sie wünscht sich von ihrem Mann, den sie gerade domestiziert und von seiner neurotischen Gefährlichkeit geheilt hat, dass er ab und zu in diese dunkle, gefährliche Schattengestalt aus Eros' Reich zurückkehrt und mit ihr in die Kammer der Qualen, den Red Room of Pain, geht – nur nach Absprache und selbstverständlich mit Stopp-Wort –, aber eben doch, um ihr *den Gürtel abzunehmen* und sie lustvoll zu letzter Hingabe zu zwingen.

Diese Möglichkeit stünde vielen, wenn nicht allen Frauen offen, auch emanzipiertesten Powerfrauen, die großen Firmen voller verhuschter moderner Männer vorstehen. Das eröffnet weit größere Chancen, als neben sich kleine männliche Königspuppen von eigenen Gnaden aufzubauen, die sich dann doch irgendwann als Modell Gunther aus dem Nibelungenlied entpuppen. So erwirbt dieses moderne Märchen sogar eine Aussicht auf Haltbarkeit und nähert sich dem alten Märchenschluss, der die Zeitlosigkeit des allgemeinverbindlichen Musters ausdrückt: Und wenn sie nicht gestorben sind, so leben sie noch heute – und zwar in den Herzen und Köpfen von Millionen moderner Frauen und sogar in ein paar Männerköpfen, die sich immerhin schon einmal darauf einstellen können, was ihnen von dieser Seite blüht. Wir Männer könnten tatsächlich dadurch einiges auch von unserem archetypischen Wesen wieder zur Blüte bringen, was auf beiderseitigen Gewinn hinausliefe. Der Roman könnte uns vermitteln: Frauen wollen uns ganz anders, als sie uns lange glauben machten. Und die noch bessere Nachricht: Wir müssen nicht einmal Neues lernen, nur Altes, Archaisches wiederbeleben.

In diesem Sinne hält uns ein angeblich pornografisches Buch, das Autorin und Verlagen auch noch obszön viel Geld einbringt, in einer Weise den Spiegel vor, wie wir es uns eigentlich nur wünschen könnten und müssten. Sich selbst zu erkennen ist immer wertvoll, egal in welchen Spiegel wir dabei schauen. Wir sehen uns darin ja ohnehin immer nur selbst, und darin liegt ein großes Heilgeheimnis. Natürlich hat das damit zu tun, dass Eros die Fähigkeit hat und auch nutzt, Menschen in einen Rausch zu versetzen, dessen chemische Voraussetzungen in Gestalt von Neurotransmittern und Hormonen wir heute immer besser verstehen lernen. Der Gott der Liebe ist tatsächlich in der Lage, durch den von ihm ausgelösten Liebesrausch Vergangenheit und Zukunft in der Gegenwart aufgehen zu lassen. Er deckt den milden Schleier des Vergessens über alles Gewesene, nivelliert Standesunterschiede und dergleichen Menschentheater, als wären sie null und nichtig, und lässt Schmerzen und sogar schweres Leid einfach vergessen. Selbst Verstand und Vernunft setzt er außer Kraft, wenn er seine (Lust- und Liebes-)Opfer anschießt, ihnen den Kopf verdreht oder seine Brandfackel in ihr Herz stößt.

Eros' Pfeile und der von ihnen ausgelöste Hormonrausch sind stärker als vieles, was sonst unser Leben bestimmt. Aber ihre Wirkung hält nicht an, was Be- und Getroffene zuerst nicht glauben wollen, dann aber schmerzlich erleben. Eros' Feuer lässt allmählich nach und erlischt, wenn kein Brennstoff nachgelegt wird. Dieses Dilemma lässt der Roman am Ende anklingen. Falls die beiden ihre rote Kammer nicht am Leben erhalten, wird Eros sich wohl wieder davonmachen, sofern sie ihm keine anderen, ihren Gelüsten entsprechenden Spielplätze schaffen.

Zu allen Zeiten haben die Menschen erfahren, wie sich Eros' Pfeile und die daraus resultierende Verliebtheit anfühlen. Aber sie haben auch erlebt, wie sich daraus über Routine ätzende Langeweile und noch Schlimmeres entwickeln können. Viele haben zumindest miterlebt, dass aus Liebe Hass wurde. Zum Beispiel hat *sie* erfahren, wie nach kurzer gemeinsamer Wegstrecke, als *er* ihr in der Werbungszeit den Hof machend hinterherlief und beide sehr zufrieden waren, sich mit ihrem Einverständnis und ihrer Zustimmung zu seinem Antrag alles änderte und eine bestürzende Umkehrung der Bewegungsrichtung einsetzte. *Sie* läuft nun *ihm* nach, was weder ihm noch ihr gefällt. Sie tut es auch nur, um noch Schlimmeres zu verhindern, nämlich sein endgültiges Weg- und Aus-dem-Ruder-Laufen. Leider ist dieser zweite Wegabschnitt mit umgekehrter oder eben verkehrter Bewegungsdynamik in der bürgerlichen Welt meist wesentlich länger als der anfängliche, reizvolle. Die Antwort auf die Frage, warum sich intelligente Menschen solche Spiele antun, hat viel mit den Mustern zu tun, die uns der Mythos entschleiern kann.

WAS UNS DAS NIBELUNGENLIED ERZÄHLT

Das uns aus dem Schulunterricht bekannte Nibelungenlied gehört sozusagen zum germanischen Weltkulturerbe – ohne dass man sich heute im deutschen Sprachraum auf seinen Mythos berufen würde, wenn es darum geht, die Rollen von Mann und Frau anders zu bestimmen als durch modernes Wunschdenken. Dabei kann das Epos aus alter Zeit uns – und gerade uns heutigen ehemaligen *Herren der Schöpfung* – durchaus weiterhelfen. Es erzählt nicht etwa nur von militärischen Heldentaten und politischer Ranküne, auch wenn uns dies im Deutschunterricht so vermittelt wurde. Im tiefsten, im wirklich existenziellen Sinne geht es um das Verhältnis der Geschlechter zueinander. Insbesondere darum, wer *im Bett die Hosen anhat*, um eine neudeutsche Redewendung zu zitieren. Deren semantische Absurdität bringt kaum jemanden zum Schmunzeln und ist auch weniger als Witz gemeint. Sondern sie zeigt die Armut unserer Sprache an angemessenen Ausdrücken ausgerechnet für das Thema Nummer eins. Immerhin geht *man* landläufig noch ungekünstelter zu Werke, und das wohl nicht nur rein sprachlich, etwa wenn unter Abwesenheit des »schwachen« Geschlechts die Rede darauf kommt, wie man es schaffen könne, *der Frau Herr zu werden.* Womit natürlich schon wieder die verbotsverdächtige Zone erreicht ist. Aber letztlich geht es in diesem Buch eben nicht um Political Correctness, sondern um offene und ehrliche Auseinandersetzung mit dem Stoff, aus dem unsere Träume sind. Es mag zwar unmodern sein, es erweist sich aber manchmal als überaus hilfreich, nicht nur mitzulesen, was das Volk liest, sondern ihm auch *aufs Maul* zu *schauen.*

Gemeint ist natürlich, dass der Mann sich als Mann erweist, der seiner Frau sinnlich-erotisch und sexuell alles geben kann, was sie sich wünscht, und sie ohne Wenn und Aber zu befriedigen vermag. Mit »Herr« steht in diesem Zusammenhang und bei urteilsloser Betrachtung also mehr *der richtige Mann* als der »Herrscher« zur Debatte. Und genau das ist auch das Thema im Nibelungenlied.

Der Held Siegfried geht seiner königlichen Abstammung verlustig und wird wie Moses in einem Korb auf dem Wasser, und damit im Seelenreich, ausgesetzt. Ihn findet ein starker, herzensguter Schmied, der das Kind ohne jede weibliche Hilfe aufzieht. Als Schmied ist er Symbol für die Meisterung des Feuers, das in Siegfrieds Leben von Anfang an eine beherrschende Rolle spielt. Ohne jede Nähe einer Frau bleibt ihm nur reiner Animus zur Identifikation. So wächst der junge Siegfried abseits allen höfischen Lebens zu einem richtigen Mann heran, der die Kraft entwickelt, härtesten Stahl zu schmieden und das beste Schwert zu erschaffen und zu führen. Dabei unterstützt ihn der Himmel (Uranos), indem er den besten Stahl in Gestalt eines Meteoriten vor Siegfrieds Füßen einschlagen lässt.

Das Schwert steht im Mythos sowohl für Ent-Scheidungsfähigkeit als auch für Macht. Bei jeder Entscheidung löst es sich symbolisch aus der archetypisch weiblichen Scheide und tritt mutig in das männliche Luftelement, wo der Held sich mit seiner Hilfe und gezielten Hieben bis zu seinem Ziel durchschlägt.

Indem er sich äußerlich bewährt und sich an der Umwelt abarbeitet, kann Siegfried auch die Widersprüche seiner inneren Natur in den Griff bekommen. Schon in seinem Namen liegt die große Aufgabe, Sieg mit Frieden zu verbinden und zu versöhnen. Der Sieg entspricht dem väterlichen Mars-Archetyp, der Frieden dem Archetyp der Venus, die als Liebe und Aufgabe in seiner Zukunft liegt. Mars und Venus, Eros' Eltern, sind auch Siegfrieds Lebens- und Leitmotive.

Wir finden den Helden also im Bunde mit Eros wieder. Beiden Feuerwesen ist als Herausforderung und Aufgabe das weibliche Wasser- und Seelenelement gegeben. Auf Eros kommt dies in Gestalt von Psyche, der Seele, zu, und auf Siegfried warten Brunhild und Kriemhild, die starke Frau und die Zauberin. Wer mit den Lebensprinzipien vertraut ist, wird sich ausmalen können, was geschieht, wenn die marsische Kampfkraft von Brunhild, die sich einer Streitaxt beim Geschlechterkampf bedient, auf Kriemhilds plutonische Kampfstrategie trifft, die auf Magie und Zaubertränke setzt.

Siegfried meistert den männlichen Animuspol gleichsam spielend, schmiedet sein unbesiegbares Schwert Balmung aus dem Stahl, der (ihm) vom Himmel (zu-)fiel und *wird* seines aufbrausenden Temperaments *Herr.* Am angestammten Königshof hätte Letzteres leicht ins Auge gehen können, wie es andere Varianten des Mythos andeuten. So aber kann er Brunhild im Geschlechterkampf besiegen und ihr anschließend in einem Liebesfest ihren magischen Gürtel abnehmen, den sie mit Stolz trägt wie Venus-Aphrodite den ihren. Obwohl sich Siegfried und Brunhild anschließend einander versprechen, verhindert Hagens und Kriemhilds Intrige diese Verbindung mittels Liebeszauber. Dieser bindet Siegfried an Kriemhild, König Gunthers Schwester.

Siegfried erschlägt den Drachen – Symbol sowohl des Schattens von Siegfried als auch des Landes –, der auf dem ungeheuren Goldschatz, dem Rheingold, hockt. Er badet in dem Drachenblut, was ihn unverletzlich macht. Nur eine winzig kleine Stelle seines Körpers bleibt ebenso *versehentlich* wie vorsehungsmäßig unbenetzt, weil ein Blatt vom Lindenbaum darauffällt, der urprinzipiell Venus zugeordnet ist. So kann das Drachenblut seinen Körper an dieser Stelle nicht versiegeln, und hier, auf Herzenshöhe, bleibt er für die Venusthematik verwundbar.

König Gunther möchte ausgerechnet Brunhild für sich als Weib gewinnen. Diese aber ist eine mächtige Königin und ein wahres Vollblutweib; sie ergibt sich nur im Kampf der Geschlechter dem Stärkeren. Gunther ist bei Weitem nicht *Manns genug*, sie zu besiegen, und delegiert diese Aufgabe an Siegfried, dem dies – von einer Tarnkappe in Gunthers Gestalt verwandelt – zum zweiten Mal gelingt. Die solcherart überlistete und betrogene Brunhild ehelicht Gunther, den für sie zu schwachen Mann. Tatsächlich scheitert er schon in der Hochzeitsnacht an ihr. Er kann sie (sich) nicht angemessen nehmen, ihr den Gürtel nicht abnehmen und sie nicht zur Hingabe bewegen. Wieder muss Siegfried ran, der somit eigentlich zwei Frauen hat und ihrer auch *Herr wird*. Aber das löst nicht Gunthers Dilemma, seiner Frau nicht gewachsen zu sein. Damit ist er (arche-)typisch für so viele moderne Männer. Sie sind inzwischen sanft und geradezu wundervoll einfühlsam und haben gelernt, zu träumen und zu weinen. Aber bei all der Sorge um ihren weiblichen Pol, die Anima, haben sie den männlichen sträflich vernachlässigt und unterschätzt. Und tatsächlich wollen, brauchen und wünschen sich den letztlich alle Frauen. Selbst die Emanzipiertesten unter ihnen sehnen sich insgeheim danach, im Reich von Eros *genommen* und für diesen Moment entmachtet zu werden, um sich ergeben und ganz hingeben zu können.

Offenbar beschränkt sich mittlerweile die Schar der Sympathisantinnen männlicher Qualitäten, die noch vor Kurzem als Machismo im Archiv der Kultur- und Sozialgeschichte abgelegt schienen, mittlerweile nicht mehr auf die schon etwas gereiftere weibliche Generation, die sich traut, den Protagonistinnen der Emanzipationsbewegung die Führung abzusprechen. Während die Bestsellerautorin E. L. James 1963 geboren wurde, erblickte die Popsängerin Lily Allen 1985 das Licht der Welt. Sie verleiht stellvertretend für viele junge Frauen ihrer Frustration über »moderne Männer« in dem Song *Not Fair* Ausdruck:

Oh, he treats me with respect
Oh, er behandelt mich mit Respekt
He says he loves me all the time
Er sagt mir andauernd, dass er mich liebt
He calls me fifteen times a day
Er ruft mich fünfzehn Mal am Tag an
He likes to make sure that I'm fine
Er möchte sicherstellen, dass es mir gut geht
You know I've never met a man
Weißt du, ich habe noch nie einen Mann getroffen
Who's made me feel quite so secure
Der mich irgendwie so sicher fühlen lässt
He's not like all them other boys
Er ist so ganz anders als all die anderen Jungs
They're all so dumb and immature
Sie alle sind so blöd und unreif

There's just one thing that's getting in the way
Da ist nur eine Sache, die querläuft
When we go up to bed, you're just no good, it's such a shame

Wenn wir nach oben ins Bett gehen, dann taugst du nichts, so ein Jammer

I look into your eyes, I want to get to know you
Ich schaue in deine Augen, ich will dich erkennen
And then you make this noise and it's apparent it's all over
Und dann machst du dieses Geräusch, und es ist klar, das war's

It's not fair and I think you're really mean
Das ist nicht fair und ich finde dich wirklich schäbig
I think you're really mean
Ich finde dich wirklich schäbig
I think you're really mean
Ich finde dich wirklich schäbig

Oh, you're supposed to care
Oh, dir sollte was dran liegen
But you never make me scream
Aber du bringst mich nie zum Schreien
You never make me scream
Du bringst mich nie zum Schreien

Oh, it's not fair and it's really not ok
Oh, das ist nicht fair, und es ist wirklich nicht in o.k.
It's really not ok
Es ist wirklich nicht o.k.
It's really not ok …
Es ist wirklich nicht o.k. …

Die Altersgruppe, zu der auch Lily Allen gehört, hat die Vorstellungen der zeitgenössischen Frauenbewegung offenbar bereits als selbstverständlich weit hinter sich gelassen. Die (linke) Frauenbewegung kam aus der Politik und zielte in erster Linie auf gesellschaftliche Gleichberechtigung der Frau. Das Zurückgewinnen spezifisch weiblicher Erotik und Sexualität war weniger ihr Thema. Die Mehrheit der heute jungen und eher unpolitischen Frauen hat die erkämpften Positionen nebenbei und wie selbstverständlich übernommen und stellt neue, tiefgründigere Forderungen. Diese Frauen interessieren sich auch nicht für politische Sexismusdebatten, weil diese an ihren eher unpolitischen, dafür aber umso psychologischeren Forderungen vorbeigehen. Stattdessen wagen sie es, sich ganz offen, (die) richtige(n) Männer zu wünschen, wie es der Song deutlich macht.

Richtige Männer wie Siegfried und Christian sind in Zeiten von Emanzipation und Burn-out-Seuche allerdings selten. Männer wie Gunther werden sich selbst und den Frauen zunehmend zum Problem, weil sie sie nicht zum Stöhnen vor Wonne, geschweige denn zum Schreien vor Lust bringen und in den weiblichen Pol zwingen können. Dazu haben sie weder genug männliche Leidenschaft, noch können sie weibliche Ekstase ausreichend auslösen. Da helfen offenbar auch die Fitmacher der Pharmaindustrie nicht wirklich.

Die Mittel, die rein äußerlich diese Stärke fördern, bilden inzwischen schon ein Dreigespann: Neben Viagra kommen nun noch Cialis und Levitra zu Hilfe. Mag sein, dass sie müde Phalli *instand setzen*, doch sie helfen nicht so recht, den Gürtel der Venus zu erobern. Und da dies die Seele betrifft, ist pharmakologisch auch wenig Aussicht auf Unterstützung zu erwarten.

Der schwache Mann, der nicht mehr kann, und die sehnsüchtige starke Frau, die von einem Mann träumt, der ihr Hören und Sehen vergehen lässt und *ihrer Herr wird* – in jenem alten Sinn, den anzusprechen sich heute kaum noch jemand traut –, ist offenbar ein wichtiges Thema unserer Zeit, sonst würde es kaum so viele Menschen bewegen, sei es auf die eine oder andere Weise. E. L. James hat sich getraut und vielen Leserinnen aus der Seele geschrieben, Frauen, die von einem tollen Mann träumen, der alles hat, was *frau* braucht. Und dafür würde sich auch manche moderne emanzipierte Frau schon mal – ganz spielerisch, versteht sich – die Augen verbinden und Arme und Beine an die Bettpfosten fesseln lassen. Sie würde es tun, um auszuprobieren, wie weit ihr Erleben ginge und wo ihre Grenzen lägen und ob und wie diese zu überschreiten wären. Gerade erfolgreiche Menschen sind von Grenzen, vielmehr ihrer Überwindung, fasziniert.

So weit die Wünsche. Wie aber steht es mit der Wirklichkeit? In einer Zeit, da Millionen Männer von der Burn- und Bore-out-Seuche erfasst sind, weil sie sich zu Tode schuften beziehungsweise langweilen, hat Eros schlechte Karten. Wo Burn- und Bore-out den Sinnverlust anzeigen, steht es auch schlecht um die Lust. Die Appetenz lässt insgesamt nach, angefangen bei der Lebensfreude über die Freude am Essen bis hin zur sinnlichen Lust. Eros' Pfeile erreichen Seeleninfarkt-Kandidaten kaum mehr.

Männer sind insgesamt gesehen gesellschaftlich auf dem absteigenden Ast. Das Nachrichtenmagazin *Der Spiegel* spricht von »Männerdämmerung«, und die Buchautorin Hanna Rosin beschreibt es als »das Ende der Männer«.[7] Um die Gegenwart zu verstehen, müssen wir zunächst zur Kenntnis nehmen, dass der Verfall von Eros' Ansehen und Macht mit dem Aufstieg des Patriarchats einherging. Eros' große Zeit war das Matriarchat, und für dessen Rückkehr will Hanna Rosin Indizien gefunden haben. Insofern passt zu dem heutigen Wiederaufstieg von Eros der Abstieg der Männer und des Patriarchats. Die Gründe dafür sind vielfältig.

Der Soziologe Klaus Hurrelmann, seit zwölf Jahren Leiter der *Shell-Jugendstudie* in Deutschland, beschreibt den Wandel, bei dem Frauen ihre Geschlechterrolle und ihr Weltbild erweitern,

---

7 Siehe *Der Spiegel,* Heft 1, 2013; Hanna Rosin: *Das Ende der Männer. Und der Aufstieg der Frauen.* Berlin Verlag 2013.

während Männer in alten Mustern verharren. Über 80 Prozent der jungen Frauen wollen heute einen Beruf erfolgreich ausüben, aber nur 40 Prozent der Männer wollen das unterstützen. Das passt nicht recht zusammen und wird wohl zulasten der Männer ausgehen. Überall ist zu erkennen, wie Mädchen im Bildungssystem an Jungen vorbeiziehen. Statistiken belegen das bei allen relevanten Abschlüssen. Männer tendieren selbst bei Arbeitslosigkeit nicht dazu, in traditionelle Frauenbereiche zu wechseln, während Frauen nicht nur bei Gefahr von Jobverlust in Männerdomänen streben.

Da Jungen schon in der Schule zurückbleiben, weil sie Lernen und Aufpassen für uncool halten, hinken sie – laut Hanna Rosin – als Männer in fast allen Lebensbereichen hinterher. Sie sind an überholte Rollenbilder fixiert und wurden von ihren Müttern häufig zu Prinzen erzogen; nun verharren sie in Schockstarre und bleiben lieber bekanntem Elend verhaftet, als Neues zu wagen. Der mittlerweile erhebliche Vorsprung an Bildung und Flexibilität lässt die Frauen fast uneinholbar vorbeiziehen. In den USA, unserem immer noch großen Vorbild, wird dies noch viel deutlicher als in Europa. Dort machen Männer nur noch 45 Prozent der Bachelor- und 40 Prozent der Masterabschlüsse, reichen seit 2010 erstmals weniger als die Hälfte aller Dissertationen ein und stellen inzwischen insgesamt weniger als die Hälfte aller Arbeitenden. Bereits in 40 Prozent der amerikanischen Familien verdienen die Frauen mehr; die Hälfte der Kinder wird von alleinstehenden Frauen geboren und aufgezogen. David Autor, Arbeitsökonom am Massachusetts Institute of Technology (MIT) attestiert US-Männern verblüffend große Anpassungsprobleme, die sich auf allen Ebenen des modernen Arbeitsmarkts zeigen. Mit den schlechteren schulischen Leistungen bekämen sie am Arbeitsmarkt die schlechteren Stellen und verhielten sich unflexibel in Krisenzeiten, etwa bei Jobverlust.

Auch wenn Männer – selbst in den USA und deutlicher in Europa – noch immer Politik und Wirtschaft bestimmen und die

Spitzenpositionen nicht nur an den Universitäten und leider auch in den Medien besetzt halten, ist die Entwicklung in den USA so weit fortgeschritten, dass 55 Prozent der Highschool- und 60 Prozent der Hochschulabschlüsse von Frauen erreicht werden. Diese gut ausgebildeten Amerikanerinnen haben in den letzten beiden Jahren auch ein Drittel der frei werdenden Managementposten erobert. Nach Rosin liegt das nicht nur an der besseren Ausbildung, sondern daran, dass so viele Männer auf frühen Stufen des Karrierewegs scheitern.

Erste Anzeichen für ein Erstarken der Frauen gibt es auch in Deutschland, wo jeder fünfte Haushalt inzwischen von Frauen finanziert wird, von denen die Hälfte wiederum alleinerziehend ist. Allerdings halten in europäischen Staaten die Sozialsysteme mit riesigen Subventionen aus Steuermitteln das alte Patriarchat am Leben. Doch wo Industrien wegbrechen, brechen auch die patriarchalischen Strukturen weg, und diese Entwicklung wird sich wohl fortsetzen.

Auch in anderer Hinsicht hat sich vieles geändert. Nicht nur werden Ehen und Familienstrukturen in der »versingelnden« Gesellschaft aufgelöst. In den verbliebenen Beziehungen werden inzwischen deutlich mehr Männer von ihren Frauen geprügelt als umgekehrt. Eigentlich hat diese Tatsache der Senior der empirischen Gewaltforschung, Murray A. Straus, bereits in seiner ersten Studie 1975 herausgefunden, nur war die Zeit damals nicht offen für solche schockierenden Fakten. Bei dem Versuch, die Dominanz männlicher Gewalttätigkeit exakt zu belegen, stellte er fest, dass zwölf Prozent der Männer und 11,6 Prozent der Frauen in der Familie gewalttätig werden. Schwer gewalttätig waren aber 4,6 Prozent der Frauen und »nur« 3,8 Prozent der Männer. Inzwischen belegen dies über 200 Studien überwiegend aus den USA und Kanada. Dass solche Ergebnisse fast 40 Jahre lang unter dem Teppich blieben, ist ein Phänomen, das wohl dem Zeitgeist geschuldet ist, der die Wahrheit nicht zulassen konnte.

Eine repräsentative Studie stammt aus dem Center for Disease Control and Prevention in Atlanta und wurde 2007 im *American Journal of Public Health* veröffentlicht. Demnach kommt es in fast einem Viertel der Beziehungen (24 Prozent) zu Gewalt, die je zur Hälfte von einem oder beiden Partnern ausgeht. Bei der Hälfte, die von einem Alleinverursacher ausging, waren zu 70 Prozent Frauen die Täter. Die 32-Nationen-Studie unter Studenten von 68 Universitäten, wiederum von Murray A. Straus (New Hampshire University), ergibt ähnliche Resultate. Männer, von denen zuerst Gewaltsames begangen wird, sind demzufolge in der Minderheit, und das steht völlig im Widerspruch zur gängigen Meinung. Trotzdem beherrscht das Feindbild vom gewalttätigen Mann weiter Öffentlichkeit und Medien. Die deutsche Familienministerin hat – die Zeichen der Zeit erkennend – immerhin schon das Referat »Gleichstellungspolitik für Jungen und Männer« eingerichtet.

Wenn fast ein Viertel der Beziehungen bösartig *schlagende Verbindungen* sind, brauchen wir uns über die Popularität von Schlägen in erotischer Hinsicht nicht zu wundern. Hier wäre unter Umständen sogar eine (Er-)Lösung für diese Katastrophe und ein Umkehrpunkt in erlöste Bereiche zu finden.

Medizinisch ging es Männern schon lange und wahrscheinlich schon immer schlechter. Sie leben statistisch gesehen in den meisten Ländern etwa sieben Jahre weniger als Frauen, in Deutschland sind es immerhin noch fünf Jahre. Der Grund mag sein, dass Männer oft zu spät um Hilfe bitten und auch lange zögern, zum Arzt zu gehen. Zur Partnerschaftsberatung kommen sie – nach meiner Erfahrung – ebenfalls meist erst, wenn es zu spät ist, etwa wenn *sie* mit den Kindern längst über alle Berge ist.

Männer sind deutlich schmerzempfindlicher, was sie sich aber kaum eingestehen, geschweige denn, zu zeigen trauen. In der Regel sind sie sich weder ihres Körpers besonders bewusst, noch hören sie groß auf ihre Seele. So ist es auch nicht verwunderlich, dass Männer zwar ihr Auto regelmäßig zur Inspektion bringen, sich selbst aber kaum Erholung und schon gar keinen Regenerationsurlaub oder gar eine Kur gönnen. Sie lassen sich im Job für Ehrgeiz und Erfolgsprogramme verheizen oder verbrennen sich gleich selbst. In der heutigen Arbeitswelt finden sie dank der fortschreitenden Globalisierung genügend Anlässe, um über Depression, Burn- und Bore-out den Weg in den Offenbarungseid des Seeleninfarkts zu gehen.

Auch essen Männer zu viel, zu falsch und zu schnell. Dabei hätten gerade sie es am nötigsten, ihre Haut durch Verzicht auf Tierprotein zu retten, und nicht nur die Haut, sondern auch Herz und Bauchspeicheldrüse, Gelenke und das Immunsystem. Obwohl sie stärker von Herzinfarkt, Hochdruck und Schlaganfall bedroht sind als Frauen, ziehen Männer viel seltener die notwendigen Konsequenzen.

Falls Männer Sport treiben, geschieht es in der Regel zu selten und in zu anstrengender Weise. Alles, was ihnen Spaß macht, ist nicht gesund, etwa Fußball, Tennis, Squash und Golf. Was aber gesund ist, wie Bewegung im Sauerstoffgleichgewicht, macht ihnen zu wenig Spaß, als dass sie sich daran versuchen wollten.

Nicht zuletzt im geschlechtlichen Bereich steht es schlecht um die heute im doppelten Sinne *geschlagenen* Männer. Gut gemeinte Versuche, sie in das Mysterium der Geburt einzubinden – zuerst vom französischen Gynäkologen Michel Odent eingeführt –, haben sie offenbar überfordert. Männer, die sich darauf einlassen, bei der Geburt ihres Kindes dabei zu sein, kommen mit der konkreten Erfahrung dann oft doch nicht zurecht. In einem körperlichen Bereich seiner Partnerin, der bisher ihrer gemeinsamen Sinnlichkeit und Lust vorbehalten war, plötzlich eine Mischung sämtlicher Körperflüssigkeiten zu erleben, diese Erfahrung wird von Männern nach wie vor als lustdämpfend erlebt. Hinzu kommt das – meist sofort verdrängte – nicht unerhebliche Gefühl psychischer Zurücksetzung: Mitzuerleben, wie sein »Mädchen« in diesem existenziellen Ritual zur Frau und Mutter wird, ist für den

Mann eben oft einfach zu viel. Der (unbewusste) Grund ist, dass er im Kreißsaal lediglich juristisch Vater wird und somit gefühlt als Junge neben einer nunmehr erwachsenen Frau zurückbleibt. Odent war dann auch der Erste, der den Irrtum der »gemeinsamen Geburt« korrigierte und das Gebären wieder zu einer Frauenangelegenheit machte. Aber die große Mehrheit der Gynäkologen beharrt auf dieser Überforderung des Mannes, die oft die Erotik und noch öfter seine ohnehin nicht besonders ausgeprägte Selbstsicherheit zerbrechen lässt. Wenn *er* sich dann nach diesem Trauma wieder ein Mädchen, dem er sich gewachsen fühlt, für die Erotik sucht, ist niemandem geholfen.

Spezielle gesundheitliche Probleme machen den Männern obendrein zu schaffen. Beispielsweise haben 70 Prozent der Siebzigjährigen und 80 Prozent der Achtzigjährigen beginnenden Prostatakrebs, fast 100 Prozent aber eine gutartige Prostatawucherung, was die konkrete Aus*strahl*ung ruiniert und zu Restharn, Urinträufeln und weiterem Elend dieser Art führt. Dies ist kein Irrtum der Schöpfung, sondern hat damit zu tun, dass Männer zeitlebens nicht gelernt haben, ihre Vorsteherdrüse, die für Flüssigkeit und folglich Gleitschmiere beim Liebesspiel sorgen sollte, zum Einsatz zu bringen. Dazu gerät das Liebesspiel, das, weil zu wenig spielerisch, diesen Namen sowieso kaum verdient, viel zu kurz. Vorsteherdrüsen, die ein Männerleben lang gerade anspringen wollen und dann erleben müssen, wie immer schon alles vorbei ist, bevor es überhaupt begonnen hat, neigen dazu, bei der Flüssigkeitsproduktion zu streiken und stattdessen zu wachsen und so – im Sinne der Krankheitssymbolik – auf sich aufmerksam zu machen.

Diese trockenen und damit an sich frigiden Männer haben oft auch Orgasmusprobleme. Ihnen zuliebe hat *man* die Definition von Orgasmus geändert; nach landläufiger Meinung reicht bei ihnen dafür ein Samenerguss. Das Gefühl lustvoller ganzkörperlicher Explosion scheint dagegen nicht als zugehörig angesehen zu werden, geschweige denn das der Einheit. Es führt dazu, dass deutlich mehr Männer als Frauen ohne Orgasmus bleiben – und es obendrein nicht einmal ahnen.

Frauen wissen wenigstens um die Probleme und können dann etwas unternehmen – Männer bleiben auch hier ziemlich hilflos auf der Strecke. Wer nichts von seinen Orgasmusproblemen weiß, wird über diesen Weg nie zur Einheitserfahrung kommen. Damit versäumt er die in meinen Augen wichtigste Erfahrung des Menschseins überhaupt, die des Einsseins.

Das Elend des Nichtwissens aufseiten so vieler Männer ist eklatant. Den meisten ist ihr notwendiger Beitrag dazu, damit Intim-Erotisches »rutscht und flutscht« – dank bereitgestellter Gleitflüssigkeit –, gänzlich unbewusst. Aber genau dazu haben Männer Cowpersche Drüsen und eine Prostata. Warum auch sollte die Natur, die immer auf Nummer sicher geht und etwa Millionen von Eiern produziert, damit einige wenige Fische übrig bleiben, ausgerechnet bei der Erhaltung der menschlichen Art an Gleitflüssigkeit sparen und diese auf ein Geschlecht beschränken? Männer können – zur Erhöhung ihrer eigenen Lust – sehr feucht und glitschig werden. Lange erotische Liebesfeste führen ziemlich verlässlich dazu. Aber das Elend beginnt heute ja schon mit den zunehmenden Potenzproblemen im besten Mannesalter. Die Pharmaindustrie gewinnt mit ihren Hilfsmitteln inzwischen schon verblüffend junge Kunden.

Männer brauchen dringend Hilfe, aber sie lassen sich nur selten helfen und neigen dazu, auch selbst nichts Hilfreiches zu tun. Dass letztlich beide Geschlechter der Rettung bedürfen, verrät, wie (ab-)artig unser System inzwischen ist. Wir haben eine Gesellschaft, die geschaffen und mit allen Tricks von Männern verteidigt wird, deren Zeit als (Allein-)Herrscher aber unwiderruflich abgelaufen ist. In Abwandlung eines Wortes von Victor Hugo können wir auch feststellen, dass nichts so schwach ist wie ein System, dessen Zeit vorüber ist. Medizin und Medien, Universitäten und Wirtschaft, Politik und sogar die evangelische Kirche werden schon hoffnungsvoll von Frauen unterwandert. Nur die Führungs- und Entscheidungspositionen warten noch darauf, in die Hände von engagierten jungen Frauen überzugehen, vorzugsweise Müttern, die – den Kindern zuliebe – weiter vorausschauen als die auf Altem, nicht einmal Bewährtem beharrenden Männer, die nur noch zur Ablösung bereitstehen.

Das jetzige System erlaubt und fördert eigentlich nur, was wenig Sinnen-Freuden auslöst. Was dagegen richtig Spaß und Freude macht, ist in der Regel verboten und obendrein mit Schuldgefühlen und Angst belastet. Stellen wir uns nur einmal vor, dass das alte Modell, von einem neuen weggeschwemmt, sich löst und nach einer (nicht nur eingebildeten) Zeitenwende plötzlich viel mehr erlaubt ist. Wie würde Eros, der das Geheimnisvolle und Verbotene liebt, darauf reagieren? All dem müssten wir dann in unseren inneren Seelenwelten noch mehr Räume und Kammern schaffen.

Werfen wir noch einen Blick darauf, was die gegenwärtige Misere der Männer für das Liebesleben bedeutet. Mit Sicherheit wird es noch schwieriger werden, denn ein gescheiterter, frustrierter Mann gibt nicht den Geliebten ab, den eine moderne, erfolgreiche Frau sich wünscht. Der inzwischen ebenfalls von Frauen übernommene und umgepolte Sextourismus nach Jamaika, Kuba oder Kenia dürfte auch keine Lösung bringen, zumal Frauen nicht annähernd so leicht zufriedenzustellen sind wie Männer. Sie sind eben nicht mit raschem Sex abzuspeisen, sondern wollen Erotik.

In dieser verfahrenen Situation bleibt so immerhin die Hoffnung, dass der Umschwung, die anstehende Machtübernahme der Frauen, wenigstens noch rechtzeitig für unsere Erde kommt. In der Politik wäre vieles anders und wahrscheinlich besser, wenn die Entscheidungsgewalt in den Händen von Frauen läge, die selbst Kinder und Enkel haben und schon aus diesem Grund weiter als maximal vier Jahre vorausdenken. Und dies wäre nicht nur für Frauen schöner, sondern auch für »ihre« Männer.

Der Weisheitslehrer Yogi Bhajan sagt dazu, Aufgabe der Frauen in der heutigen Zeit sei es, ihre hilflosen Männer zu »erheben« und sie darin zu unterstützen, wieder in ihre männliche (Krieger-) Kraft zu finden. Im Sinne von Eros hätten davon beide viel, wohingegen nervtötende Nörgelei ihn zwar vielleicht noch kleiner, aber weder sie glücklicher noch ihn fähiger macht.

Kommen wir nach all diesen für Männer unangenehmen Daten nun endlich auch zu den erfreulichen Nachrichten und Ausblicken. Männer sind gut beraten, zuerst einmal aus dem Rattenrennen auszusteigen und sich stattdessen mehr um sich selbst, ihre (männliche) Seele zu kümmern. Es würde ihnen helfen, zu ihren Stärken zurückzufinden. Sie sind besser dran, wenn sie für ihre eigenen – auch erotischen – Bedürfnisse brennen und damit aus ihrer inneren Mitte leben, statt im Burn-out zu verbrennen. Es gibt Möglichkeiten, dies zu lernen, und es bringt Spaß und macht Lust. Dass lernen glücklich macht, ist inzwischen hinlänglich wissenschaftlich belegt, etwa von dem Ulmer Psychiatrieprofessor Manfred Spitzer.

Es geht für Männer heute darum, neben der Anima, ihrer weiblichen Seelenhälfte, auch den Animus, ihren männlichen Pol, wieder ins Leben einzuladen. Heutige Frauen wollen beides von ihnen. Sie wollen Männer, die Eros ehren und ihm gerecht werden – in seinen beiden Seiten, repräsentiert durch Eros' sanfte Mutter Venus und seinen starken Vater Mars. Das heißt, Frauen wollen viel, wollen *alles von Männern*, in des Wortes Doppelsinn. Und es ist wundervoll, vieles oder gar alles in sich zu entwickeln und zur eigenen Kraft und Stärke zurückzufinden, während *man* sich die schon erlebte und geschätzte weiche Seite bewahrt.

Frauen, die im Alltagsleben gelernt haben, ihren Animus-Seelenanteil zu entwickeln, stehen heute vor der Herausforderung, sich ihrer Anima anzunehmen. Auch für diese Situation liefert die Trilogie der *Shades of Grey* gutes Anschauungsmaterial.

WAS FRAUEN WÜNSCHEN

Was eines Unterhaltungsromans bedurfte, um es wieder ins Bewusstsein des großen Publikums zu rufen, war für praktizierende Psychotherapeut(inn)en nie ein Geheimnis: Frauen träumen landauf, landab von starken, einflussreichen Männern hohen Ansehens, die nur darauf warten, sich ihnen in großer Liebe zu ergeben und sie in starker Liebe zu nehmen, die sich anschließend seelisch entsprechend ausrichten und gegebenenfalls reparieren lassen, damit ein glückliches Leben in Erfüllung geht. Nur haben die Fachleute dieses Wissen wohlweislich aus der Diskussion im Rahmen von Fachtagungen und Veröffentlichungen herausgehalten. Es schien so wenig in unsere Zeit zu passen.

Dabei ist das Muster zeitlos. Nicht erst seit gestern oder heute, sondern schon seit dem Froschkönig sind neurotisch verzauberte Männer im Angebot, die auf den erlösenden Kuss beziehungsweise die richtige Liebestherapie warten und deren wundervolle Liebe sich *frau* durch entsprechend selbstlosen erlösenden Liebeseinsatz verdienen muss. Verfolgen wir die uralte Geschichte von körperlicher Liebe und seelischer Heilung noch ein wenig weiter. Dazu möchte *frau* sich auf sexuell-sinnlich-erotischer Ebene und ganz spielerisch auf deutlich mehr einlassen und an ihren eigenen Grenzen rütteln. Sie hat Lust auf sinnliche Schattenspiele und möchte – auf den Spuren des Polaritätsgesetzes – eigene dunkle Gelüste und Fantasien erleben. Auch das ist für eine tiefere seelische Heilung unverzichtbar, denn diese funktioniert nie ohne eine Begegnung mit dem Schatten.

Moderne gleichberechtigte und auch bereits dominierende Frauen wollen demnach weiterhin Frau sein und sich hingeben, und zwar in Bereichen, in denen uns fast allen bisher *Hören und Sehen* versagte und *verging*, weil wir uns nicht trauten. Sie brauchen dazu Männer, die sich trauen, das von ihnen auch einzufordern. Da dies in der modernen Welt kaum noch funktioniert, kommen aushilfsweise rituelle Spielwiesen, wie jener *rote Raum des Schmerzes*, der mit *Kammer der Qualen* wirklich unpassend übersetzt ist, infrage – ganz konkret oder in den Seelen-Bilderwelten der Fantasie. Eros wäre damit einverstanden. Er hat mit dem Erbe seines Vaters – Pfeil und Bogen, Brandfackeln und anderen Kriegswaffen – keine Probleme und sicher auch nichts gegen Fesseln und Handschellen, die zum sich inzwischen abzeichnenden Bonding-Boom gehören. In der Kunst spielte dieser Aspekt oft hinein. Inzwischen sind auch ein kleines Peitschensortiment und diverse gefährlich wirkende Sexshop-Utensilien nicht mehr tabu. *Shades of Grey* hat die lustvolle »Bearbeitung« dieser Schattenaspekte angeregt, und das erscheint mir gegenüber dem Fortbestehen *schlagender Verbindungen* geradezu beruhigend und heilsam.

Die Antwort auf die Frage nach dem seelischen Hintergrund bei solchen Spielen und warum der Gedanke, gefesselt zu sein, so viele Menschen beiderlei Geschlechts fasziniert, vor allem aber wohl Frauen, liegt in der totalen Auslieferung, die in solch einer Situation empfunden wird. Sie ist so stark anmachend und erregend, weil sie nur durch völlige Hingabe zu erreichen und ertragen ist. Außerdem sind derart Gefesselte nicht nur völlig ausgeliefert und ergeben, sondern auch mit den Fesseln alle Verantwortung los. *Sie* hat keine Wahl mehr, braucht sich keine Gedanken zu machen und den Kopf nicht zu zerbrechen, ist – für einen definierten Moment – vollkommen in des Partners Hand und seiner Ent-Scheidungs*gewalt* ausgeliefert. Was ausgerechnet die im alltäglichen Leben gleichberechtigten und selbstbewussten Frauen so sehr reizt und *fesselt*, muss wohl einen wichtigen Schattenaspekt der Emanzipation in sich bergen. Und wie immer liegt im Schatten der größte Schatz. Ihn zu heben und die eigene Faszination für völlige Hingabe zuerst an einem Partner und dann im Leben zu entdecken und zu erleben ist ein unglaubliches Geschenk.

Im geschützten Rahmen einer entsprechend weiten Beziehung,

die derlei konkrete oder Gedankenbilder-Spiele integrieren kann, ist vieles möglich. Solchen Fantasien Zeit zu schenken könnte das Leben sehr bereichern. Vor allem ist dabei zu bedenken, dass der alltäglichen Emanzipation und Gleichberechtigung dadurch keinerlei Abbruch geschehen muss. Im Gegenteil wird bewusst gelebte Macht sogar noch mehr Freude machen, wenn sie durch entsprechende Ohnmacht im sinnlich-erotischen Reich des Liebesgottes ausbalanciert wird. So kommt die Anima zurück ins Leben, und der zurückeroberte Animus darf bleiben.

Heißt das nun, dass moderne Frauen – wenigstens insgeheim – dominante Männer von altem Schrot und Korn wollen, die sie entsprechend »hernehmen«? In gewisser Weise schon – aber eben nur im Bett und in der Fantasie. Es würde sich nach der überfälligen Rückkehr von Eros jedenfalls lohnen, einmal nachzufragen oder, besser, es zu erspüren.

Unser Romanheld Christian Grey hat immerhin eine erregende Mischung zu bieten. Er ist Eros' leidenschaftlicher männlicher Seite sehr zugetan und verpflichtet, verbindet sie aber mit ausgesprochen höflichen und rücksichtsvollen Umgangsformen, fragt also jedes Mal vorsichtig nach, ob die harte Nummer jetzt gerade auf Gegenliebe stößt. Er hat mit seinen unterwürfigen Gespielinnen auch stets ein Stoppsignal ausgemacht, das zu beachten er keinen Zweifel lässt. Wenn sie aber bereit sind, zieht er die harte Nummer mit der flachen Hand, der Peitsche oder sogar dem Flogger, der neunschwänzigen Katze, konsequent und mit Hingabe durch.

Ein Teil des Geheimnisses liegt in der Trennung der Ebenen. Moderne emanzipierte Frauen wollen einfach keine Macho-Männer mehr im Beruf, aber sie würden im Bett wohl richtig leidenschaftliche Männer bevorzugen, die zur Sache gehen und sie zwingen, sich erotischer Ekstase zu ergeben, um große Orgasmen zu durchleben. Für heiße Leidenschaft wären sie dann bereit, einiges auf sich zu nehmen.

Nicht wenige Frauen enthüllen in der Psychotherapie erotische Fantasien, die kaum zu ihrem erfolgreichen Berufsleben und ihrer emanzipierten Art zu passen scheinen und eine gehörige Portion Schatten enthüllen. Im Zug am Fenster zu stehen, wenn ein fremder Mann von hinten kommt, ihr ohne Vorwarnung an die Brüste greift und sie von hinten nimmt, ist solch eine erstaunliche Fantasie. Dass aus dieser Fantasie unversehens Realität wird, wünscht sich sicher so gut wie keine Frau. Solch ein Szenario ist eher eine ins Reich der Vorstellung verlagerte (über-)kompensierende Reaktion auf eine rigide Sexualmoral, weil die tief im Innern gewünschte Hingabe nicht erlebt werden kann.

Wenn die ersehnte erotische Erfüllung ausbleibt, kann auch eine Reihe äußerer Verhaltensweisen kompensierend wirken. Wobei der Reiz des Geheimnisses nicht nur die Lust steigert, sondern auch das gesellschaftliche Risiko. So wurde vor nicht langer Zeit sogar ein Präsident des mächtigsten Landes der Erde fast zur Strecke gebracht, weil sich seine Spermaspuren auf einem viele Monate offenbar vorsätzlich nicht gewaschenen Kleid seiner Praktikantin fanden.

In den von jeher prüden USA ist die Situation von Eros in den letzten Jahrzehnten sogar noch prekärer geworden. Ich selbst verbrachte als junger Mann an einem US-College noch eine nette Zeit, obwohl die Bestimmungen schon damals nach europäischen Maßstäben eher paranoid waren. Wer ein Mädchen auf sein – mit einem anderen Studenten geteiltes – Zimmer einladen wollte, musste auch am helllichten Tag alle Lampen anmachen, die Tür eine bestimmte Zahl von *inches* offen stehen lassen und den Namen der jungen Frau und den Beginn der Besuchszeit vorher in einem Buch eintragen.

Aber das war noch vergleichsweise liberal. Die Repression unerwünschter sexueller Aktivität und die Angst vor den Folgen sogenannter Übergriffe erreichte im Laufe der Zeit solche *Höhepunkte* wie Einverständniserklärungen in Formularform, die *man* sich zur Vermeidung späterer juristischer Klagen von *ihr* unterschreiben ließ, bevor sich beide näherkamen. Noch ist die Frage nicht entschieden, ob uns nicht Ähnliches auch noch bevorsteht, angesichts dessen, was mittlerweile auch hier schon als Sexismus gebrandmarkt wird. Franzosen oder Italiener können darüber nur den Kopf schütteln. Erstere sind selbst bei Tisch in einer gemischten Gesellschaft dafür zu haben, über Erotik zu sprechen. Letztere regen sich offenbar nicht wirklich über einen Präsidenten auf, der noch im achten Lebensjahrzehnt den Paradehengst gibt, sondern eher aus Höflichkeit, wenn Deutsche mehr Seriosität im italienischen Politikbetrieb anmahnen.

Im deutschsprachigen Raum sollten wir uns überlegen, ob wir weiter mit Sexismus-Paranoia in die Prüderie steuern wollen, um uns noch öfter vor Gericht zu sehen. Oder ob wir vielleicht doch lieber einmal den Franzosen folgen und von ihnen etwas über Lebensgenuss im Sinne von *savoir vivre* lernen oder bei den Italienern im Hinblick auf *la dolce vita*. Aber so frei sind wir da wohl nicht und wollen uns so frei auch nicht machen.

Die Frage ist doch: Wie können in der Prüderie, wenn sie erst einmal mit den Mitteln der modernen Staats- und Medienmacht im Alltag implantiert ist, überhaupt noch Flirts gelingen und Verhältnisse entstehen? Und können moderne Frauen wollen, dass das Pendel nun so weit in das andere Extrem schwingt? Wir leben in einer verrückten Welt, wo in Indien Serienvergewaltigung als Männersport kaum zur Anzeige kommt, in den USA aber schon ein Blick auf den prallen Po einer Angestellten juristisch relevant ist und *Liebe auf Französisch* in einigen Bundesstaaten unter Strafe steht, sogar für Ehepartner. Wie soll das gutgehen? Äußerlich wohl nur mit fragwürdigen Kompensationsgeschäften, indem die Konsumlust ins Unendliche gesteigert wird. Innerlich jedoch niemals, denn Seelen, deren Bedürfnisse alt und geradezu archaisch sind, die aber tiefe Wunscherfüllung nur noch im Traum erleben dürfen, werden dabei resignieren, verkümmern und absterben.

Oder der ohnehin schon sehr hohe Männeranteil an Gefängnisinsassen wird nochmals steigen.

Die Hamburger Sexualtherapeutin Ann-Marlene Henning kommt in ihrem Buch *Make Love*[8] zu dem Schluss, dass Unterwerfung und erzwungener Sexualverkehr zu den häufigsten Fantasien bei beiden Geschlechtern gehören. Nach meinen therapeutischen Erfahrungen trifft dies hauptsächlich auf weibliche Fantasien zu und dürfte an dem Wunsch vieler Frauen liegen, möglichst starkes Begehren bei ihrem »Partner« auszulösen. Darüber hinaus scheinen auch viele moderne, emanzipierte Frauen noch immer von Männern zu träumen, an die sie sich anlehnen können, die einfach nicht nur körperlich ein Stück größer sind. Der Traum, von der einen großen und wahren Liebe gerettet zu werden, aus der Routine des Alltags und sogar aus neurotischen Störungen, ist uralt und damit archetypisch und kann schon aus diesem Grund nie vergehen. Er betrifft beide Geschlechter, auch wenn ihn Frauen wohl öfter träumen und mutiger formulieren.

---

8 Ann-Marlene Henning: *Make Love. Ein Aufklärungsbuch*. Rogner & Bernhard, 9. Aufl. 2012.

DIE MACHT DER SCHICKSALSGESETZE

»Es ist Unsinn
sagt die Vernunft
Es ist was es ist
sagt die Liebe

Es ist Unglück
sagt die Berechnung
Es ist nichts als Schmerz
sagt die Angst
Es ist aussichtslos
sagt die Einsicht
Es ist was es ist
sagt die Liebe

Es ist lächerlich
sagt der Stolz
Es ist leichtsinnig
sagt die Vorsicht
Es ist unmöglich
sagt die Erfahrung
Es ist was es ist
sagt die Liebe«
Erich Fried

Heute führen wir uns kaum vor Augen, wie sehr wir alle einerseits Kinder des Mythos und damit unserer Kultur und andererseits zugleich der Evolution und folglich der Natur sind. Mythos und Kultur verbinden uns mit den inneren Seelenbilderwelten, Evolution und Natur mit den Gesetzen der hermetischen Philosophie und den Fakten der Wissenschaft. Der Mythos spiegelt dabei die verschiedenen Stufen der Evolution wider, etwa im Naturgott Pan, der unten noch bocksgestaltiges Naturwesen mit Dauererektion, oben schon Flöte spielender himmlisch schöner Liebesgott ist. Mit seiner Musik angelockte Nymphen vergewaltigt er sogleich auf der unteren Naturebene. Eros ist demgegenüber weiterentwickelt. Zwar trägt er ebenfalls noch die wilde, ungestüme Natur seines Vaters Mars in sich, aber er sucht sie mit der Liebeskunst seiner kultivierten Mutter Venus zu verbinden.

Die Liebe und damit auch Partnerschaft beginnen für uns heute idealerweise mit der sogenannten Liebe auf den ersten Blick. Es funkt zwischen zwei Menschen, und ab diesem Moment sehen sie die Welt und vor allem sich selbst durch eine rosarote Brille, die alles in ein magisches Licht taucht. Es beginnt so wundervoll! Nach jenem Schicksalsgesetz, das besagt, alles liege bereits im Beginn, dürfte eigentlich nichts mehr schiefgehen.

Es hat zwischen den beiden vielleicht erst nur geknistert, dann heftig gefunkt, und schon entbrennt die Liebe, und sie verfallen einander. Zwischen ihnen hat sich in der Regel eine erhebliche Spannung aufgebaut. Ohne diese Faszination für den Gegenpol kann es weder knistern noch funken. Insofern mischt sich das Gesetz der Polarität gleich in den berühmten Zauber hinein, der jedem Anfang innewohnt und der ein drittes wichtiges Gesetz markiert.

Die großen Liebesgeschichten unserer Kultur zeigen genau diesen Ablauf. Tristan und Isolde verlieben sich und können sich diesem ebenso magischen (wie hormonellen) Geschehen nicht entziehen. Dabei hätten sie viele Gründe, voneinander zu lassen, hatte Tristan doch gerade erst Isoldes Mann im Kampf erschlagen. Aber gerade diese große Spannung lässt sie einander hoffnungslos verfallen, ähnlich wie Romeo und Julia, die sich eigentlich nicht einmal anschauen dürften, da sie verfeindeten Familien angehören. Doch beim ersten Blick ist es um sie geschehen, und ihre Liebe wird stärker als alle Angst, selbst die vor dem Tod.

Gegensätze ziehen sich an und fördern die Liebe, das weiß auch der Volksmund. Für die Haltbarkeit der Beziehung entscheidend ist aber die zwischen beiden auf Dauer herstellbare Resonanz. Die Frage ist, ob sie miteinander schwingen können. Dies läuft auf ein »Gleich und Gleich gesellt sich gern« hinaus. Er fragt sie: »Gehst du mit mir?« Er hat eigentlich schon mehr im Sinn, denn beide können dabei erleben, ob sie in Harmonie miteinander vorankommen. Er könnte auch mit ihr anstoßen, ohne anstößig zu werden. Danach essen sie zusammen und schlafen schließlich miteinander. Bei all dem geht es um Resonanz, jenes Miteinanderschwingen, das die größte Freude und sinnliche Erfüllung schenkt. Um sich wirklich aufeinander einzuschwingen, muss jeder etwas von sich aufgeben; gemeinsam werden sie anschließend etwas Neues.

So ist Liebe letztlich ein Resonanzphänomen, wohingegen Verlieben eines der Polarität ist. Daran lässt sich bereits erkennen, wie Aphrodite-Venus, die Göttin der Liebe, und ihr Sohn Eros, der Gott der sinnlichen Liebe, zueinanderstehen. Zwischen diesen beiden Archetypen und diesen beiden wichtigsten Gesetzen und Kräften spielen sich unsere Beziehungen ab.

Das Gesetz der Polarität ist aber letztlich entscheidend, ob eine Beziehung tragfähig ist und überleben kann. Auch wenn die Liebe sie auf den ersten Blick wie ein Blitz aus heiterem Himmel getroffen hat und sich dann beide himmlisch aufeinander einschwingen konnten, müssen sie noch den eigenen Schatten in ihr Leben integrieren. Andernfalls wird der Partner allmählich zum Gegner, sobald er nämlich anfängt, den Schatten widerzuspiegeln. Dann kommt es zu Schuld- beziehungsweise Schattenprojektionen, und was in heißer Liebe begonnen hat, trennt sich in kaltem Hass.

Das wichtigste Schicksalsgesetz ist das der Polarität, danach folgt das der Resonanz und erst danach das des Anfangs. Es ist also ratsam, nicht nur die Gesetze zu kennen und zu (be-)achten, sondern auch ihre Hierarchie zu respektieren.[9] Die Kenntnis der Schicksalsgesetze dient auch dazu, dem Leben einen äußeren Rahmen zu geben, in dem das Bewerten und Verurteilen von sich selbst und anderen aufgegeben werden kann.

LIEBE ALS RESONANZPHÄNOMEN

Auch wenn die Liebe, durch Eros' Pfeile initiiert, mit dem Gesetz des Anfangs wundervoll beginnt und in die hohe Spannung der Polarität führt, ist sie vor allem Resonanzphänomen. Insofern sei das zweitwichtigste Gesetz hier vorgezogen.

Gemäß unserer Resonanz ziehen wir nicht nur Partner an, sondern auch (Un-)Glück sowie Symptome und Probleme. Wer das erkennt, kann daran wachsen, und darin liegt eine große Chance. Die eigene ausgestrahlte Resonanz lässt sich in Grenzen lenken, ist aber über körperliche Konstitution und geistig-seelische Programmierung auch weitgehend festgelegt. Die eigene Resonanz zu durchschauen ist wichtig, um zu verstehen, warum einem jemand oder etwas begegnet.[10] Noch spannender angesichts dramatisch sinkender Halbwertzeiten von Beziehungen ist die Frage, wie sich entstandene Resonanz erhalten lässt.

---

9 Siehe Dahlke, *Die Schicksalsgesetze* (Literaturverzeichnis im Anhang).
10 Siehe Dahlke, *Alltag als Symbol* (Literaturverzeichnis im Anhang).

Lang andauernde Partnerschaften zeigen, wie wirksam Resonanz in Beziehungen ist. Oft gleichen sich Partner einander auf dem gemeinsamen Weg an und werden sich so ähnlich, dass man sie für Geschwister halten könnte. Wer seinen Blick für Resonanz öffnet, erkennt auch bald, wie er immer wieder den gleichen Partnertyp wählt. Ein Thema, das wir lernen sollen, bekommen wir so oft und so lange vom Schicksal serviert, bis wir es integriert haben, und die Auswahl an möglichen Partnern ist natürlich groß genug. Wer nicht lernwillig ist, erlebt, wie er *vom Regen in die Traufe* kommt. Das heißt, die Erfahrungen mit Partnerschaft werden immer unangenehmer, weil das Schicksal den Druck bezüglich dieser Lernaufgabe erhöht.

Vor diesem Hintergrund lässt sich das eigene Leben und das Leben des Partners aus verständnisvollerer Perspektive betrachten. Die Gefahr bleibt allerdings bestehen, immer wieder in alte unbewusste Muster und einseitige Sichtweisen zurückzufallen, eigene Symptome bis hin zu Neurosen für normal zu halten, die Auffälligkeiten des Partners dagegen als große Probleme zu sehen, die dieser – möglichst sofort – zu lösen habe. Die Chance besteht darin, besonders diese Probleme als Aufgaben zu betrachten, die uns etwas über uns mitteilen und eigene Herausforderungen zeigen wollen. Gerade wenn Beziehungen schwierig werden, ist es wichtig, sich der Gesetze zu erinnern, gegen die wir dann mit Sicherheit verstoßen. Schwierigkeiten und Probleme sind immer Ausdruck davon.

Kinder gehen in Resonanz mit Eltern und Lehrern und lernen durch Nachahmen. Gezeugt werden sie, wenn beide Eltern körperlich in Resonanz miteinander schwingen. Sie bewegen sich im selben Rhythmus, was sie schon zuvor beim *Miteinandergehen* geübt haben. Wenn es zu keiner Resonanz und keinem schönen gemeinsamen Rhythmus kommt, sprechen wir von »schlechtem Sex«. Wird es auf Dauer mit dieser intimen Form von Resonanz nicht besser, brechen wir unter Umständen die Beziehung ab. Resonanz geschieht, wenn wir am selben Strick ziehen, und wir genießen das – vor allem in einer Partnerschaft.

Wie gut wir uns aufeinander einschwingen und zueinander und in denselben Lebensrhythmus finden, entscheidet, wie wohl wir uns in der Partnerschaft fühlen. Wie beim Tanzen geht es um das Herstellen von Resonanz, und erst wenn sie erreicht ist, beginnt Genuss. Schließlich ist auch Partnerschaft eine Art Tanz, der feuriger im Sinne von Eros sein kann oder gefühlvoller, wenn die Mondgöttin den Rhythmus vorgibt, witzig, leicht und luftig, sobald Uranos, das Himmelsprinzip, den Taktstock schwingt, aber auch irdisch und materiebetont, wenn Saturn sich einmischt. Letzteres wird zwar nicht geschätzt, aber die meisten Beziehungen drehen sich trotzdem bald um dieses Thema. Anfangs wehrt sich ein Paar noch gegen Vermittlungsversuche der Eltern nach dem Motto: »Sie haben eine Brauerei und wir haben eine, warum braut ihr nicht was Schönes zusammen?« Aber später beschäftigen sich die beiden vor allem mit ihren materiellen Projekten, obwohl sie ursprünglich ganz andere Prioritäten setzen wollten. Genau genommen, ist das ganze Leben solch ein Tanz und Resonanz seine bestimmende Regel. Sie findet ständig statt, ob wir es merken oder nicht.

Die schlimmste Entgleisung einer Partnerschaft ist wohl, sich zu prügeln. Doch selbst nach einem Gewaltexzess kann durch das enge Zusammensein während der Rauferei Resonanz entstehen. Legendär ist die Beziehung zwischen Liz Taylor und Richard Burton nach dem Motto »Sie küssten und sie schlugen sich«; ihre Erfahrungen mit ehelichen Duellen flossen auch in ihre brillante Darstellung in »Wer hat Angst vor Virginia Woolf?« ein.

Nicht wenige Paare finden sich nach deftigen Auseinandersetzungen im Bett wieder, was nicht so erstaunlich ist, weil sich fast ein Viertel der Paare mit Gewalt herumschlägt. Zu dem reinigenden Effekt einer Gewitterentladung mit »Blitzableiterfunktion«, die im Sexualakt Aggression entlädt, könnte aber die Ebene der

Erotik hinzukommen und zwischen Körpern und Seelen wieder Brücken schlagen. Während »nur Sex« wohl lediglich momentane Wirkung hat, im Sinn einer Beruhigungspille, kann Erotik die schon angedeutete heilsame Wirkung entfalten und die Aggressionsenergie in Liebesfeste leiten und damit verbindend und integrierend wirken. Gerade wenn zwei (wieder) in Resonanz kommen, die sich in mancher Hinsicht sehr weit voneinander entfernt hatten oder aus verschiedenen Welten stammen, entsteht ein unglaublich intensiver Effekt, und in unserem Beispiel von Romeo und Julia die Liebe.

Resonanz ist ein zentraler Teil der Partnerschaft, und je mehr wir davon haben, desto haltbarer und erfüllender wird die Beziehung. Beim Meditieren setzen wir uns in den Lotossitz und hoffen, durch diese äußere Resonanz auch innerlich zum Buddha zu werden. Im Bett schwingen wir in Liebe zusammen und liegen anschließend in der besonders resonanzträchtigen Löffelchenstellung, um *ein Herz und eine Seele* zu bleiben. Wir können letztlich sogar beides kombinieren, sinnlich-erotische und spirituelle Resonanz, wie es etwa David Deida in seinem bereits erwähnten Buch *Erleuchteter Sex* anregt.

POLARITÄT UND LIEBE

Partnerschaft ist auch immer eine Sache der Polarität, besonders zwischen Menschen verschiedenen Geschlechts. Erotik zielt letztlich auf die geschlechtliche Vereinigung, und die findet über die Geschlechtsteile statt, die polarer nicht sein könnten. Lingam und Yoni passen ineinander wie Schlüssel und Schloss; das macht die Anziehung und den Reiz aus. Für das Gelingen der Beziehung ist die Polarität genauso entscheidend wie die Resonanz, nur ist der Umgang mit ihr schwieriger. Ohne Polarität hätte sie meist gar nicht begonnen.

Licht und Schatten liegen in jedem von uns nahe beieinander. Die Frage ist nur, inwieweit wir es bei uns selbst erkennen. In den alltäglichen Niederungen der Partnerschaft wird es letztlich deutlich, und klassisch sind die Situationen, in denen die unbewusste Polarität zwischen venusischer Liebe und marsischem Aggressionsprinzip zuschlägt: etwa wenn Weihnachten, das Fest der Liebe und des Friedens, in sein Gegenteil umschlägt, oder wenn die prickelnde erotische Liebe des Anfangs in eine Schlägerei mündet.

Wer sich freiwillig mit der dunklen Seite der Wirklichkeit im Sinne von Schattenarbeit beschäftigt, gerät diesbezüglich kaum in Gefahr. Falls hingegen alles schöngefärbt und licht und leuchtend dargestellt wird, entspricht dies einer Einladung an den Schatten, in das Leben einzubrechen und sich Beachtung zu verschaffen.

Im Augenblick kranken unsere Beziehungen am Fehlen von Erotik, und das liegt vor allem daran, dass die Polarität zwischen Mann und Frau übersehen wird. Auch wenn es als noch so fortschrittlich gesehen wird, Frau und Mann völlig gleichzustellen und gleich zu behandeln, sie werden dennoch nie gleich sein. Vielleicht wünschen sie es oberflächlich, auf gesellschaftlicher Ebene, aber in der Tiefe ihrer Seele eben nicht.

Die erste Phase heißer erotischer Liebe in der Partnerschaft ist für persönliches Wachstum und innere Entwicklung gar nicht besonders interessant. Psychologisch spannend wird es, wenn der Partner anfängt, Schatten widerzuspiegeln und wir damit in die Venusphase der Liebe eintreten. Menschen, die das Polaritätsgesetz verkennen, beginnen dann in der Regel zu projizieren. Männer und Frauen unterliegen dabei meist vergleichbaren Fehlern. Männer hoffen und vertrauen darauf, dass Frauen sich nicht verändern. Frauen andererseits wollen, dass Männer sich verändern, und zwar in ihrem Sinn.

Zu Partnerschaftsberatungen kommen in erster Linie Frauen, Männer höchst selten. Die Gespräche folgen einem (arche-)typischen Schema: Zunächst will sie alles Problematische auf den

Partner schieben, an dessen unmöglichem Verhalten das ganze Elend, auch das erotische, liege. Nach wenigen Minuten unterbreche ich und frage: »Sagen Sie, wie war es möglich, dass Sie so ein Monster heiraten konnten? Hatten Sie ein Blackout, oder wurden Sie gezwungen?« Worauf sie in der Regel lächelnd antwortet: »Anfangs war er gar nicht so. Da hat er mir den Hof gemacht und war lieb und zugewandt.« Genauere Analyse zeigt aber, dass er auch zu Beginn der Beziehung meist keineswegs so war, wie sie ihn sich wünschte. Doch damals hoffte sie, ihn entsprechend ändern zu können. Die Erfahrung zeigt, dass dies in der Praxis kaum und jedenfalls nicht so leicht klappt wie im Roman. Männer, die grundsätzlich mehr an Formen und Figuren interessiert sind, hoffen wiederum darauf, *sie* möge weiterhin genauso aussehen wie bei der Heirat mit fünfundzwanzig, und erleiden folglich ihre Enttäuschungen. Sie verändert sich und wird älter.

Im Verständnis des Polaritätsgesetzes liegt die große Chance, an all den Dingen und Eigenschaften, die mich am Partner stören, zu lernen und zu wachsen. Es kann mir nur auf die Nerven fallen, was ich auch in mir habe. Mangelnde Erotik brauche ich also nie meinem Partner vorzuwerfen, sondern kann gleich bei mir selbst auf die Suche gehen und werde mit Sicherheit fündig. Klassisch ist die Situation, dass *er* ihr vorwirft, ihn nicht mehr zu (ver-)locken, und dabei an Striptease und Reizwäsche denkt, während *ihr* die schmutzigen Socken einfallen, die er bei jeder Gelegenheit überall liegen lässt. Statt auf diesen Schuldprojektionen herumzureiten, sollte er sich überlegen, wie er sie verführen könnte, mit einer erotisch heißen Nacht oder einer aufreizenden Fantasiegeschichte, statt jeden Abend in denselben Klamotten auf dem Sofa abzuhängen. Sie dürfte sich fragen, ob seine Socken, die ihr so stinken, vielleicht einen Zusammenhang zu den nörgelnden und ihm so *stinkenden* Bemerkungen haben, die sie bei jeder Gelegenheit fallenlässt und die bei ihm als *Stänkern* ankommen.

An diesem Punkt mag noch klarer werden, was für wunderbare Gelegenheiten Partnerschaft bietet, in seelischer Hinsicht zu wachsen und sich in Richtung Vollkommenheit zu entwickeln. Für die Frau geht es darum, ihren Gegenpol, inneren Mann oder Animus, in sich zu finden und anzunehmen, für den Mann darum, sein Gegenüber, die innere Frau oder Anima, in sich zu entdecken und sich mit ihr zu vereinigen.

Für das Gelingen der Partnerschaft ist wichtig zu wissen, wie viel Polarität man sich mit dem jeweiligen Partner zugemutet hat. Die Regeln, nach denen Beziehungen entstehen, entsprechen den beiden wichtigsten Schicksalsgesetzen. »Gleich und Gleich gesellt sich gern« weist auf Resonanz hin, »Gegensätze ziehen sich an« auf Polarität. Dem Resonanzgesetz entsprechend, entsteht eine *Beziehung zum Wohl*, nach dem Polaritätsgesetz eine *Beziehung zum Heil*. Beides kann sich in der Partnerschaft und besonders in ihren erotischen Momenten natürlich ergänzen. Je konträrer die Positionen, zum Beispiel die Geschmäcker, desto dramatischer fühlt sich die Resonanz an, und umso stärker wird die Anziehung empfunden. Wer große Gegensätze überbrückt und trotzdem in Resonanz kommt, spürt sie und damit die Liebe besonders stark. Die genannten Beispiele von Isolde, die sich in Tristan, den Mörder ihres Mannes, verliebt, und Romeo und Julia aus verfeindeten Clans illustrieren es.

Wenn *sie* auf Kuschelsex und *er* auf Fesseln steht, werden sie mit Forderungen und Vorwürfen die Erotik rasch und nachhaltig zerstören. Oder sie haben viel Spannendes vor sich, wenn sie sich abwechselnd auf die Dramaturgie des Partners einlassen und dabei herausfinden, wie viel sie – vielleicht wider Erwarten – auch selbst von diesen Gelüsten in sich tragen.

Die zwei Partnerschaftsformen, die den beiden zentralen Schicksalsgesetzen entsprechen, existieren natürlich nie in reinster Ausprägung, sondern mischen sich. In einer überwiegenden Beziehung zum Wohl (»Gleich und Gleich gesellt sich gern«) herrschen Resonanz und Wohlgefühl vor, und es gibt wenig Spannung, allerdings auch wenig Entwicklung. Ihre Gefahr liegt in Routine und Langweile. Die sich hier entfaltende Erotik könnte sich auf Kuscheln und Verwöhnen beschränken. Eine Beziehung zum Heil (»Gegensätze ziehen sich an«) bringt viel Spannung und Auseinandersetzung ins Leben. Beide fühlen sich zwar oft gestresst, aber ihre Chancen liegen im Wachstum; Gefahren bestehen in der Überforderung. Dieses Beziehungsmuster ist Eros, als einem Kind so gegensätzlicher Eltern, natürlich näher. Und Spannung ist so entscheidend für Erotik.

Wer in einer Single-Gesellschaft, die an One-Night-Stands gewöhnt ist, Beziehungen zum Heil propagiert mit ihrer Spannung und folglich spannenden erotischen Perspektive, könnte auf taube Ohren stoßen. Singles sind in der Regel gerade nicht bereit, Frustration zu ertragen und Gegensätze zu integrieren. Wer immer gleich aufgibt, sobald sich Schatten zeigt, wird nichts lernen. Gerade wenn die Partnerschaft schwierig wird, ist es von großem Wert, zu bleiben und die Themen, die sich dann als Aufgaben aufdrängen, miteinander anzugehen und entsprechende Kämpfe auszutragen. Zumindest haben Singles, die sich mit Schattenintegration offenbar schwerer tun, besonders häufig Gelegenheit, Bekanntschaft mit Eros und seinen Pfeilen zu machen.

DIE GÖTTER DER LIEBE

»Wenn die Liebe dir winkt, folge ihr,
sind ihre Wege auch schwer und steil.
Und wenn ihre Flügel dich umhüllen, gib dich ihr hin,
auch wenn das unterm Gefieder versteckte Schwert
dich verwunden kann.
Und wenn sie zu dir spricht, glaube an sie,
auch wenn ihre Stimme deine Träume zerschmettern kann,
wie der Nordwind den Garten verwüstet.
Denn so, wie die Liebe dich krönt, kreuzigt sie dich.
So, wie sie dich wachsen lässt, beschneidet sie dich.«
KHALIL GIBRAN

DIE SCHAUMGEBORENE

Mythen erzählen keineswegs verstaubte Geschichten aus uralter Vergangenheit, sondern bieten Abbilder oder Archetypen des Lebens. Sie sind deshalb zu allen Zeiten aktuell, und wir Menschen können stets von ihnen lernen. So wie wir von der neuesten wissenschaftlichen Forschung einiges über die biochemischen Verhältnisse bei der Liebe wissen, kann uns ältester Mythos noch mehr und Tieferes über das größte Thema der Menschheit, die Liebe, erzählen. Das mag moderne Menschen erstaunen, aber gerade sie könnten erkennen, dass die Wissenschaft längst (noch) nicht Antworten auf alles weiß. Vor allem die Tatsache, dass Seelenbilder mehr bewegen als neueste Forschungsergebnisse, wird irritieren. Letztere haben wir aber obendrein zur Verfügung, denn inzwischen ist die Liebe auch Forschern zum Thema geworden, in biochemischer und sozialwissenschaftlicher Hinsicht.

Liebe gehört zum Archetyp der Venus-Aphrodite, der Liebesgöttin, die auch für Schönheit, Harmonie und Frieden steht. In der Antike war sie eine verehrte und geliebte Göttin. Der männliche Gott der Liebe ist Eros-Amor, ihr Sohn, Frucht eines Seitensprungs mit dem Kriegsgott Ares-Mars. Einen Kriegsgott wird man in diesem Zusammenhang zuletzt erwarten; doch er bringt die Polarität drastisch ins (Liebes-)Spiel wie so oft bei Seitensprüngen.

Wie alle Lebensprinzipien beziehungsweise Archetypen hat jedoch auch Venus-Aphrodite ihre Schattenseiten, die wir nur gern übersehen. Ihre Kinder machen sie deutlich, mit denen wir uns heute noch nicht leichter tun als die Menschen der Antike: Harmonia, Phobos, Deimos und vor allem eben Eros, der wie seine Geschwister uns heute manches Rätsel aufgibt. Wenn die Liebe zur Besessenheit wird, kann sie bis ins tiefste Schattenreich führen und tatsächlich Ängste und innere Dämonen hervorlocken.

Venus' Herkunft und Geschichte verraten ihr Anliegen und die Art, wie sie es unter die Menschen bringt. Es wird deutlich, wie eng die Liebe mit dem ersten und wichtigsten der Schicksalsgesetze, dem der Polarität, verbunden ist. Empfangen im schrecklichen Gewaltakt der blutigen Kastration des Himmels und geboren aus dem Meer, wird die Liebe trotzdem und gerade deswegen zur Hoffnung für Götter und Menschen. Da im Anfang alles liegt, ahnt man hier bereits, dass nicht alles nur schön sein kann, was mit Venus zusammenhängt.

Als Chronos-Saturn, der Gott der Zeit, auf Wunsche seiner Mutter Gaia seinen Vater, den Himmelsgott Uranos, mit seiner Steinsichel entmannt und das väterliche Gemächte unter letztem

Aufschäumen ins Meer stürzt, wird dieses befruchtet und Aphrodite-Venus aus ihm geboren. Der urmännliche Himmel(sgott) befruchtet so mit seinem letzten Samen das urweibliche Meer, und beider Kind, Venus, trägt als Schaumgeborene das leichte, luftige Erbe ihres himmlischen Vaters ebenso in sich wie die fließend wässrige Tiefe ihrer Meeresmutter. Und was wäre leichter und anmutiger und damit geeigneter, diese Verbindung zu symbolisieren, als der vergängliche Schaum, diese Mischung aus Luft und Wasser. Hier kommen das Höchste, der archetypisch männliche Himmel, und das Tiefste, das archetypisch weibliche Meer zusammen. Aus männlichem Luft- und weiblichem Wasserelement geschaffen, ist viel Ursprüngliches in Aphrodite-Venus, dem Kind zweier Welten und Urgewalten.

Auf geniale Weise wird in dem Mythos das letzte Aufschäumen des väterlichen Gemächtes mit seinem Vermächtnis und dem Aufschäumen der Mutter verbunden. Das mütterliche Meer ist das neptunische Reich, in dem wir auch Themen wie Gnade und Opfer, Transzendenz und Unendlichkeit finden. Während der Himmelsgott mit Gaia, der Erdmutter, nur Kinder zeugt, die in seinen Augen missraten sind, gelingt ihm schwer verletzt mit der Befruchtung des weiblichen Meeres noch die Erschaffung der wunderschönen Aphrodite-Venus, die Himmlisch-Leichtes mit Wässrig-Gefühlvollem verbindet. Aber es gibt auch in ihr noch tiefere, ursprünglichere Ebenen. Schauen wir uns also ihre Herkunft genauer an, um neben den Licht- auch die Schattenseiten der Liebesgöttin zu entdecken.

Uranos, Himmelsgott und zugleich Himmelsvater, regiert auch über die Sphäre der Ideale, der Träume. Über die Liebe kommen wir in den siebten Himmel, Gott am nächsten, in einen Idealzustand, der aber auf Dauer in der polaren Welt der Gegensätze nur schwer zu (er-)halten ist.

Mit der Zeit – in Gestalt von Chronos, dem Sohn des Himmelsgottes Uranos – mischen sich dunklere Seiten in das von Anfang an auch schreckliche Liebesspiel. Als schöpferischster der Götter hat Uranos die Welt vor der Erschaffung von Venus schon mit bizarren Urwesen bevölkert. So kann sein Kind, die Liebe, ebenfalls unglaublich viel Schöpferisches in uns wecken, aber auch bizarre Urwesen unseres Schattens aktivieren wie Eifersucht und Gier.

Vom Meer, dem Venus entstieg, dem Urweiblichen und der Heimat allen Lebens, fließen zudem archaische Elemente in das Erbgut von Venus und der Liebe. Das Meer kann ob seiner Tiefe mit normalen Begriffen des menschlichen Bewusstseins gar nicht erfasst werden. Es ist das Symbol des Bios schlechthin, aus dem alles kommt. Es repräsentiert damit auch uralte vorbewusste Entwicklungsphasen und das Unbewusste schlechthin, mit dem unser Verstand seine liebe Not hat. Im Meeresgott Poseidon-Neptun wird dies deutlich. Er vermag sein Reich des Vor- und Unbewussten mit seinem Dreizack so aufzuwühlen, dass schwerste Stürme und Flutwellen entstehen; er kann das Unbewusste aber auch wieder besänftigen – im Ur- und Seelenmeer ist eben alles enthalten und möglich.

In dieser komplexen Verbindung bringt Venus neben größter Sinnenfreude auch Leid ins Leben. Die Liebe führt zwar bis in höchste Höhen, berührt aber auch häufig die Tiefen des (Gefühls-)Meeres und damit Ebenen von Leid. Wie der himmlische Vater ist auch die irdische Mutter der Venus, das Meer, eine Urgewalt. Wo grenzenloser Himmel und grenzenloser Ozean sich als Eltern zusammenfinden, können sie Großes bewirken, aber ebenso dazu beitragen, dass Menschen sich in den Armen ihrer gleichfalls grenzenlosen Tochter Venus-Aphrodite verlieren und etwa in erotische Wahnvorstellungen abdriften.

Aus einem blutigen Kastrationsakt entstanden, sind bei der Liebe von Anfang an auch Verwundung und Schmerz mit dabei. So wie es keine Rose, Symbol der Liebe und der Venus, ohne Dornen gibt, gibt es auch keine Liebe ohne Schmerz. Mit dem Kriegsgott Ares-Mars wird Venus-Aphrodite dieses Thema weiter vertiefen, wenn sie dem von ihm empfangenen Eros das Leben schenkt. Nirgendwo scheint mir dieser Zusammenhang schöner formuliert als bei Khalil Gibran in seinem Buch *Der Prophet*. In seinem leidenschaftlichen Plädoyer für die Liebe beschönigt er ihre Schattenseiten nicht; das Zitat am Kapitelanfang macht es deutlich.

Das Hauptanliegen der Liebesgöttin ist es, bei aller Leidenschaft auch Ausgleich zu schaffen. So wird sie zur Kämpferin für Liebe und Frieden. Schon deshalb ist ihr Mars zwar als Krieg(sgott) thematisch entgegengesetzt, aber als Gegenpol inhaltlich auch wieder nahe. Ihre Aufgabe des Ausgleichens lässt Venus oft den Gegenpol ins Spiel des Lebens holen. In der Beziehung zum Heil führt sie zur Schattenkonfrontation über den Weg der Auseinandersetzung mit dem Partner.

Aus Liebe wurde auch einer der größten Krieges des Altertums begonnen. Denn kaum hatte sich der schöne Königssohn Paris bei seiner Entscheidung, wer die Schönste der Göttinnen sei, für Aphrodite-Venus entschieden, bekam er von ihr als Lohn mit Helena die schönste Frau auf Erden und damit zugleich den Trojanischen Krieg. Eine aus Liebe getroffene Wahl führt bis heute nicht selten in Beziehungskriege.

Außerdem ist Aphrodite-Venus, die Liebe, ausgesprochen eifersüchtig. Sobald jemand schöner und fähiger ist als sie, bricht ihre Eifersucht ungehemmt hervor. Als etwa Hephaistos, ihr kunstsinniger Ehemann, dem Pygmalion eine Frau ganz nach dessen Geschmack anfertigt, gerät diese so bezaubernd schön, dass Venus sie sofort mit ihrer Eifersucht verfolgt. Durch den Pygmalion-Mythos inspiriert, entstand zum Beispiel die Story von *My Fair Lady*. Aber auch alle heutigen Versuche, sich mit Computerhilfe im Cyberspace die Idealfrau zu kreieren, haben hier eine Wurzel.

Wenn Venus eifersüchtig wird, mischt sich Höllisches in die himmlische Liebe. Obendrein ist sie auch rachsüchtig, wenn – selten genug – jemand ihrem Liebreiz widersteht. Dieses mythische Thema ist ebenfalls bis heute eng mit der Liebe verbunden geblieben. Kaum lehnt eine Frau seinen Heiratsantrag ab, wird mancher Mann zum Wüterich. Und Frauen, deren Liebe verschmäht wird, können zu erbitterten Feindinnen, ja Furien mutieren.

Schließlich ist Venus als aus dem Meer und damit der Wasser- und Seelenwelt geborene Göttin auch noch für die Fruchtbarkeit zuständig, die nicht wenige Beziehungen in die Krise bringt.

Der Schaum als Symbol des Leichten und Luftigen sowie des Gefühlvollen und Wässrigen beflügelt und begleitet all die venusischen Projekte im Himmel wie auf Erden. Sobald Menschen es sich mit der Liebe schwermachen, liegen sie durchaus falsch und haben sich von den erlösten Seiten der Luft- und Wasserelemente entfernt. Andererseits ist zu bedenken, dass gerade Aphrodite-Venus eine der wenigen Gottheiten ist, die nicht aus Liebe oder Begehren gezeugt wird, sondern ein Kind der Auflehnung, des Aufstands und der Gewalt ist. So bringt sie viel Chaos und Wirbel in die Welt, sobald sie ihre dunklen Seiten entfaltet.

Väterlicherseits ist Venus ausersehen, den Menschen himmlische Liebe zu schenken, die sich wunderbar leicht und schwebend anfühlt und die – vermittelt durch die Pfeile ihres Sohnes Eros – plötzlich und unerwartet wie ein Blitz aus heiterem Himmel auf sie niederfährt. Sie führt Menschen dorthin, wo sie selbst herkommt, in den Himmel, und vermittelt himmlische Empfindungen und Erfahrungen. Andererseits verfügt Venus über die fließende Weichheit und Gefühlstiefe ihres mütterlichen Erbes. So wird die Liebe zu einer besonderen Gnade, die Betroffene zu fast jedem Opfer bereitmacht – eine Eigenschaft aus dem Erbe der Meeresmutter.

Luft und Wasser, im Schaum verbunden, sind auch verantwortlich für jene Wolken, auf denen Verliebte so oft und gern in den siebten Himmel (ent-)schweben. Oft sind sie rosarot, weich und zart, gefühlvoll und himmlisch zugleich. Allerdings braucht im Gegensatz zur akuten Verliebtheit eine große Liebe auch die Kontinuität von Saturn, der die Zeugung der Liebe durch seinen Kastrationsakt erst möglich machte und so zu einer Art Pate der Liebe wird.

Verliebtheit kann uns in den Himmel erheben, vermag uns aber dort weder zu halten noch durch den Alltag zu tragen. Das versucht die Eheschließung mittels eines Vertrags und bringt so den Archetyp des Saturn ins Spiel des L(i)ebens, und oft genug beendet dieser mit Jawort und Unterschrift auch gleich die Phase der schwebenden Leichtigkeit des (Verliebt-)Seins. Bestenfalls kann eine große Liebe eine Ehe-*Schließung* überleben, aber selten wird sie wohl durch solch einen festlegenden und festschreibenden Akt der Institutionalisierung entstehen. Früher wurde die Ehe – besonders im Adel – als Institution gesehen, im Rahmen derer es gar keinen Anspruch auf Liebe gab. Das wirkliche Drama entsteht aber nicht zwischen der Liebesgöttin Venus und Saturn als Gott der Zeit und Urprinzip der Ehe, sondern zwischen den beiden Seiten von Venus.

EROTISCHE ELEMENTE DER LIEBE

Das Kind der Aphrodite-Venus, Eros-Amor, ist ein ziemliches Früchtchen, was die vor allem im Rokoko so beliebten Amoretten und Putten bildhaft andeuten. Zu seiner Herkunft gibt es verschiedene Geschichten, wobei sich die Version einer Abstammung von Venus und Mars allgemein durchgesetzt hat und damit die wirkungsmächtigste symbolische Bedeutung aufweist. Einer älteren Zeit entstammend und damit ursprünglicher und in gewissem Sinn auch ehrwürdiger, ist die Herkunftsdeutung durch den frühen griechischen Dichter Hesiod. Dieser schildert Eros als Erstgeborenen in der göttlichen Genealogie, als den »schönsten der unsterblichen Götter, Ursache oder auch Folge der Urbegattung von

Chaos und Erde«. Dies entspricht der Vorstellung, dass mit der Liebe alles beginnt und sie auch weiterhin für genügend Chaos auf Erden sorgt: eine Urgewalt, ebenso schön wie furchterregend, von der alles seinen Anfang nimmt und an der niemand vorbeikommt, selbst wenn der Mensch das von ihr gestiftete Durcheinander noch so sehr zu meiden sucht.

Als Kind von Venus und Mars, was dem »mythischen Mainstream« entspricht, ist Eros für uns noch symbolträchtiger. Er(os) hat die Schönheit von Venus, seine Waffen aber vom Vater, dem Kriegsgott Mars. So verzaubert er auch zuerst mit Schönheit die Männer und mit Düften die Frauen, bevor später nicht selten das väterliche Aggressionsthema noch zum Vorschein kommt. Mit Flügeln ausgestattet, kann Eros beflügeln und so das Leben himmlisch leicht machen, wobei es langfristig durch ihn nicht unbedingt leichter, aber immer spannender wird.

Über seinen Vater Mars bringt Eros das Feuerelement in die Liebe. Es ist ein ganz besonderes Feuer: nicht das strahlende der Sonne oder die abgeklärte jovische Glut, jenes innere Feuer des Göttervaters Jupiter, sondern das erste und stärkste Feuer des Entwicklungszyklus, eben das lichterloh in Flammen setzende des Kriegsgottes.

Als Kind der Liebe und des Kampfes, des Friedens und des Krieges versucht Eros – wie alle Kinder – beiden Eltern gerecht zu werden, was ihn voller innerer Widersprüche zurücklässt. Äußerlich ist er schön wie seine Mutter und übernimmt einerseits ihr Anliegen, die Liebe. Andererseits versucht er die Liebe aber mit den Kriegswaffen seines Vaters – Pfeil, Bogen und Brandfackel – rücksichtslos durchzusetzen.

Eros ist ein großer Gott, da er an allen Elementen Anteil hat. Es spielt neben dem Feuer vom Vater und der himmlischen Luft der Mutter beziehungsweise des Großvaters auch etwas vom Element Erde über Venus' Bezug zu Besitz und Revier sowie kulinarischen Genüssen herein. Tatsächlich ist Venus ja auch für das zweite Feld im Entwicklungskreis der Lebensprinzipien zuständig, als sogenannte Stier-Venus. Und auch Wasser kommt als weibliches, fließendes Element der Gefühle über die schaumgeborene Mutter herein und über das Meer, das ihn großmütterlicherseits bestimmt.

Das Verhältnis, dem Eros entspringt, ist ein durchaus verbotenes, denn Venus ist ja mit dem kunstsinnigen, äußerst kultivierten Götterschmied Hephaistos ehelich verbunden. So haftet der Erotik, die der Liebe erst die Würze gibt, bis heute leicht etwas Verbotenes an. Mit Hephaistos in einer Beziehung zum Wohl nach dem Motto »Gleich und Gleich gesellt sich gern« lebend, hat sie mit ihrem Gegenpol, dem rohen, vitalen Mars ein Verhältnis zum Heil nach der Devise »Gegensätze ziehen sich an«.

Hier zeigt sich bereits, dass die Liebe, die schon mit einem Aufstand auf die Welt kommt, weiter für Aufstände sorgt und im Verlauf ihres Lebens oft auf illegalen, von Menschen und ihren Gesetzen verbotenen Wegen ihre Ziele verfolgt und verwirklicht. Eine große, brennende Liebe hält sich an keine Gesetze und achtet sogar die Regeln der Götterwelt gering und erst recht von Menschen ersonnene Ordnungen. Venus geht es um Ausgleich, und himmlische Bestimmung ist ihr wichtiger als weltliches Gesetz und Regelwerk. So bedient sie sich denn auch oft purer Natur, die eher Mars entspricht als ihrer eigenen kultivierten Note. Die von ihr und ihrem Sohn gestiftete Liebe richtet sich sogar oft gegen die Kultur der Menschen und lässt deren Natur, beflügelt vom Eros, aus *natür*lichen Urtiefen hervorbrechen und Kulturprodukte wie die Ehe hinwegfegen oder zumindest empfindlich stören.

Mit Feuer, Wasser, Luft und Erde, wie sie mit Eros und der von ihm gestifteten Verliebtheit ins Spiel des Lebens kommen, sind natürlich nicht in erster Linie Schattenerfahrungen, sondern vor allem außergewöhnlich wunder-vollen Erlebnissen von beglückender Leichtigkeit und schwebender Seligkeit Tür und Tor geöffnet – wenn auch meist weit jenseits von menschlicher Planung oder gar Opportunität.

Zwischen Ehe und Liebe und besonders erotischer Liebe herrscht stets ein Spannungsfeld. Früher stifteten Eltern Verbindungen unter Saturns Regie und sorgten so für Haltbarkeit. Heutzutage ist das verpönt. Wir bevorzugen entschieden, von Eros' Pfeilen getroffen zu werden, auch wenn er Verwirrung stiftet, wild um sich schießt, ohne sich um Konventionen zu scheren, da er ganz klar dem Schicksals- und damit dem höheren Gesetz verpflichtet ist. Eros spricht Eltern jedes Recht ab, den Partner für ihr Kind zu bestimmen, und reißt die Partnerwahl an sich. Einen Ausweg aus dem so nur allzu leicht entstehenden Chaos versprach man sich früher von platonischer Liebe eines rein geistigen Austauschs. Aber solch körperfeindliche Einstellung und entsprechende Vermeidungsgebote sind der Macht von Eros nicht im Ansatz gewachsen.

Zu bedenken ist, dass Eros von seiner Mutter lediglich in ihrer Eigenschaft als Stier-Venus ein Minimum an Erdelement geschenkt ist. So besteht die Gefahr, unter dem Einfluss der Liebe den Boden unter den Füßen zu verlieren und jedenfalls die Realität der materiellen Welt zu verkennen. Eros kann mit- und auch hin- und sogar umreißen, und selig, wer sich dem Strudel der erotischen Liebe ergibt. In solchen Momenten sind Liebende fast ganz von der Erdenschwere befreit. Sie spüren nur noch das Feuer heißer Begierde in den verzehrenden Flammen ihrer Liebe, ein Erbe von Vater Mars.

Ihre Be*geist*erung, die zwar einen Feueraspekt in sich trägt, stammt aber vor allem vom Großvater Uranos, insofern der Geist seinem luftigen Element angehört. Wie der Wind, das himmlische Kind, ist er leicht und frei und rasch in Bewegung und Begeisterung zu versetzen.

Liebende erleben das Fließen des reißenden Gefühlsstroms, ein Erbe der Mutter Venus, und den leichten, ja lichten und jedenfalls schwebenden Seelenvogel in sich, wiederum ein Geschenk des Himmelsvaters. So vergessen sie leicht und gern, dass sie durch ihren Körper auch irdisch sind und den Gesetzten der Erde unterworfen. Von den wunder-vollen Zuständen in Eros' Reich allein ist keine Haltbarkeit zu erwarten, denn Solidität gehört zum Erdelement. Heirat und damit der Schritt in die irdische Institution der Ehe ist ein Schritt in Richtung Festigung, Dauer und Haltbarkeit, wobei dies die Gefahr in sich birgt, das ursprüngliche Anliegen, die Liebe, zu beschweren. Um Partnerschaft auf erlöste Art und mit allen vier Elementen zu leben, ist also große Achtsamkeit notwendig.

Bei der Zeugung der Liebesgöttin kam das Erdelement gleichsam von außen als Geburtshelfer in Gestalt des feindlichen Saturn zum Zuge, als er seinem und dem Vater der Liebe, Uranos, das Gemächte wegschlug. Das aber macht Saturn und Venus auf gefährliche Art zu Halbgeschwistern, die als solche eine gewisse Nähe dadurch haben, dass sie Gegenpole sind. In oft unsanften (Bruch-)Landungen auf dem Boden der Tatsachen, mit denen Höhenflüge der Liebe manchmal enden, kommt dieser gegensätzliche Erdbezug zum Vorschein.

Auch wenn füreinander entflammte Liebende sich mit brennenden Herzen in die Wogen aufwühlender Liebesgefühle stürzen und sich völlig gehen und treiben lassen und nicht selten zugleich abheben, um mit der Liebe in deren himmlisches Luftreich zu entschweben – irgendwann müssen sie doch zur Erde zurück, und dann wird ihnen deren Schwere zur doppelten Last und ausgesprochen lästig. Alle Flieger und Überflieger, ob Drachen- oder Segelflieger, Paraglider oder Fallschirmspringer und selbst noch die heutigen Sternenflieger, wissen aus Erfahrung, wie leicht das Abheben ist, wie aber die Landung auf der harten Mutter Erde gelernt sein will, um nicht auf ihr zu zerschellen. Menschen können entschweben, ertrinken, verbrennen und zerschmettert werden, insofern haben alle Elemente auch ihren Schatten und ihre

Gefährlichkeit. Für die Liebe aber stellt der Boden der Tatsachen die größte Herausforderung dar.

Eros hat wie alle Kinder dieser Welt sein Erbteil in gerechter Weise von beiden Eltern mitbekommen, von der Mutter Aussehen, himmlische Liebe und Gefühlstiefe, vom Vater feurige Energie und Kraft. Mit den Waffen des Vaters *schießt* er die Liebe, das Anliegen der Mutter, in die Herzen der Menschen oder stößt die Brandfackel der Liebe in sie. Die *mar*tialische Wortwahl macht schon deutlich, dass er mit den väterlichen Waffen auch tiefe Wunden schlagen und lang andauernde Schmerzen verursachen kann, besonders wenn er seine Pfeile zuvor in bittere Galle taucht. Das soll vorkommen und ist als Erbe seiner mitunter eifer- und sogar rachsüchtigen Mutter zu deuten. So kann Eros Lust und Bitterkeit, Ekstase und Absturz aus himmlischen Höhen in jene irdischen Tiefen bewirken, zu denen er selbst kaum Bezug hat.

Jedenfalls verfügt er über eine gewaltige Feuerkraft, die Menschenherzen entflammen und das ganze Leben in Brand setzen kann, ähnlich wie die ihm im Organismus entsprechende Kundalini-Energie, wenn sie unvermittelt nach oben *schießt* und durch die Wirbelsäule, unsere Weltachse, den Rücken hinaufglüht. Gnade uns (der) Gott (Eros), dass wir gut vorbereitet sind, wenn sie den direkten Weg nach oben nimmt, denn diese göttliche Energie ist so gewaltig stark, dass sie leicht überfordert. Mit dieser glühenden Kraft und vom Vater ererbter Rücksichtslosigkeit kann Eros treffen und nehmen, wen er will. Und genau von dieser Energie und Liebeskraft träumen heute viele, vor allem Frauen, vergeblich. Männer, die sie nicht mehr spüren, weil sie sich zu weit aus diesem Archetyp entfernt haben, und Frauen, die selbst so mächtig geworden sind, dass sie sich von keinem Mann mehr besiegen lassen, davon aber insgeheim träumen. Dazu ein Beispiel:

Eine Klientin kam gleichsam als Notfall und ziemlich außer sich zur Beratung. Sie war beim Anbau eines Wintergartens an ihre schöne Villa, die sie mit ihrem Mann, einem erfolgreichen und angesehenen Facharzt, und ihren Kindern bewohnte, von einem verschwitzten, rüpelhaften Zimmermann, der auch noch animalisch stank, an die Wand gedrückt und angemacht worden. Sie hatte ihn abgewehrt und erfolgreich in die Flucht geschlagen. Als ich sie fragte, wo dann das Problem sei, wurde sie blass und antwortete: »Ich empfand keinerlei Angst dabei, sondern eine große, kaum bezwingbare Lust.« Von sich selbst angewidert, wollte sie wissen, wie so etwas sein könne, da sie doch den denkbar besten Ehemann habe, der differenziert und musisch, gebildet und einfühlsam sei, der alles, was sie sich immer gewünscht hatte, in sich vereinige und dem sie nicht das Geringste vorwerfen könne. Ich erzählte ihr die Geschichte von Eros.

EROS-AMOR UND PSYCHE

Wie wichtig Eros für uns heute noch ist, können wir daran sehen, dass es ihm zu verdanken ist, dass Psyche, unsere Seele, ihren Aufstieg bis auf höchste göttliche Ebenen nehmen kann. Denn während Eros sich seit Beginn des Patriarchats in einem stetigen Sinkflug befindet, was Achtung und Anerkennung angeht, hat Psyche, die Seele, parallel dazu ständig an Bedeutung gewonnen. Dies spiegelt sich heute in einer Flut von einschlägiger Literatur und einem Boom von Psychotherapien, und die Entwicklung hat ihren Zenit wohl noch gar nicht erreicht.

Psyches Aufstieg ist zum Teil auf Venus' Eifersucht zurückzuführen, und wieder einmal zeigt sich im Schatten das größte Entwicklungspotenzial. Denn weil sie schöner ist als Venus selbst und alle nur noch von ihr reden, beschließt die Liebesgöttin aus gekränkter Eitelkeit und Eifersucht, Psyche umzubringen, das heißt, sie in den Hades zu verbannen. Sie befiehlt ihrem Sohn Eros, Psyche einen Liebespfeil ins Herz zu schießen, damit sie sich in Hades, den Tod, verliebe. Eros aber verletzt sich an diesem Pfeil und verliebt sich folglich selbst und natürlich *unsterblich* in Psyche. Als Gott darf er sich ihr aber nicht zeigen, da sie seinen göttlichen Anblick nicht ertragen würde. Deshalb bittet Eros den Westwind, Psyche ins Tal des Paradieses, den Himmel auf Erden, zu tragen. Dort genießen die beiden ihre himmlische und sinnliche Liebe. Aber Psyches eifersüchtige Schwestern, die auch gern einen Gott als Geliebten gehabt hätten, hetzen Psyche auf und schwärzen Eros als hässliches Schlangenungeheuer an. Sie bringen sie schließlich dazu, Eros sogar ermorden zu wollen. Aber bevor es dazu kommt, erwacht Eros, bemerkt das Komplott und bestraft Psyche, die er weiter unsterblich liebt, recht milde mit seiner Abwesenheit. Er selbst kehrt zurück zur Liebesgöttin und Mutter Venus.

Psyche, die Seele, fällt nun in tiefe Depressionen und leidet schwer. Niedergeschlagen und weinend sitzt sie an einem Fluss, als Pan, der alte Naturgott, des Weges kommt und ihre (Über-) Lebensinstinkte neuerlich weckt. Sie erkennt, dass sie dorthin muss, wo die Wunde geschlagen wurde: zu Venus und damit zur Liebe. Ihr will sie sich zuwenden. Venus stellt ihr vier scheinbar unlösbare Aufgaben, wie ja die Anforderungen der Liebe auch uns oft unerträglich und unmöglich erscheinen.

Psyche muss zum einen alle Samenkörner sortieren. Damit sind der Archetyp Jungfrau und die lebensprinzipielle Aufgabe der Unterscheidung angesprochen. Sie soll in Zukunft differenzieren können, was ihr nützlich und was schädlich ist, und nicht mehr auf die Nattern des Neids in Gestalt ihrer Schwestern und unerlöster Wesensanteile hereinfallen. Psyche vertraut bei der Lösung dieser Aufgabe auf Enten, also einfache Geschöpfe aus dem Naturreich, die ihr sortieren helfen. So kommt nach dem Rausch des Verliebtseins auch wieder Ordnung in ihr zerrüttetes Leben.

Als weitere Aufgabe muss sie Wolle besonderer Schafe holen. Die Suche nach dem Goldenen Vlies ist eine der großen Herausforderungen des antiken Lebens. Sie aber hört auf das einfache Schilfrohr, und damit auf simple Wesen aus dem Pflanzenreich, die ihr raten, einfach nachts die Wolle von den Dornbüschen zu sammeln, die dort von den vorbeiziehenden Schafen hängen geblieben ist. Sie lernt also die Sprache der Natur wieder zu verstehen und innerlich ruhig zu werden.

Drittens muss Psyche ein Kristallglas mit dem Wasser des Styx, dem Fluss der Unsterblichkeit, holen. Ein Adler des Zeus nimmt ihr diese Aufgabe ab, bei der es darum geht, den Überblick zurückzugewinnen, die Dinge von oben mit Abstand zu sehen. Damit nimmt der Göttervater selbst Partei für die Seele.

Als vierte und letzte Aufgabe soll Psyche von Persephone, der Göttin der Unterwelt, einen Tiegel Schönheitssalbe holen. Dafür muss sie lernen, selbstbezogener und härter zu werden und ihre Hilfe zu verweigern. All den Leidenden der Unterwelt und den im Fluss Styx jämmerlich Ertrinkenden darf sie ihre Hand nicht reichen. Sie muss sogar ablehnen, den drei Schicksalsgöttinnen beim Spinnen der Lebensfäden zu helfen; sie hat also sowohl ihren menschlichen Gefühlsregungen als auch den Verlockungen himmlischer Macht (über Menschen) zu widerstehen. Auch darf sie nur noch einfachste Nahrung zu sich nehmen, muss also der Gier entsagen.

Nachdem sie all diese Aufgaben erfüllt, die damit verbundenen Eigenschaften integriert und die entsprechenden Versuchungen losgelassen hat, wird sie zu Eros in den Olymp erhoben. Damit ist Psyche, die Seele, auf einer Ebene mit den Göttern angelangt und eine gleichberechtigte Partnerin von Eros geworden, dem Gott der sinnlichen Liebe, dem sie nun auch von Angesicht zu Angesicht begegnen und den sie wieder lieben darf. Psyches Aufstieg, wie der antike Autor Apuleius ihn in *Amor und Psyche* erzählt, wird so zur Analogie der Heldenreise unserer weiblichen Seele und offenbart die Bestimmung der Seele: durch Fehler reifer werden und Fehlendes integrieren.

Dennoch hängt die wunderschöne Seele immer noch an ihren irdischen Ängsten und ihrer Eitelkeit, denn sie will die Schönheitssalbe der Göttin des Totenreichs, Persephone, nicht mehr zurückgeben. Wahrscheinlich möchte Psyche ihre Schönheit niemals verlieren, auch angesichts des Todes nicht. Aber es quillt statt Schönheit tödlicher Schlaf aus der Dose.

Thanatos, der Gott des Todes, und Hypnos, der des Schlafes, sind mythische Brüder und tun sich hier zusammen. Beide kommen aus dem weiblichen Reich des Schlafes und ereilen immer wieder Königstöchter wie etwa auch die Märchenheldin Dornröschen. Solch todähnlicher Schlaf kann nur von einem entwickelten Wesen vom Gegenpol, einem befreiten Mann, besiegt werden. Dem Dornröschen hilft der Königssohn mit seinem die Geschlechter versöhnenden Kuss. Psyche hilft der immer noch unsterblich in sie verliebte Amor-Eros, indem er den Schlaf einfach wegwischt. Anschließend ist es Zeus selbst, der Psyche endgültig zur unsterblichen Göttin erhebt. Damit vollendet sich der Weg der Seele mittels Liebe aus den Niederungen der Polarität in die Einheit des Himmels.

Nach der Vereinigung mit Eros gebiert Psyche die Tochter Voluptas. Das heißt, aus der göttlichen Sinnlichkeit (Eros) und der göttlichen Seele (Psyche) entsteht als Kind die Lust, auch Wollust, das Begehren und Vergnügen, die Lebens- und Liebesfreude, alles Eigenschaften der Göttin Voluptas. Robert A. Johnson, Jungianer und Mythologe, sagt diesbezüglich in seinem Buch *Der Mann. Die Frau*[11], dass die krönende Leistung der Weiblichkeit möglicherweise darin liege, Freude, Ekstase, Vergnügen ins Leben bringen zu können. »Männer allein können für sich diese Ekstase ohne Hilfe des weiblichen Elementes nicht finden, so finden sie sie entweder in einer äußeren Frau oder in ihrer eigenen inneren Frau. Freude jedenfalls ist ein Geschenk aus dem Herzen der Frau.«

---

11 Robert A. Johnson. *Der Mann. Die Frau. Auf dem Weg zu ihrem Selbst.* Droemer Knaur 1991.

Festzuhalten bleibt, dass Voluptas, die Wollust, ebenfalls göttlichen Ursprungs ist und uns vom Gott der Liebe und der durch die Liebe unsterblich gewordenen Seele geschickt und geschenkt ist. Es gibt also keinen Grund, sie zu verachten. Wenn wir andererseits von unsterblicher Seele sprechen, sollten wir uns immer klarmachen, dass sich für die Psyche diese Unsterblichkeit nur durch die Liebe verwirklichen lässt. In dieser Analogie steckt so viel erlösendes Potenzial: Erst die Sehnsucht der Seele (Psyche) nach dem Gott der Liebe (Eros) führt die Seele schließlich zu Befreiung und Erlösung und letztlich in den Himmel.

Zugleich wird auch die Befreiungskraft des Mythos deutlich und sein Potenzial, Fehler zu beenden und Fehlendes, bisher Verstoßenes wie die Lust, aus dem Schatten zurück ins Licht zu holen. Wir dürfen so frei sein, die üblich gewordene Herabsetzung der Lust zu beenden. Das war ein Fehler, und dadurch fehlt uns Wesentliches zum L(i)eben und um Erfüllung zu finden. Lust und auch die Wollust sind Gottesgeschenke an uns Menschen. Wir dürfen sie (an-)nehmen, und es wird Zeit, dies zu tun.

Die Mythen erklären es deutlich, dass der Weg zur unsterblichen Seele über unsterbliche göttliche Erotik und Sinnlichkeit führt. Das aber heißt, dass unsere Sinne als Vorstufe und Voraussetzung von Sinnlichkeit und Sinn Stufen zur Unsterblichkeit der Seele darstellen. Weiterhin können wir feststellen, dass Freude, Vergnügen und Lust entstehen, wenn die Psyche oder Seele sich mit Eros' Sinnlichkeit vereint – und das Leben kann weitergehen.

ABSTIEG UND FALL

Ein Blick auf die Geschichte zeigt uns, dass die Liebe ein archetypisch weibliches Feld braucht, um sich wirklich entfalten zu können. In harten Zeiten (arche-)typischer männlicher Dominanz geht es ihr schlecht. Bis heute kann man erleben, wie sich vor allem Frauen um eine gewisse Kultur der Liebe kümmern, während Männer in Berufen oder auch nur Jobs aufgehen und sich nicht selten zu Tode schuften oder langweilen und im Seeleninfarkt enden. Eine intensive Liebeskultur, die andere Prioritäten setzte, wäre die (Er-)Lösung und könnte uns in einem ungekannten Ausmaß beschenken. Zwar treibt Eros bis heute fast alle Menschen um und zieht sie zeitweilig immer wieder in seinen Bann, es fällt diesem Repräsentanten der Liebe aber immer schwerer, sich Achtung und Wertschätzung zu verschaffen.

Eros und das Spiel der Liebe sind heute weit ins Hintertreffen geraten. Erwachsene spielen kaum noch, und wenn sie es tun, dann an Spieltischen oder an der Börse, wo sie nicht selten ihr(e materielle) Leben(sgrundlage) verspielen. Das erotische Spiel zwischen den Geschlechtern verflacht, weil die Geschlechtsrollen sich immer mehr vermischen und verwischen. Frauen wachsen in männliche Positionen hinein und erobern deren angestammte Rollen, und Männer nehmen Zuflucht in Resignation. Mars, der sich nimmt, was er will, nämlich die Frau seiner Wahl, hat heute schon juristisch schlechte Karten. Sein Stil ist völlig außer Mode geraten, aber das heißt längst nicht, dass er nicht in den Sehnsüchten und Träumen unserer (altmodischen) Seelen weiterlebte.

Wer verstehen will, wie wir heute zur Liebe und ihren Möglichkeiten stehen, braucht nur unseren Umgang mit den entsprechenden Urprinzipien oder Archetypen zu betrachten. Mars, den Partner und zugleich Gegenpol der Liebe, versuchen wir heute konsequent aus unserem Leben herauszuhalten und zu verdrängen und ernten ihn als Schatten in Form von nicht enden wollenden äußeren Kriegen. Genauso erfahren wir diesen Schatten auch als inneren Krieg, der im Körper so vieler Menschen in Gestalt von Infektionen und allergischen Abwehrschlachten tobt.

Venus wird in unserer Kultur zunehmend geringer geschätzt, und so verkommt ihr wundervolles Thema zum Schatten, der uns in ausufernder Pornoindustrie und Prostitution einholt, die beide großes Leid unter anderem durch Mädchenhandel und Zwangsprostitution bringen und unzählige (Todes-)Opfer fordern. Eros ist aus ursprünglich erhabener Position dabei längst in die Unterwelt abgedrängt. Seine Dienerinnen zappeln hilflos in den Fängen des organisierten Verbrechens und müssen nicht selten wie Sklavinnen zu Diensten sein. Sie sind zu einem Leben gezwungen, das oftmals sogar unter dem Niveau jener Sklaven der Antike liegt, die doch noch einen gewissen Wert für ihre Besitzer hatten und damit auch so etwas wie Status. Heute gelten Prostituierte längst als Ab*schaum* der Gesellschaft, was schon vom Wort her den Abstieg der Schaumgeborenen andeutet.

Liebesdienerinnen wie Kurtisanen und Geishas hatten – und haben es aus meiner Sicht immer noch – auch der himmlischen Liebe zu dienen und nicht nur primitiver Lust und schon gar nicht organisiertem Verbrechen. In dem Film *Sessions – Wenn Worte berühren*, der Verfilmung einer wahren Lebens-, Liebes- und Leidensgeschichte, spielt Helen Hunt die Liebesdienerin Cheryl, die tatsächlich noch den Lebensprinzipien von Eros und ansatzweise auch Venus dient, indem sie sie einem schwerstbehinderten Journalisten vermittelt, der einen großen Teil seines Lebens im engen Käfig einer eisernen Lunge verbringen muss. Sein Lebensglück beginnt, als ihm ein weitherziger Priester Gottes Zustimmung erteilt, der Liebesdienerin Cheryl zu begegnen, die ihm viel mehr als Sex, nämlich den Zugang zu einem behinderten, aber erfüllten L(i)eben (er-)öffnet. Dabei zielt sie eigentlich, ihrer modernen Berufsbezeichnung als Sextherapeutin entsprechend, auf Sexualität, kann sich aber der Erotik nicht entziehen und wird so zur Liebesdienerin, die ihrem Klienten neben Sex auch den Zugang zu berührenden Liebesgedichten schenkt.

Der Abstieg von Aphrodite-Venus und damit der Liebeskultur begann bereits in der Antike und setzt sich bis heute fast ungebremst fort. Die kindliche Amorgestalt ist ein sichtbares Zeugnis dieser Schande. Nur manchmal blitzt noch seine lichte Seite durch, etwa wenn die Anatomie den anmutigen Schwung der Oberlippe Amorbogen nennt, jenen Ort, den wir so gern und wohl am meisten küssen; die eingekerbte Mitte zwischen Oberlippe und Nase, das Philtrum, entspricht dem Bogengriff. Der Begriff stammt vom griechischen *philtron*, was Liebestrank und -zauber bedeutet. Manchmal kann diese Stelle jedenfalls solchen Zauber bewirken, und schön geschwungene Lippen stellen immer einen erotischen Schlüsselreiz dar.

Ein neuerliches Interesse an Liebeskultur regte sich im Abendland nach der Antike erst wieder im frühen Mittelalter mit der Minnebewegung. Allerdings klammerte sie den körperlichen Aspekt der Liebe ausdrücklich aus und konnte so Eros nicht mehr gerecht werden. Die Troubadoure schmachteten ihre angebeteten und rein platonisch geliebten Damen hingebungsvoll an, wollten und sollten ihnen aber keinesfalls körperlich nahe kommen. Das wäre einer Entweihung der Minne gleichgekommen, die eher Gottes- als Liebesdienst sein sollte und keinesfalls ein erotisches Fest. Die Troubadoure liebten in Worten, Versen und Melodien und schafften so statt einer Renaissance wirklich umfassender Liebeskultur eher einen frühen Vorgeschmack auf den deutschen Schlager. Die Schattenseiten des Lebens wurden genauso *peinlich und verschämt* vermieden. Da aber Frauen – wie uns die Wissenschaft heute belegt – mehr durch Worte als durch Bilder angeregt werden, bereiteten jene Darbietungen den höfischen Damen wohl doch große Freude. Männer stehen dagegen mehr auf Bilder, was sich heute in einer Flut von Pornofilmen niederschlägt.

Ende des 19. Jahrhunderts entstand mit der Karezza-Bewegung ein kleiner Wiederbelebungsversuch erotischer Praktiken, der sich gegen die indische, chinesische oder japanische Liebeskultur allerdings bescheiden ausnahm und letztlich nie großen Einfluss gewann. Für die Karezza-Methoden, bei denen unter Einschluss körperlicher Liebe eine Liebeskunst tantrischen Ausmaßes zum Leben erweckt werden soll, konnten sich nur wenige begeistern.

Außerdem wäre Eros nicht zufrieden gewesen, ging es doch nur um Zärtlichkeit und damit um Kuschelsex, was seinen Vater Mars aussperrte. Zudem brachten relativ strenge Regeln das Saturnprinzip und damit Stress in die Liebesbeziehungen und raubten ihnen damit genau jene Leichtigkeit und Freiheit, um die es den Gottheiten beziehungsweise Prinzipien der Liebe, Venus und Eros, gerade geht.

Spuren der Karezza-Bewegung finden sich bis heute mancherorts, etwa im Werk des Schweizers Werner Zimmermann, eines persönlichen Freundes Mahatma Gandhis, der in Thielle am Neuenburgersee 1934 einen Ort für eine freie Liebes- und Freikörperkultur gründete, der bis heute existiert, aber den geistigen Anschluss an seinen weitsichtigen Gründer allmählich verlor.

Für uns und unsere heutige Sehnsucht nach Erotik und für alle von *Shades of Grey* faszinierten Frauen wäre ausschließlich sanfte Zärtlichkeit, wie sie Karezza propagiert, keine Antwort. Inzwischen fehlt uns ganz massiv die von Eros' Vater Mars stammende Kraft und Energie bei der Erotik. Insgesamt gesehen, verfügen wir in der westlichen Welt über keine nennenswerte Liebeskunst und -kultur mehr. Beides ist heute eine exklusive, individuelle Angelegenheit. Der Mehrheit bleibt dadurch ein wichtiges Lebensprinzip und eine entscheidende Lebenskraft vorenthalten; sie zeigt sich ihr nur noch von ihrer Schattenseite.

EROTIK HEUTE

»Liebe ist alles, was unser Leben steigert, erweitert, bereichert. Nach allen Höhen und Tiefen. Die Liebe ist so unproblematisch wie ein Fahrzeug. Problematisch sind nur die Lenker, die Fahrgäste und die Straße.«
FRANZ KAFKA

SEXUELLE BEFREIUNG

Das Scheitern der 68er-Bewegung ist auch ein Abbild der desolaten Situation der Erotik. 1968 wollten wir den Kapitalismus mit Demonstrationen und Streiks stoppen und ernteten einen – in meinen Augen – heute völlig entfesselten Raubtier- oder Kasino-Kapitalismus, um es mit den Worten Helmut Schmidts zu sagen, eines damals harten Kritikers der 68er-Bewegung. Aber ob er bei allen Vorbehalten gegen die Ziele der 68er das wollte, was wir heute an Kapitalismus erleben und erleiden, ist fraglich. Die schnell fortschreitende Globalisierung auf dem Boden eines von allen Hindernissen durch sogenannte Deregulation befreiten Kapitalismus hat in Deutschland schon neun Millionen Seeleninfarktopfer hervorgebracht. Zwischen Burn- und Bore-out schuften und langweilen sich weltweit unzählige Menschen in einem immer schärfer werdenden Rattenrennen. Es bleibt den

Menschen in solchen Zeiten einfach keine Zeit mehr für Sinnliches und Sinnvolles. Eros für das Sinnliche und Jupiter für den Sinn, verlangen Zeit sowohl zum Spielen als auch zum Philosophieren.

1968 wollten wir obendrein die sexuelle Befreiung, beschäftigten uns mit Sexpol und lasen Wilhelm Reich, der die Verbindung von Politik und Sexualität studierte. Die Ikone der 68er aber war Uschi Obermaier, die sich in erster Reihe demonstrierend das T-Shirt von der hübschen – damals durften wir so etwas noch ungestraft bemerken – Brust streifte und so flugs, wie in dem Gemälde von Eugene Delacroix dargestellt, in die archetypische Rolle der revolutionären Liberté schlüpfte. Die junge Frau wurde durch diese eine Geste unvergesslich; die sexuelle Revolution hingegen ist heute so gut wie vergessen – jedenfalls in seelischer Hinsicht. Vielleicht erreichte sie die seelische Ebene bei den meisten auch gar nicht. Eine Schuldbewusstsein erzeugende Sexualerziehung war stärker und ist bis heute ein Hindernis auf dem Weg zu erfüllter Erotik. Es ist naiv, zu glauben, Schuld, Scham und schlechtes Gewissen seien heutzutage abgemeldet. Das Gegenteil ist der Fall, wie die Beratungspraxis beweist.

Vielen Menschen wurde Sexualität schon vor der Pubertät – in der Regel mit abstrusen Argumenten – angeschwärzt. In meiner Schulzeit verstiegen sich Priester bis zur irrwitzigen Drohung, Onanieren mache krank. Etwas, das ihnen verboten war, versuchten sie auch uns Jugendlichen zu verbieten oder wenigstens schlechtzureden. Für den Fall, dass wir ihre Verbote missachteten, was wohl praktisch alle taten – wenn auch mit schlechtem Gewissen –, schürten sie Krankheitsangst. Interessant sind zwei Fragen: Was wäre wohl aus uns geworden, wenn wir diesen kranken und krankmachenden Vorstellungen gefolgt wären? Und was hätte aus uns werden können, wenn wir ohne Angst und ohne schlechtes Gewissen zu sinnlicher Freiheit und erotischer Freude erzogen worden wären?

Bewusstsein für den Zusammenhang zwischen Gesundheit und gelebter Sexualität hatte sich nach der Antike erst wieder mit Freuds Psychoanalyse entwickelt. In der Studentenbewegung organisierten wir uns unsere sexuelle Befreiung selbst aus dem Gefühl, die gepredigte Sexualmoral sei und mache krank und unfrei. Das Ergebnis war wie gesagt weniger nachhaltig, als wir hofften. Noch immer haben zu Beginn des 21. Jahrhunderts viele Menschen ernsthafte sexuelle Ängste und Probleme, und nicht wenige erkranken daran.

Aus Sicht der Psychosomatik spricht heute alles dafür, dass Menschen mit erfüllter sinnlich erotischer Liebe, die ihre körperliche und seelische Lust in lebendiger und vitaler Sexualität ausdrücken, nicht nur körperlich, sondern auch seelisch gesünder sind. Vor allem aber sind sie glücklicher und ihr Leben erfüllter. Glücksempfinden und Erfüllung sind wiederum gesundheitsfördernd.

Das Sexual(er)leben der meisten bleibt aber geprägt durch diesen Zwiespalt von alten Ängsten und solchen gegenteiligen modernen Erkenntnissen, die sich zunehmend über Bücher und sogar Zeitungen und Zeitschriften verbreiten. So haben wir neben der Durchökonomisierung auch jene Durchsexualisierung der bürgerlichen Gesellschaft, woraus sich heute ein komplizierteres Kräftespiel ergibt. Zwar gilt nach katholischem Maßstab außerehelicher Sex selbst für Unverheiratete noch als Vergehen, andererseits findet er überall statt. Zwar erwartet man immer noch, dass jedes sexuelle Verhältnis rasch in die Ehe mündet, aber kaum jemand folgt dem.

Die Ehe als Institution scheint der Sexualität eher zu schaden, von der Erotik ganz zu schweigen. Sie geht in den meisten Ehen in einen Dornröschenschlaf über, und das verhindert die Chance zu himmlischer Liebe und sabotiert damit auch das Ziel der christlichen Ehe, die doch ein Sakrament ist und also zum Heil(igen) führen will.

Wir könnten uns fragen, warum trotz der äußeren Freiheiten, die sich immer mehr Menschen nehmen, egal was Sitte und Gesetz vorgeben, das Innere so vieler Menschen weiterhin so eingesperrt und verklemmt ist. In manchen Momenten wird das besonders deutlich. Nach ausgelassenen Feiern und unter viel Alkoholeinfluss entwickeln viele durchaus und unübersehbar erotische und sexuelle Lust. Am Ende der Feier gehen sie aber in aller Regel brav mit dem- oder derjenigen zu Bett, mit dem oder der sie keine (mehr) haben. Auf Dauer wirkt so etwas natürlich frustrierend. Da man sich bei der Eheschließung jede sexuelle Freizügigkeit zu verbieten hat, ist es aber meist die logische Konsequenz.

Andererseits geht es hier nun nicht um das Aufwärmen einer »sexuellen Befreiungstheologie« der 68er-Zeit. Sexfront hatte seine Zeit, aber heute können wir über das Kämpfen hinausgehen. Der bessere Lösungsansatz ist die Aussöhnung mit der eigenen Erziehung. Es gilt das bekannte Wort: »Herr, gib mir die Kraft zu ändern, was ich kann, die Gelassenheit zu akzeptieren, was nicht, und die Weisheit, das eine vom anderen zu unterscheiden.« In einer Zeit, in der wir von so unendlich vielen Ansprüchen, es gut und richtig zu machen, überrollt werden, wäre dies ein entlastender und damit wichtiger Beitrag zu einer zeitgemäßen Psychohygiene. Die Kraft, die man durch Versöhnung mit einer schwierigen, weil schattenreichen persönlichen Vergangenheit gewinnt, ist das größte Geschenk, um die Zukunft zu gewinnen.

Eine Lebensgeschichte macht diese Diskrepanz zwischen außen und innen sehr deutlich. Einer meiner Psychotherapiepatienten hatte nach eigenen Angaben Kindheit und Jugend der Zugehörigkeit seiner Eltern zu den Zeugen Jehovas opfern müssen. Von beiden Eltern von Anfang an in einem rigiden Muster eingepfercht, hasste er bald die Zeitschrift *Wachturm*, hielt sie aber *not-gedrungen* hoch. Nach auch noch verpasster Adoleszenz löste er sich aus seiner Zurückgezogenheit auf sich selbst; zuvor hatte er sich hinter dicken Abwehrmauern eingebunkert. Die äußere

Befreiungsarbeit Anfang der Dreißigerjahre seines Lebens schaffte er durch harte Schnitte gegenüber Eltern und Sekte rasch und schmerzhaft. Aber er verlor mit seinen Eltern auch sein gesamtes Umfeld und landete wirklich in der Fremde.

Die seelische Befreiung verlangte ihm wesentlich mehr Zeit und Geduld ab. Dass Pubertät und Adoleszenz praktisch ergebnislos vergangen waren, ließ sich nicht ändern, nur akzeptieren. Und natürlich ist es schwierig, solche Schritte in einem vergleichsweise (zu) alten Körper zu bewältigen. Wer Mitte dreißig Jungfrau im nicht astrologischen Sinne ist, hat es sehr viel schwerer als ein Sechzehnjähriger. Wut über verpasste Zeiten und Chancen und Hass auf seine hilflosen Eltern brachten ihn jedoch nicht weiter, und so begann ein Weg kleiner, mutiger, von Angst begleiteter Schritte. Schön war mitzuerleben, wie er – da die Basis so unverlässlich war – sich in seinen Seelenbilderwelten eine ganz neue Lebensgrundlage aufbauen konnte, die nicht nur erotische Liebeserfahrungen ermöglichte. Sie führte schlussendlich auch in eine freiere und erfülltere Sinnlichkeit, als sie sich die meisten Erwachsenen mit ihren Heimlichkeiten auf allen Ebenen, angefangen bei den Gedanken bis zu den Taten, leisten. Die späte Pubertät des Patienten bekam geradezu etwas erregend Witziges und herausfordernd Spannendes, und er erlebte ungewöhnlich reizvolle Situationen.

EROTIKKILLER ROUTINE

Wir sagen gern, dass Übung den Meister mache, aber wir werden dann rasch zu Sklaven der Gewohnheit. Solchermaßen irren viele recht hilflos durchs Leben, gleichsam gefangen zwischen Skylla und Charybdis. Diese beiden mythischen Felsen gefährdeten schon Odysseus' Lebensreise, und auch er entkam ihnen nicht, sondern hatte die von ihnen ausgehenden Gefahren zu bestehen.

Wir müssen das, was wir noch nicht kennen und können, üben. Langes Üben führt zum Können und dann eben rasch in Routine. Im Osten raten wahre Meister deshalb, immer Schülerbewusstsein zu bewahren oder, sobald man in irgendeinem Bereich Meisterschaft erlangt hat, woanders wieder zum Schüler zu werden, um lebendig und offen zu bleiben. Das aber ist leichter gesagt als getan. Hier gilt es, Zugang zu Ritualen zu finden und die entstandenen Gewohnheiten durch Bewusstsein in Rituale zu wandeln. Zen-Meditationen und -Künste etwa bringen Bewusstheit in das Alltagsleben; Beispiele sind das Sitzen im Za-Zen oder das Teetrinken in der Teezeremonie. In ähnlicher Weise können wir auch unser Liebesleben mit Ritualen wiederbeleben, indem wir zum Beispiel ein Liebesfest vorbereiten und es in bewusst gewählter schöner Umgebung feiern, mit passender Musik und kulinarischem Rahmen, mit Geschichten aus *Tausendundeiner Nacht* oder noch besser mit eigenen Ideen.

Ein ganz großer, sogar entscheidender Lust- und Erotikkiller ist sicher die Gewohnheit, die oft als lieb bezeichnet wird, die sich bei näherer Betrachtung aber eher als gefährlich erweist. Lieb ist sie uns anfangs, wenn wir uns aus der Unsicherheit des Nichtkönnens lösen und eine Herausforderung zu meistern beginnen. Dann aber droht schon bald die Routine. Wir vollbringen etwas mit immer weniger Bewusstheit, bis es schließlich gleichsam bewusstlos abläuft und damit allen Reiz verliert. Genau dies widerfährt der Erotik meist schon ganz zu Beginn der Beziehung. Das Spiel der Eroberung des neuen und damit fremden Partners ist durchaus spannend und herausfordernd. Wir sind hellwach, ganz Ohr und ganz Auge, also höchst aufmerksam und erfüllt vom verführerischen Duft des anderen, von Geschmacks- und Berührungssensationen, und wir spielen dieses schöne Spiel mit all der Hingabe und Leidenschaft, derer wir fähig sind.

Anfangs sind wir gespannt, schon beim gegenseitigen Ausziehen wird uns ganz anders; wir sind gleichsam verzaubert, und die

Zeit steht eigenartig still. In diesem Augenblick gibt es nur uns und den Moment der Erfahrung und des Erlebens. Unsere Lebendigkeit ist auf ihrem Höhepunkt, lange bevor wir sexuelle Höhepunkte erreichen. Die Sexualität mit diesem wundervollen Menschen ist neu; wir kennen und wir können sie noch nicht. Aber wir lernen die andere Person rasch kennen und schätzen, gewöhnen uns aneinander, an unsere Haut und unsere Vorlieben, erfüllen dem Partner alle Wünsche, wie er uns unsere. Im Gefühlsüberschwang gehen wir dabei vielleicht – hoffentlich – auch über eigene Grenzen hinaus, und das erfüllt uns mit einem Gefühl von Weite und Offenheit, das erregend und beflügelnd wirkt. Und während wir noch diese neue Freiheit und dieses so weit über den Alltag hinausgehende, erhebende Gefühl genießen, merken wir kaum, wie wir immer vertrauter werden und uns aneinander gewöhnen. Wir erwarten den Partner und warten auf ihn, was manchmal schon weniger erhebend sein wird.

Langsam und allmählich, während wir uns noch genießen und uns aneinander gewöhnen, entwickelt sich auch schon der Schatten des himmlischen Geschehens. Gewohnheiten schleichen sich ein und öffnen damit dem Gift der Routine Tür und Tor. Das Ausziehen übernimmt bald jeder selbst; es ist schon nichts Besonderes mehr. Die Nacktheit ist inzwischen gewohnt und vertraut, daher nicht mehr so spannend. Es gibt Sex, und beide wissen, wie es geht und wie sie kommen, und genau diesem eingespielten und gespurten Pfad folgen sie eine gewisse Zeit. Bald wird die Routine immer stärker, die Spannung immer geringer, und das Spiel hört auf. Es entwickeln sich routinierte Abläufe, und damit beginnt das Siechtum der Erotik. Auf diese Weise können wir auch unseren Beruf, genauso wie jede andere Beschäftigung zu etwas Fadem machen. Die gute Nachricht aber ist, dass Spiel und Spannung sich auch neuerlich inszenieren lassen. Sogar Altes, Missglücktes können wir so lange neu inszenieren, bis es zu uns und unserem heutigen Stand passt.

Die üblichen krampfhaften Versuche, das Nachlassen der Lust durch Selbstermahnung aufzuhalten, sind ohne entsprechende Werkzeuge von der Bewusstseinsebene, wie die erwähnten Rituale und Ausflüge in die Seelenbilderwelten, meist zum Scheitern verurteilt. Eros' Pfeile haben irgendwann mehr Macht als alle Moral, was oft zu Ausbrüchen von Untreue führt. Außerdem schläft die Erotik unter gegenseitigen Ermahnungen erst recht ein. Ein Spiel braucht das Spielerische und kann weder durch Moralpredigten noch Geld spannend gehalten werden – dies gilt im Besonderen für das Liebesspiel.

Es gilt allgemein als normal, wenn bei einem Paar die erotische Anziehung über die Jahre hinweg abnimmt. In solcher Situation ist es immer noch besser, damit gelassen umzugehen, als sich über die Forderung nach »Leistungsfähigkeit« weiter unter Druck zu setzen. Das könnte auch auf diesem Gebiet, das wesentlich mehr mit Kunst und Spiel als mit Arbeit und Leistung zu tun hat, für Entlastung von seelischem Überdruck sorgen. Natürlich werden Menschen, deren Beziehungen in dieser Phase mehr stecken als fließen, anfälliger für Eros' Pfeile. Dabei ist Eros aber weder hinterhältig noch böse, sondern eine Art mythische Kontrollinstanz der Beziehungslebendigkeit. Wenn sein Pfeil einen Menschen im erotischen Dornröschenschlaf trifft, wird er natürlich erwachen und seinem Leben vielleicht wieder neuen Schwung geben und aus der Routine ausbrechen. Dafür wird er von vielen konservativen Menschen gehasst und von einigen entwicklungsbereiten geschätzt.

LIEBESTECHNIK, LIEBESKUNST

Alles Neue muss erlernt werden und anschließend der Gefahr der Routine trotzen. Der junge Arzt beispielsweise ist bei seinen ersten Nachtdiensten im Krankenhaus heillos überfordert und froh um jede Routine, die sich mit wachsendem Können und dem Erlernen von Techniken einstellt. Hat er die ärztliche Kunst dieses Fachbereichs integriert, wird er es genießen, muss aber von nun an der Gefahr der Routine ins Auge sehen. Dies ist ein überall zu findendes Muster.

Jede Art von Verfeinerung, auch jede wirkliche Intensivierung bedarf ebenso der Übung, auch in der Partnerschaft. Je besser man den Partner und sich selbst kennenlernt, sowohl auf der körperlichen als auch auf der seelischen Ebene der Vereinigung, desto besser wird es im Bett »klappen«. Kunst kommt natürlich von Können, und nicht umsonst sprechen wir auch von Liebeskunst. Kunst setzt Technik voraus, ist aber mit dieser nicht zu verwechseln; sie lebt vielmehr von deren Anwendung im jeweiligen Augenblick.

Im medialen Feuerwerk der Durchsexualisierung des Alltags wird jede Praktik als machbar und erreichbar dargestellt, und die Redakteurinnen einschlägiger Illustrierten, die um das Elend eingeschlafener Erotik wissen, lassen Liebeskunst gern als Handwerk erscheinen. Aber zwischen Kunst und Kunsthandwerk klafft der bekannt große Unterschied, obwohl beides auf Technik aufbaut. Selbst Kaufhausmaler, die jene immer gleichen, beim Publikum so beliebten kitschigen Naturszenen im Akkord auf die Leinwand bringen, verfügen meist über beachtliche technische Fähigkeiten. Sie bleiben mit ihrer Kopierarbeit aber im Handwerklichen stecken. Dies steht im Gegensatz zu einem van Gogh, der vielleicht eine ganz ähnliche Landschaft aus den Tiefen seiner Seele holte – in jenem einen unwiederbringlichen Moment.

Ein Paar, das seine eigenen erotischen Bedürfnisse erkennt und sich zu ihnen bekennt, ist demnach viel besser gegen allgegenwärtige Routine gefeit, als eines, das Sex als eine Art Leistungssport nach Vorlage vollzieht. Das körperlich eher mühsame Erproben neuer und immer komplizierterer Stellungen bringt auf Dauer zwar äußere Abwechslung, aber trotzdem Langeweile mit sich, wenn es auf der Technikebene bleibt. Aber oft ist das in der materiefixierten Welt von heute der erste und einzige sogenannte Ausweg, der angeboten wird. Dagegen kann die von Angesicht zu Angesicht entstehende Nähe, während sie sich beim Küssen in die Augen schauen und – ineinanderliegend – im gemeinsamen Rhythmus schwingen, pure Erotik sein. Die inzwischen als langweilig bewertete sogenannte Missionarsstellung, in der ein Paar auch im übertragenen Sinn auf Augenhöhe Liebe macht und erfährt, kann durchaus ein lang anhaltendes, gleichermaßen intensives und sensibles erotisches Vergnügen ermöglichen. Wenn beide die Augen, diese strahlenden Sterne und wundervollen Fenster der Seele, weiter offen halten und sich intensiv im Moment des Kommens begegnen, mag ihnen sogar ein erotisches Wunder geschehen. Unsere natürlichen Augen-Mandalas können uns gleichsam in andere Dimensionen unseres Seins einweihen.

Erotik hat etwas spezifisch Menschliches und bringt damit Kultur in die Natur – ein weiteres charakteristisches Merkmal von ihr. Tiere haben offensichtlich Sex, während sie Erotik wohl nicht kennen. Andererseits könnte das ausufernde Liebesspiel der Löwen daran wieder Zweifel auftauchen lassen. Dass Tiere Philia, die Freundesliebe, kennen und für sie – im Notfall – sogar sterben, steht außer Zweifel und ist durch unzählige (be-)rührende Geschichten belegt.

Technik ist Können, und Kunst ist Können im jeweiligen Augenblick. Das Spiel der Erotik geschieht wie jedes andere Spiel in diesem einen Augenblick. Gute Spieler sollten Routine haben, sie aber nicht ausspielen, sondern sich im Spiel und das Spiel selbst in jedem Moment neu erfinden. Das macht uns an, vom Fußballmatch bis zur Bettgeschichte.

Erotik hat dabei sicher nichts mit Akrobatik zu tun. Wie viele Stellungen aus der indischen oder tantrischen Liebeslehre wir auch imitieren mögen, sie allein können es nicht bringen. All die erotischen Darstellungen des Liebesakts, die indische Künstler auf den Tempeln von Khajuraho in Stein verewigt haben, werden zwar nicht schaden, aber als rein körperliche Stellungen auch nicht viel für die Erotik in einer Beziehung bringen. Man könnte sie vielleicht als gemeinsames lustvolles Yoga spielerisch ausprobieren. Auf Dauer sind sie wohl für den durchschnittlich Gelenkigen ebenso anstrengend wie langweilig.

Erotik hat folglich auch nichts mit Alter und körperlichen Fähigkeiten zu tun, selbst bei Behinderungen bleibt sie möglich und sinnlich, wie wir in dem Film *Ziemlich beste Freunde* miterleben durften. Allerdings müssen Alter und Fitness oft als Ausrede herhalten, sich der Erotik zu entziehen. Wer sich schon jenseits der Vierzig beim Nachlassen körperlicher Beweglichkeit ertappt, steht vor der Entscheidung, sich weiter einrosten zu lassen oder seine Ernährung im Sinne vollwertig pflanzlicher Kost zu verbessern und sich Themen wie Erotik und Sex neu zu stellen. Ich habe viele Menschen erleben dürfen, die mit fünfzig beweglicher waren als mit vierzig, und andere, die mit dieser in jeder Hinsicht wichtigen Ernährungsumstellung mit sechzig ihr Rheuma und ihren Diabetes Typ 2 aufgaben. Ersteres ist ein Bewegungsproblem, hinter Letzterem liegen Schwierigkeiten, mit dem Blutzucker und damit der Süße im Fluss der Lebensenergie umzugehen. Erotik wäre hier ein Heilmittel, und beides lässt sich durch Krankheitsbilder-Deutung von seinem seelischen Hintergrund her verstehen. Auch um sein Blut und die Lebensenergie in Fluss zu halten, gibt es tatsächlich Besseres als Marcumar und ASS (Acetylsalicylsäure), nämlich Erotik und andere Formen fließender Lebendigkeit, wie sie das Flow-Prinzip beschreibt.

WEGE UND ABWEGE

Statt sich auf östliche Liebeskunst einzulassen und als Neo-Tantriker neue Lebensfreude zu finden, besteht in unserem Kulturkreis eher die Neigung zu schattenhaften (Ab-)Arten der Erotik, die hier (an-)gedeutet werden sollen, zumal auch sie zu einer Art erotischer Erfüllung führen können, wie *Shades of Grey* zeigte. Damit verlassen wir die bürgerliche Welt sexueller Normalität, in der Langeweile, Überdruss und Ratlosigkeit weitverbreitet sind, und wenden uns Bereichen von *schräger Lust* zu, die aber auch noch zur Normalität zu rechnen ist, jedenfalls wenn man es als normal ansieht, was die Mehrheit macht oder wobei sie gern zusieht, ob heimlich oder offen. Es geht also um eine Bestandsaufnahme der sexuellen Normalität unserer Tage und um Bereiche, in denen die Lust noch nicht abgestorben ist, sondern in Tabuzonen ausgelebt wird.

Seiten- und andere Sprünge im Gefäß der Ehe

Wolf Biermann sang es schon vor Jahrzehnten: »Was verboten ist, das macht uns gerade heiß.« Daraus ergeben sich erotische Standardthemen; Verbotenes bekommt offenbar ganz besonderen Reiz. Der Seitensprung ist hier wohl an erster Stelle zu nennen als kurzfristige Gelegenheit, aus Gewohnheit und Routine auszubrechen, die einziehen, sobald wir uns dieser Gefahr nicht bewusst sind und ihr nicht offensiv begegnen. Sexuelle Eroberungen sind schon allein durch den Reiz des Neuen spannend. Außerdem entsprechen sie einem alten Evolutionsmuster, bei dem Männer – auf den animalischen Spuren von Hirsch und Löwe – versuchen, Nummer eins in ihrer Gruppe zu werden und alle Weibchen zu befruchten. In diesem alten Muster, in das auch (arche-)typische Konkurrenzempfindungen hineinspielen, dürfte auch der Grund liegen, warum Verhütung trotz idealer Voraussetzungen heutzutage weiterhin vergleichsweise schlecht klappt. Immerhin kehrt der seitenspringende moderne Mann in eine (arche-)typische Position der Männlichkeit zurück; er erobert eine neue Frau hinzu.

Aus Seitensprüngen folgten – jedenfalls bevor sich das One-Night-Stand-Muster durchsetzte – oft Verhältnisse. Diese aber boten langfristig keine Lösung, da die gleichen Mechanismen wie in regulären Beziehungen drohten: Gewöhnung und Routine.

Einen mit den Nerven und Finanzen fertigen Patienten in dieser Situation, der zwischen Ehefrau in München und Freundin in Frankfurt pendelte, fragte ich zur Entscheidungsfindung, wo er sich denn am wohlsten fühle. Seine Antwort war entlarvend und fast witzig: »Auf der Autobahn dazwischen.« Auch die Figurmuster, die bei ihm eine Rolle spielten, waren (arche-)typisch: Seine Ehefrau entsprach dem Bild der schlanken Ranken, mit der er sich gut und gern zeigen konnte. Die Freundin war pummelig und entsprach in ihrer rundlich weichen Weiblichkeit seiner erotischen Vorliebe.

Alle drei waren unglücklich mit der Situation, die ihnen außer Verdruss und Unzufriedenheit wenig brachte. Nach der Rückkehr zur schlanken Routine blieb die Sehnsucht nach runder Lust. Als Argument für seine Entscheidung musste wie so oft das Wohl der Kinder herhalten, die aber an ihren grundsätzlich unglücklichen Eltern wohl weder Freude noch gute Vorbilder hatten.

Der Seitensprung offenbart oft ein weiteres interessantes Muster von Paaren, die schon lange zusammen sind. Obwohl sie meist schon länger keine Erotik mehr praktizieren und oft nicht einmal Sex, flammt mit dem Auffliegen des Seitensprungs doch plötzlich eine – auf den ersten Blick – unerklärliche Eifersucht auf. Wieso macht die Kenntnis davon ihn oder sie so verrückt, obwohl offensichtlich gar kein einschlägiges Bedürfnis mehr bei ihm oder ihr vorhanden war? Vielleicht ist es Neid auf das Besondere, das der Partner erlebt, oder einfach Besitzanspruch an ihn. Es offenbart sich eine Tendenz, auch dem Partner zu verbieten, was man selbst nicht lebt oder leben kann. Wenn Angst um eine Ehe oder Beziehung herrscht, obwohl sie nur noch auf dem Papier existiert, stehen oft auch Versorgungsansprüche einerseits und Existenzängste andererseits im Vordergrund. Mit Philia oder gar Agape hat dies nichts mehr zu tun, eher mit Missgunst und Ängsten. All das sind jedoch klassische Erotikkiller, wobei die Eifersucht weit im Vordergrund steht.

Das lieb gemeinte Bekenntnis, »Ich kann ohne dich nicht mehr leben«, ist deshalb mit Vorsicht zu genießen. Es könnte in Erpressungsversuche umschlagen, die bis zu Selbstmorddrohungen entarten: »Wenn du gehst, bringe ich mich um!« Was soll ein Mensch machen, der dies gesagt bekommt? Soll er sich erpressen lassen und (s)ein Leben neben dem Erpresser weiterfristen? Es wird dann aber nicht mehr sein Leben sein. Soll er gehen und den Erpresser seinem Schicksal überlassen? Soll man das eigene Leben opfern oder das andere gefährden?

Es handelt sich um eine Doppelbindung, die kaum lösbar erscheint. Aus meiner Sicht kann vor solchen Situationen einzig eine Lebensphilosophie wie die hermetische bewahren. Wenn beide sie teilen, wird es so weit nicht kommen. Ideal ist natürlich die Offenheit, Eros bewusst in die eigene Beziehung einzuladen, wenn er sich anfangs zeigt, und sich mit ihm zusammenzutun, sodass er gern bleibt.

One-Night-Stands

Der heute beliebter werdende One-Night-Stand ist immerhin ein Versuch, das ständig Neue und Überraschende zu kultivieren und mehr im Augenblick zu leben. Da solch eine Begegnung weder Geschichte noch Zukunft kennt, muss sie in der Gegenwart stattfinden und ist folglich ein Antwortversuch auf Gewohnheit und Routine und auf eine Gesellschaft, die völlig verspannt im Wenn und Aber statt ganz entspannt im Hier und Jetzt lebt.

Der One-Night-Stand verschafft der Sehnsucht nach Abwechslung und Neueroberung ein weites Feld. Allerdings bietet er als Lebensform so gar keine Sicherheit, was im Ernstfall dann doch frustriert. Wer sich telefonisch auf eine schöne gemeinsame Nacht vor zwei Wochen beruft, um akut Hilfe bei seiner schweren Grippe zu bekommen, mag durchaus enttäuscht werden. »Ich kann leider nicht vorbeikommen. Aber melde dich, wenn du wieder fit bist«, ist eine ehrlich machende Antwort auf dieses Ansinnen. Mehr ist in der Beziehung nicht drin. So bleiben nur die Vorteile des Neuen, Überraschenden und der ständigen Möglichkeit zur Eroberung. In Großstädten wie München, Frankfurt und Hamburg soll es bereits mehr Singles als Paare geben. Folglich dürften viele auf One-Night-Stands spekulieren.

In einem Seminar verteidigte kürzlich eine attraktive junge Teilnehmerin vehement den One-Night-Stand und ein Leben auf dieser Basis. Es erlaube ihr, im Augenblick frei zu leben und zu entscheiden, und es sei das Ende von schlechtem Sex. Denn wenn es nicht passe, könnten sie jederzeit abbrechen. Falls er nicht gut rieche und sich nicht waschen (lassen) wolle, sich ungeschickt anstelle oder es gar nicht könne, sei sie jederzeit so frei, es zu sagen und den Versuch zu stoppen. Wenn es schön sei, ließe es sich wiederholen, langweilige Routine sei ausgeschlossen, und jeder bliebe himmlisch frei und unabhängig. Nicht nur die anwesenden Frauen, auch die Männer hörten ihr mit offenem Mund zu.

Besenkammersex

Neben der Spannung, die ein Seitensprung verspricht, erhöht schneller Sex an ungewohnten und unbequemen Orten den Reiz des Verbotenen. Auch etwas Überfallartiges und Überwältigendes schwingt hier erregend mit. Lust und unbewusster »Befruchtungsdruck« werden so groß, dass sie sich einfach Bahn brechen (müssen).

Da leidenschaftliches, ungezügeltes Begehren und Begehrtwerden so starke Reize sind, mag darin ein Teil der Faszination für die »Überfallenen« liegen. Der Mann als »Täter« kann dabei seine Männlichkeit in rabiater Durchsetzung seiner – allerdings unbewussten – Befruchtungsinteressen als richtiger Hengst erleben. Das war es dann aber auch schon, es sei denn, *man* ist ein Promi wie Boris Becker und muss den ganzen Schatten in der

Diskussion über das Thema Samenraub bis zur öffentlichen Peinlichkeit ausbaden.

Der sportliche Seitensprung des erfahreneren, reiferen deutschen Fußballkaisers lief nach älterem Muster, und dieser hatte genug Renommee, um die ganze Aufregung mit dem Satz: »Der liebe Gott freut sich über jedes Kind« abzutun. Er wechselte ein weiteres Mal die Frau und brachte so neue Spannung in sein Beziehungsleben. Dieses Muster, einfach zur neuen Eroberung zu wechseln, muss *man* sich allerdings auch finanziell leisten können.

Bei Abenteuern wie Seitensprung, One-Night-Stand und Besenkammersex kehren der Mann als Eroberer und die Frau als begehrtes Lustobjekt in archetypische Rollen zurück, die lange Zeit das Zusammenleben unserer Vorfahren bestimmten. Kriegerische Seefahrer wie die Wikinger kannten wohl schon One-Night-Stands und ihre eigene Art von Besenkammersex, und die Frauen der Küstenländer waren ihre begehrte Beute. Aber darin waren sie nicht a- sondern archetypisch für alle Eroberungsheere früherer Zeiten, und selbst in der Gegenwart und sogar in Europa werden solche Tendenzen Realität, sobald Mars in primitiv kriegerischer Form freigelassen wird, wie bei den Kriegen auf dem Balkan anlässlich des Zerfalls Jugoslawiens. Massenvergewaltigungen waren an der Tagesordnung und zeigten diese rabiate Seite von Mars. Dessen Sohn Eros hatte hier keine Chance, obwohl er auch das Verbotene liebt, aber seine Pfeile sind weder brutal noch tödlich.

Der Kick des Verbotenen lebt auch von dem Reiz, sich über Widerstände beim Erobern von Neuland hinwegzusetzen. Dies ist ebenfalls ein Grundmotiv erotischer Abenteuerlust, und für Eros natürlich (arche-)typisch. Hinzu dürfte der heute sonst viel zu kurz kommende Spieltrieb kommen, der ihn sehr befriedigt. Sportler finden nach ihrer meist spielend verbrachten Karriere anschließend oft keine ausreichende Spielgelegenheit, was manche zum Weitermachen auf Altherrenniveau animiert. In der Erotik finden sie ein Feld, dessen andere Regeln sie erst wieder neu lernen müssen. Mit Eros' Vater Mars sind sie natürlich aus ihrer Karrierezeit sehr vertraut, mit seiner Mutter Venus oft deutlich weniger. Hinzu kommt *natür*lich der Tanz der Hormone, der ebenfalls mehr der Abwechslung und Durchmischung der Gene als bürgerlicher Ordnungsliebe und Gesetzestreue verpflichtet ist und ganz in Eros' Sinn für verrückte, illegale, geheimnisvolle und manchmal auch abwegige Be*fried*igung sorgt. Er befeuert eher den Aufstand als den Anstand. Darin liegt für Eros kein Problem, sondern es ist ihm ein Heimspiel, rebelliert er doch ständig gegen etablierte Ordnung und gute Sitten und hat mit Moral und Etikette nicht das Geringste im Sinn. Deshalb ist er so ungelitten und wird oft eher erlitten als genossen.

In diesem Sinne kann das Besenkammer-Phänomen auch auf dem Autorücksitz oder unter dem Hollerbusch stattfinden. Lauter unbequeme Lokalitäten, die aber mit dem Verbotenen und Ungewohnten, mit Mut und einer Spontaneität reizen, die keinen Aufschub duldet. Später im Bett ist es nur halb so schön und vergleichsweise spießig. Im Zugabteil den Boden zu betropfen ist andererseits schon wieder zu verrückt, verführerisch und unverschämt, vor allem angesichts der Entdeckungsmöglichkeit durch jederzeit kontrollierende Schaffner. Wenn er sie mit den Brüsten an die Abteilscheibe drückt und ihr dann den nahenden Bahnhof ankündigt, könnte das auch eine Mischung aus Angst, Auslieferung, Verlockung und Schamlosigkeit auslösen, die es in sich hat und an Eros denken lässt. Falls er ihr dann noch den Gedanken zumutet, bei einer allfälligen Kontrolle ihre Brüste kurz dem Schaffner zu übergeben, bis er die Karten gefunden hat, könnte das schon das Fass zum Überlaufen bringen. Den Verrücktheiten sind ja wenig Grenzen gesetzt – und all das wäre natürlich wieder in der Fantasie etwas bequemer zu haben oder jedenfalls zu üben als im realen Zugabteil.

Vielleicht ist vor diesem Hintergrund auch noch so etwas wie ein natürliches Appetenzverhalten in Rechnung zu stellen, das auf

Abenteuer drängt. Strebt nicht fast jede(r) bei jedweder Form des Genusses immer auch Abwechslung, Verfeinerung, Verbesserung und Steigerung an? Hier dürfte der Grund liegen, warum Frauen sich auf solche Abenteuer einlassen, die sie in der Regel gesellschaftlich teurer zu stehen kommen als Männer.

Die Evolution hat natürlich auch die Frau geprägt und ihr eingeprägt, sich immer für den Besten aufzuheben, um das Erbgut zu verbessern. Solche Evolutionsinteressen sind uns heute natürlich völlig unbewusst und auch egal. Aber sie wirken trotzdem und ziemlich ungebrochen weiter. Wir sind den Ahnen näher, als wir ahnen! Die Evolution spielt uns in dieser Hinsicht ständig Streiche, und zwar jedem Geschlecht auf eigene Weise. *Frau* ist also darauf aus, immer die besten Gene für ihre Kinder zu erobern, vom ersten Discobesuch bis weit nach dem Wechsel, auch wenn sie keinerlei bewussten Kinderwunsch hegt, sondern felsenfest vom Single-Dasein überzeugt ist. *Sie* wählt immer den besten verfügbaren Platzhirsch. Sind aber später noch vielversprechendere Gene im Angebot, ist sie durchaus spiel- und manchmal paarungs-, wenn auch oft gar nicht wechselbereit.

Einmal Jugend und zurück

Der weibliche Instinkt, den Besten zu wählen, könnte auch den modernen Trend befeuern, dass Frauen sich einen deutlich jüngeren Mann nehmen, wenn sie es sich beziehungsweise ihn sich leisten können. In der Wahl eines jüngeren Partners würden sie ein seit Jahrhunderten von Männern geübtes Verhalten nachahmen. Weibliche Hollywoodstars gehen heute dabei voran, von Madonna über Demi Moore bis zu Jennifer Lopez. Sicher spielt genau wie beim umgekehrten Fall des jungen Mädchens in den Armen des älteren, reiferen Mannes auch gesellschaftliche Ambition hinein. Wenn es den jungen Frauen schon um Geld und Anerkennung dabei geht, warum nicht auch den jungen Männern. Offensichtlich machen sie sich tatsächlich auch wieder aus dem Staub, wenn sie durch die Verbindung mit dem reiferen Star selbst ein bisschen bekannt geworden sind. Andererseits – die Zeit der Ehen bis zum Tod ist sowieso vorbei und die der aktuellen Lebensabschnittspartner angebrochen.

Es handelt sich um eine Art Kompensationsgeschäft. Für die berühmte, aber schon etwas ältere Diva ist es schön, sich als Toy Boy einen jungen, kräftigen Mann zu angeln und sich von ihm bespielen zu lassen, was obendrein Schlagzeilen bringt, auch wenn nach außen natürlich ein ganz anderes Bild gezeichnet wird. Da geht es mal wieder um die (in diesem Fall sexuelle) Emanzipation der Frau. J. Lo wehrt sich etwa gegen das »Gerede« über ihre Beziehung zu einem achtzehn Jahre jüngeren Tänzer. »Alter steht nur auf dem Papier und hat nichts mit den Gefühlen zu tun«, weiß sie. Ein Altersunterschied werde nur thematisiert, wenn die Frau älter sei als der Mann. Umgekehrt komme keiner auf die Idee, so etwas zu sagen. Im Gegenteil, man würde dem Mann sogar auf die Schulter klopfen. Da hat sie vollkommen recht. Im Übrigen können jüngere Männer bei reifen Frauen auch Erfahrung suchen und eine entwickeltere Form von Liebe, bei der sich Erotik und Freundschaft mischen und manchmal noch Mütterlichkeit hinzukommt.

Auf alle Fälle sind wir heute wesentlich länger lebenslustig und aktiv als unsere Vorfahren. Sie waren ab fünfzig alt; heute sind viele in diesem Alter geistig fit und körperlich in guter Form. Insofern hat sich der Zeitraum der Lust nach hinten ausgeweitet und das Alter diesbezüglich viel von seinem Schrecken verloren. Die längere Lebenszeit hat es verstärkt mit sich gebracht, dass Ehen geschieden und Lebensabschnittspartner gewechselt werden. Es ist im Zuge der Langlebigkeit eine neue Freiheit entstanden, und Zahl und Auswahl potenzieller Partner sind stark gestiegen. Früher waren die Leute schon bald alt, heute machen sie stattdessen, was sie wollen. Auch die Grenzen der Religion, der Nationalität und sogar der Hautfarbe sind gefallen. Wer hätte noch vor zwanzig Jahren geglaubt, wie selbstverständlich es einmal sein wird, in den USA einen schwarzen Präsidenten zu haben, in Rom einen deutschen Papst, der auch noch zurücktritt, um von einem Argentinier beerbt zu werden, in Deutschland eine Kanzlerin, in der Hauptstadt Berlin einen schwulen Bürgermeister, im Schwabenland einen grünen Ministerpräsidenten und sich so frei fühlende Menschen, die kreuz und quer zwischen den Nationalitäten und Religionen heiraten und Beziehungen eingehen, reife Frauen in ihrer Kraft, die sich die Freude junger Männer gönnen; reife Männer, die mit jungen Frauen die Lebensmitte genießen – ohne dass die Welt dabei untergeht. Die Globalisierung hat neben ihren wirtschaftlichen Schrecken einiges an Freiheit auf anderen Ebenen gebracht und unsere Möglichkeiten erheblich erweitert.

Konservative Männer, die gern die Zeit zurückdrehen wollen, führen oft als bio-logisches Argument an, die Variante »älterer Mann und jüngere Frau« sei fortpflanzungstechnisch und damit evolutions-logisch die bessere. Prominente Persönlichkeiten wie Charlie Chaplin und Anthony Quinn, die im hohen Alter noch Kinder zeugten, scheinen das zu bestätigen, aber letztlich geht es uns natürlich heute auch gar nicht mehr um Nachwuchs. Den adoptieren wir inzwischen sowieso oder erzwingen ihn medizintechnisch.

Scharen weniger bekannter Frauen, die sich neuerdings in der Karibik und an anderen fernen Urlaubsorten verwöhnen lassen, übernehmen lediglich ein Vorrecht, das sich Männer seit Jahrhunderten herausnehmen. Moderne westliche Damen zahlen für ihre karibische oder afrikanische Begleitung, wenn auch meist dezenter und einfühlsamer als Männer das in Bangkok oder Manila tun. Sie nehmen sich auch lieber einen passenden jungen Liebhaber für die ganze Zeit, statt andauernd neue. Dadurch kann Erotik ins Spiel kommen, wenn verspielte Athleten des Palmenstrands ihnen heiße Rhythmen nahebringen und es ihnen richtig schön machen.

Natürlich wäre eine Figur wie Christian Grey, die viele Vorzüge in sich vereinigt, wohl weiter die erste Wahl. In der Karibik etwa finden reifere westliche Damen in der Regel keine Versorger, sondern lediglich die richtigen Männer für den richtigen Rhythmus – vom Reggae bis ins Bett. Diese Typen bringen es noch, sind verspielt und potent, wenn auch nicht in materieller und gesellschaftlicher Hinsicht. Aber das macht im Urlaub nichts aus. Die Ferienreise zahlt sie in einer Art privater Entwicklungshilfe, und solange sie ihren Lover nicht mit nach Hause nimmt, bleibt auch alles in Ordnung. Andernfalls wird es meist enttäuschend, weil er oft lieber mit der Nachbarin Rhythmus macht, als den Hilfsarbeiterjob durchzuziehen, den sie ihm mühsam vermittelt hat. Instinktiv will er wohl bei der männlichen und ihn und sie ansprechenden Rolle des Bel Ami und Helden der Nacht bleiben und sich nicht auch so kaputtmachen (lassen) wie die einheimische Konkurrenz, die er – allerdings nur – im Bett so problemlos aussticht.

Nicht nur reise- und abenteuerlustige Frauen wollen starke und leidenschaftliche Männer auf der ganzen Linie. Doch diese werden im Zuge von Globalisierung und Emanzipation und des damit verbundenen Druckes hierzulande immer seltener. Warum also nicht die Bereiche trennen. Der österreichische Kabarettist Bernhard Ludwig sagt es direkt und überspitzt: »Eine gute Frau braucht heute mindestens vier Männer.« Nehmen wir diese Aussage einmal ernst. Wie wäre es, meine Damen, mit einem Mann für den finanziellen Rahmen, dazu mit einer Art Hausmeister für Alltagsprobleme, dann mit einer einfühlsamen Seele, so eine Art Therapeutenfreund, und schließlich noch mit einem richtigen Helden fürs Bett. Letzterer sollte dann einen tollen Körper haben, mit dem er auch umgehen kann; dafür könnte *frau* bei den anderen drei Herren diesbezüglich nachsichtiger sein. So wären alle entlastet, und Lebensfreude könnte die vorwurfsvolle Jammerstimmung ersetzen.

Selbstverständlich funktioniert solch ein Beziehungsmodell in unserer Welt nicht so einfach, denn wenn es im Beruf auch selbstverständlich ist, uns auf einzelne Bereiche reduzieren zu lassen, wollen wir dies im Privatleben keinesfalls. Manche Männer versuchen zwar schon lange ein ähnliches Zweiersystem, aber sie scheitern, dauerhaft eine Frau für den Alltag und eine andere für den Spaß zu finden. Selbstverständlich will die Frau für den Alltag auch den Spaß – und erstaunlicherweise die für den Spaß auch den Alltag. Ähnliches gilt für Versorger, Hausmeister, Kultur- und Bettfreund. Alle wollen alles sein. Dieser Wunsch ist auch natürlich und angemessen, denn das zumindest unbewusste Ziel ist ja, alles in einem zu sein – nur müssten wir uns eben auch bemühen, es darzustellen.

Aber es gibt noch eine Chance, wenn wir akzeptieren würden, dass die äußere Welt immer auch ein Spiegel der inneren ist. Dann könnten wir es üben, in unserer eigenen Seelenbilderwelt all diese verschiedenen Typen zu leben und sie uns gegenseitig *geben*, im Sinne eines (Vor-)Spielens auf den Fantasieebenen. Sie leben sowieso schon alle in uns – manche konkret, andere in der Fantasie. Wir bräuchten nur die innere Ebene wahr- und wichtig zu nehmen. Manches aus dem Fantasiereich könnte sich dann auch nach draußen durchsetzen, etwa wenn der gar nicht mehr vor Potenz strotzende Erfolgsmanager auch auf dieser Ebene wieder Oberwasser bekommt. Frauen haben das längst erprobt. Wenn sie *ihm* lange und hingebungsvoll genug Orgasmen vorspielen, bekommen sie sie mit der Zeit tatsächlich geschenkt. Auf der inneren Ebene ließen sich all die Probleme der äußeren Ebene vermeiden, angefangen bei Zeitproblemen, über Minderwertigkeitsgefühle bis hin zu Eifersucht. Wir könnten uns so in das Ideal hineinsteigern und dabei hineinwachsen, auf dass dessen Realisierungschancen auf der äußeren Ebene ebenfalls wachsen.

Im Übrigen haben alle Schattenseiten der Erotik auch ihre Lichtaspekte. Jungen vor und in der Adoleszenz könnten wundervoll von erfahrenen reiferen Frauen die Liebe lernen wie einst in den Tempeln der Aphrodite-Venus. Ähnlich haben viele junge Mädchen Lust und Freude, sich von erwachsenen, erfahrenen Männern in die Welt der Erotik einführen zu lassen. Selbstverständlich gibt es viel zu viel schrecklichen Missbrauch, aber dieser ist durchaus nicht immer gegeben, wenn beim Altersunterschied gegen das Gesetzbuch verstoßen wird, hierzu zwei Beispiele:

Ein Junge, wegen der frühen Scheidung der Eltern vom Jugendamt der besonderen Obhut der Klassenlehrerin unterstellt, lernte von ihr voller Begeisterung und hingebungsvoll viel mehr als vorgesehen und war damit über die Maßen glücklich. Als sie sich durch Versetzung abrupt aus dieser doppelten Lehrerinnenrolle zurückzog, erschuf er sich in seiner Fantasie eine ihr entsprechende, doch viel anmutigere und kompetentere Liebesgöttin, die auch viel weiterging und ihn in immer neue und noch spannendere Bereiche der Erotik und Sexualität einführte. Er ersparte sich dadurch einiges an Peinlichkeit, etwa die durchschaubare Phase der Angeberei seiner halbstarken Freunde, war Jahre später bei der ersten richtigen Freundin schon voll im Bilde und für beide eine Freude. Als er Jahrzehnte später eine Frau traf, die seiner Liebesgöttin aus der Fantasie entsprach, erlebte er eine wunderschöne Zeit mit ihr, erkannte aber, dass sie nicht die Frau seines Lebens war. Er blieb er auf der Suche nach ihr – dabei die Freuden der Erotik hingebungsvoll und doch entspannt genießend. Die auch rückblickend wunderschöne und extrem reizvolle Episode aus der Schulzeit mit seiner ersten richtigen Lehrerin blieb Jahrzehnte später in einer Psychotherapie als lebensbestimmende und im besten Sinne prägende Einführung bestehen und wurde als großes Glück erkannt.

Ein Sportlehrer wurde von einer wunderschönen kleinen Lolita dermaßen angemacht, aber auch angezogen, dass er aus der zu heißen und gefährlichen Wirklichkeit in Fantasien flüchtete. Ausschlaggebend war eine Situation, in der sie ihn nach einer

Turnstunde nur halb bekleidet in ungemein sinnliche Bedrängnis brachte. Statt die Grenze zu überschreiten, ging er – ganz für sich – auf der inneren Seelenbilderwelt auf sie ein und erlebte dort eine berauschende Liebesbeziehung mit ihr, in deren Rahmen er sie in die Freuden der Erotik einführte und diese mit ihr ausgiebig genoss. In der Realität widerstand er ihr auf charmante, aber bestimmte Art. Als sie ihn mit achtzehn – sie war inzwischen in eine andere Stadt verzogen – in einer tiefen Krise aufsuchte, konnte er ihr kompetent helfen, und Monate später feierten sie mehr als ein sehr schönes reales Liebesfest außerhalb der Gefahrenzone.

Beide Geschichte zeigen eine Bedürfnislage, in der die Gefahr bestand, gesetzliche Grenzen zu überschreiten. Die Karrieren beider Lehrer hätten leicht daran scheitern können. Beide Male wird aber auch die Fantasieebene als Ausweg und sogar Einweihungsweg in neue Bereiche deutlich. In einer Zeit, in der die Mutterrolle oft überfrachtet und die Vaterrolle vielfach zu kurz kommt, mag unbefriedigte Mütterlichkeit hereinspielen, wenn sich eine reifere Frau unsterblich in einen viel jüngeren Mann verliebt, während er spiegelbildlich für die erfahrene Frau und Liebeslehrerin schwärmt. Das mag eine Zeit lang durchaus befriedigend für beide Seiten sein und erlauben, bisher nicht Gelebtes nachzuholen. Der erfahrene Mann und die junge Frau oder gar der ältere Sugar-Daddy, wobei der Zucker hier für Geld steht, und das junge Mädchen erfüllen einen bekannten und fast schon akzeptierten Archetyp.

Da die Scheidungsraten in den Großstädten achtzig Prozent erreichen, könnten wir durchaus gnädiger sein, wenn wir Paare mit großem Altersunterschied vor uns haben. Wenn die Haltbarkeit sowieso nicht (mehr) groß ist und so viele von der lebenslangen Ehe zur Single-Existenz tendieren, macht es wenig Sinn, Beziehungen daran zu messen, ob sie für den Rest des Lebens Perspektive bieten. Es sei auch daran erinnert, dass nur wenige

Generationen vor uns sich kaum jemand einer langen Beziehungsdauer erfreuen konnte. Außerdem stehen wir nun einmal mehrheitlich nicht mehr in konservativen Lebenszusammenhängen wie einst die bäuerliche Mehrheit.

Hörigkeit, Hingabe und Risiko

Für viele gilt heute die rückhaltlose Hingabe der Frau an den souveränen männlichen Liebhaber als geradezu krankhaft. Damit droht aber auf dem schattigen Gegenpol die Lust auf das andere Extrem: Hörigkeit. Ausgerechnet Menschen der sich aufgeklärt, gebildet und emanzipiert dünkenden Kreise gehen in diese Falle, wenn sie die Schicksalsgesetze missachten. Die völlige Auslieferung an einen anderen Menschen hat offenbar etwas ebenso Faszinierendes und Verlockendes wie Abstoßendes und wird in unserer modernen, emanzipierten Gesellschaft natürlich auf das Schärfste verurteilt. Aber solch offizielle Reaktion hat noch nie Bedürfnisse der Seele, und seien sie auf den ersten Blick auch noch so unerklärlich oder peinlich, zum Schweigen gebracht.

Was ist eigentlich so schlimm daran, wenn beide es mögen und sogar genießen? Die hörige Frau ist heute natürlich ein Reizthema, der seiner Domina verfallene Mann eher eine Komiknummer. Dabei bekommen beide, was sie wollen, und das ist schon viel mehr, als die meisten von sich sagen können.

Frauen, die ihren Mann auf die eine oder andere Weise und jedenfalls auf wichtigen Ebenen in den Griff bekommen, träumen nicht selten von einem, der sich gerade das nicht und auch sonst nichts gefallen lässt, der sich vielmehr nimmt, was er will, ohne (viel) zu fragen. Hierher gehören Träume, aus einer alltäglichen Situation heraus von einem großen Unbekannten ungefragt und ohne Pardon genommen zu werden, von einer Vergewaltigung durch einen wundervoll starken Mann, der seine Lust einfach nicht mehr beherrschen kann. Träume, sich diesem überwältigenden Mann bedingungslos hinzugeben – natürlich nur, um das eigene Leben zu retten und dabei in den Orgasmus schlechthin abzutauchen.

Der anonyme Partner beinhaltet das höchste Risiko für die Frau, aber gerade deswegen stellt er wohl eine so große Verlockung dar, geradezu eine Befreiung von aller Vorsicht und Rücksichtnahme, von all den anerzogenen Bedenken und gesellschaftlichen Vorschriften. Sie will sich einfach Hals über Kopf in die archaische Welt zurückfallen lassen, in der es für *frau* noch so leicht war und sie einfach dem Stärksten (an-)gehörte. Aber der Schönste und Stärkste sollte es dann bitte schon sein!

Natürlich würde keine moderne Frau sich einfach ungefragt nehmen lassen wollen, höchstens vielleicht von dem Star, für den sie gerade schwärmt. Aber wie wäre es denn inoffiziell, im nächtlichen Traum, in einem Seminar voller prickelnder Erotik, in einer schummrigen Partyecke oder einfach irgendwo im Dunkeln? Was, wenn dort starke Hände völlig entgleisen? Was, wenn im Restaurant bei einem langweiligen Geschäftsessen plötzlich unter dem Tisch bayrische (Un-)Sitten des »Fußelns« ausbrechen? Welche Seite gewinnt dann, wenn es die unglaublich attraktive Frau von gegenüber, aber auch der umwerfend charmante Typ von schräg links wäre? Aber wer kann sich das (heute) eigentlich noch leisten? Hier ist der Schritt in den Gerichtssaal näher als der ins erotische Paradies. So bieten sich wieder die spielerischen Fantasieebenen für erotische Träume an oder konkrete Inszenierungen mit vorherigem gesichertem Einverständnis, was natürlich den Reiz schwächt.

Voyeurismus

Hinsichtlich der Inszenierung erotischer Fantasien lassen sich eine Menge Varianten anführen, die einer gewissen Stigmatisierung unterliegen, weil sie die heile Welt der bürgerlichen Wohlanständigkeit infrage stellen. Aber genau genommen »schaden« sie niemandem und sind offensichtlich so notwendig, dass Politik und Gesellschaft sie nicht nur tolerieren, sondern sogar decken. Zum Beispiel bevölkern Voyeure, die sich im Grunde gar nicht so recht an die Unterwelt und schon gar nicht an ihre eigene herantrauen, die Halbwelt. Sie lassen sich bei der billigen Variante in Peepshows erregen oder bei der teuren in Striplokalen und Nachtclubs anregen. Hier zieht sich eine hoffentlich schöne Frau für sie aus und entblößt sich zu lasziver Musik rhythmisch und himmlisch schamlos. Sie zeigt mit erotisierender Zeitverzögerung ihre schönsten Seiten und intimsten Körperlandschaften, und (bei) ihr wirkt das im Idealfall ganz natürlich statt peinlich. Peinlich fühlen sich wohl eher die in ihren Boxen vereinsamt vor sich hin onanierenden Voyeure.

Im Striplokal leisten sich vor allem betuchte Männer erregende Darbietungen von Nacktheit und zahlen mit sündhaft teurem Champagner dafür und für ihre Sünde. Denn als solche wird das Ganze wohl weiterhin erlebt – aber hier wird die Sünde bewusst und mit Lust gesucht. Die Faszination liegt einerseits darin, bei Verbotenem, das erregt, Zeuge zu sein, andererseits in der eingebildeten oder realen Macht, sich diese Frau, die sich so bereitwillig entblößt, auch nehmen zu können – was im Nachtclub wohl nur eine Preisfrage ist.

Ähnliches geschieht beim Pole-Dance. Eine schöne Frau räkelt sich an einer Stange, entblättert sich dabei und verbreitet die Illusion, wer sie sich leisten könne, dürfe sie auch haben. Manchmal ist ihre Darbietung noch mit beeindruckender Akrobatik vermischt, die vermittelt, dass sie bereit ist, sich für den jeweiligen Herrn in jeder Weise zu verrenken und jede alles offenlegende Position und Stellung einzunehmen. Vor allem kann jeder nun völlig schamlos hinschauen, wo er will, was sonst streng verpönt ist. Die Damen lassen es sich nicht nur bereitwillig gefallen; sie suggerieren sogar, es würde sie selbst reizen, sich willig und biegsam zu zeigen und für die Betrachter zu verrenken.

Beim Table-Dance servieren sich schöne Frauen gleichsam selbst und spielen und kokettieren mit ihrer Verfügbarkeit, was den an diesem Tisch Cocktails schlürfenden Voyeuren ein Gefühl von Macht über sie geben mag. Wer Geld hat, kann hier also zeigen, wie sexy ihn das macht, und sich nach dem Motto »Was kostet die Welt« bestellen, was und wen er will – so weit jedenfalls die Illusion.

All die Animierdamen in Bars, die Bunnys in Playboy- und Nachtclubs, die erst zum Trinken und dann zu weitergehenden Vergnügungen einladen und sich bei Bedarf umwerben, umschmeicheln und abschleppen lassen, präsentieren sich – selbst halb nackt – gut betuchten Männern, die es genießen, umworben zu werden. In einem Nightclub kann *man* sich, obwohl beliebig figürlich entgleist sowie ungebildet und unerzogen, von schönen jungen Frauen umschwärmen lassen und das Gefühl vermittelt bekommen, ein ganz besonderer und sogar liebenswerter Mensch zu sein. Aus dem größten Trottel wird ein scheinbar höchst anziehender Frauenschwarm; dass es den Damen nur ums Geld geht, wird bei diesem Spiel geflissentlich verdrängt.

Bei all diesen Situationen spielt der Umgang mit der natürlichen oder anerzogenen Scham eine entscheidende Rolle. Im Rotlichtmilieu setzen sich die dort arbeitenden Frauen frech über alle Schamgrenzen hinweg und zeigen sich in schamlos verbotener Weise. Sie brechen Tabus und trauen sich etwas; sie machen dadurch wohl auch verklemmten Voyeuren Mut, ein bisschen weiterzugehen, als sie es sich sonst trauen. So wird auch ein Gefühl von Freiheit entstehen, wenn *man* glaubt, sich nehmen zu können, wozu *man* Lust hat, und sich in abenteuerlichen Grenzbereichen zu bewegen, als sei *man* dort zu Hause.

Das Freudenhaus

Ob Puff, Bordell oder in Österreich Laufhaus genannt, ein Freudenhaus lebt von Kunden, die hier offensichtlich Befriedigung suchen und wenigstens ansatzweise finden, die sie anderswo nicht bekommen. Die halbseidene Unterwelt hat einen schlechten Ruf, doch sie übt Faszination aus; verbotener Sex ist spannend, und um sich dieser Szene zu nähern, sind Schamlosigkeit und Mut gefragt.

Die Herren spielen hier freiwillig und gern ein »gefährliches« Spiel, das sie erregt. Die Damen aber spielen nicht. Sie arbeiten und sind abhängig von der Nachfrage der Kunden, die oft keine ganzen Kerle sind, aber sich so aufführen, manchmal sogar extrem rüde. Auch sind sie manchmal mehr oder weniger brutalen und kriminellen, sie ausnutzenden Zuhältern hörig. Daneben gibt es heute einen großen Anteil von Opfern des Frauenhandels, der dem Sklavenhandel zuzuordnen ist. Schließlich zählt zu diesem Milieu eine größere Gruppe wirklich *Professioneller.* Diese Prostituierten sind inzwischen häufig gut organisiert, besuchen Tagungen, gehen konsequent ihrem Beruf nach und zahlen Steuern.

Huren herabzusetzen ist ein ebenso übliches wie ungutes Projektionsspiel. Dabei wird übersehen, dass die Freier und ihre weniger befriedigenden und meist auch wenig befriedigten Partnerinnen zu Hause in gewisser Weise auch dazugehören. Ein Freier bekommt in dem für ihn so gefährlich-faszinierenden Rotlichtmilieu eine Frau auf einer einseitigen Geschäftsgrundlage, wo er außer Geld nichts bieten muss und im Idealfall alles geboten bekommt.

Für Männer, die ihre Partnerin nicht oder nur mühsam befriedigen (können), ist das einerseits eine erhebliche Entlastung und anderseits Steigerung der eigenen Lustmöglichkeiten. Außerdem kann Anrüchiges und Verbotenes nun deutlich weiter getrieben werden als zu Hause. Eine Fülle von erotischen Spielen lockt zum Genuss, vom Blowjob bis zum Analsex; alles Dinge, die sonst in der bürgerlichen Welt wenn nicht verboten, so doch verachtet sind. Und Verbotenes macht erst recht heiß.

Vor allem aber schiebt sich erneut das Thema Macht in den Vordergrund. Clark Gable beispielsweise antwortete auf die Frage nach Beziehungen, er ließe nur noch Callgirls kommen, da könne er Anfang und Ende bestimmen. Der Freier ist im Freudenhaus einerseits wirklich ziemlich frei. Nicht nur kann er sich nehmen, wen und was er will, er hat auch fast alle Freiheiten, sofern das Geld reicht. Die von ihm gekaufte Frau ist per Geschäftsgrundlage unterwürfig und abhängig. Das wollte auch Christian Grey aus der *Schatten*-Trilogie mittels Vertrag auf gehobenem Niveau erreichen. Insofern tut sich hier – (meist) auf die Schnelle – ein Paradies für Männer auf, die mit Frauen, der Gattin, Freundin oder Geliebten, sonst kaum fertigwerden. Im Freudenhaus gibt es weder Gejammer noch Klagen, denn die Befriedigung der Frau ist gar nicht vorgesehen. Schuldgefühle werden so aber nur verlagert; sie betreffen zwar nicht die Hure, sondern beziehen sich stattdessen wohl weiter auf die unbefriedigte eigene Frau zu Hause.

Aber das ist alles nichts gegen den Reiz des Verbotenen und die Chance, mal richtig Mann und dominant sein zu können und sich geheime Wünsche erfüllen zu lassen. Warum sonst riskieren Promis wie Hugh Grant ausgerechnet in den bekannt prüden Vereinigten Staaten eine schnelle Nummer mit einer göttlichen schwarzen Prostituierten, die auch noch Divine Brown hieß – also an sich einer der begehrten Männer, die das doch eigentlich gar nicht nötig hätten? Hugh Grant lieferte fast eine Karikatur des Sünders ab und machte es der Polizei noch besonders leicht, ihn zu erwischen. Es wirkte geradezu, als wollte er auffliegen, drückte er doch, während er den Blowjob genoss, mit seinem Fuß erregt rhythmisch auf das Bremspedal, was symbolischer nicht sein könnte und über die roten Bremslichtsignale selbstverständlich Polizisten anlockte. Anschließend machte er das Beste daraus und bekannte sich gleich danach frank und frei in einer Talkshow zu seinem Ver- und Vorgehen. Liz Hurley, seine wunderschöne Model-Partnerin, verzieh ihm. Sie blieben weitere fünf Jahre zusammen, und er hatte neben dem Filmruhm nun auch noch einen Skandal, der ihm nicht schadete, sondern ihn noch bekannter machte. Promis, die sich ins Rotlichtmilieu involvieren, können stets mit dem voyeuristischen Interesse eines breiten Publikums rechnen, denn wenn sich brave Bürger schon nicht selbst auf diese dunklen, verdächtigen und verlockenden Pfade begeben, können sie immer noch ein gewisses Vergnügen aus der voyeuristischen Perspektive beziehen. Es entsteht ein Ventil für die verdrängte Energie eigener unerfüllter Sehnsüchte, selbst wenn man auf der Illustriertenebene hängen bleiben sollte. Das Huren- und Bordellthema ist zudem gar nicht so ein einseitig männliches, wie meist angenommen. In ihrer Fantasie und manchmal darüber hinaus spielen viele bürgerliche Frauen es selbst durch. Das Erregende daran ist für sie zum einen die dort zu erlebende völlige Unterordnung und damit das Wahrwerden dunkelster erotischer Schattenträume, zum anderen die Möglichkeit, erotische Macht zu erlangen, etwa als Domina. Bei dieser erotischen Inszenierung kann sie Rache nehmen und es einmal so richtig zurückzahlen – sogar mit der Peitsche in der Hand. In dem Film *Belle du jour* füllt eine bezaubernde Catherine Deneuve diese beiden Rollen unvergleichlich aus – als brave Hausfrau und Femme fatale.

Wie viel einfacher ließen sich all diese faszinierenden Aspekte des Freudenhauses in der Fantasie eines sich einigen Paares spielerisch durchleben, zumal wenn sich beide bewusst sind, dass all diese Anteile sowieso in jedem von uns stecken und nur auf Befreiung warten. Beim Spielen ließen sich sogar – beinahe im Sinne einer Schattentherapie – eigene Wesensanteile wecken, die bisher im Verborgenen schlummerten. Selbst die Sklavenrolle kann dann für einige großen Reiz entwickeln. Ob aber im geschützten Rahmen der eigenen vier Wände von der Fantasie inspiriert und unvergleichlich günstig oder unter professioneller Begleitung und teuer, beides könnte – Ehrlichkeit vorausgesetzt – zu einer Bewusstseinserweiterung nicht nur in erotischer Hinsicht führen und das Leben bereichern und erfüllter werden lassen – so es bewusst geschieht.

Sadomaso (SM)

Die Nähe von Lust und Schmerz ist ein heißes Thema, das wahrscheinlich jede(n) schon einmal gestreift hat. Ohne Frage beginnt die genitale Sexualität für Mädchen mit dem Schmerz der Entjungferung. Das Hymen muss zerreißen, damit der Durchgang für weibliche und männliche Lust frei wird. Lust und Schmerz begegnen sich auch bei der Geburt, jedenfalls zeugen persönliche Berichte einiger Mütter davon. Auch später können sich Schmerz und Lust verbinden wie im Land der *grauen Schatten*.

Eine Patientin, die in ihrer Kindheit von ihrem Vater übers Knie gelegt und auf den nackten Po gehauen wurde, bis er glühte, erlebte dabei die erste starke sexuelle Erregung, vielleicht sogar einen Orgasmus. Später konnte ihr Partner sie trotz einfühlsamen Vor- und Nachspiels nicht zum Orgasmus bringen. Das gelang nur, wenn sie zuvor ordentlich übers Knie gelegt wurde. Offenbar war ihre Lust an jene frühe Situation fixiert, in der sie sich absolut ohnmächtig gefühlt hatte. Als gestandene erwachsene Frau erreichte sie solche Auslieferung und damit auch Hingabe einfach nicht mehr. In der Regression konnte sie in ihrer Seelenbilderwelt jedoch sofort wieder Anschluss an diese Einweihung in die Welt der Lust finden. Das bewusste Spiel und neuerliche Durcherleben dieser ursprünglichen Lust-Schmerz-Situation als Erwachsene mit ihrem Partner – in beiderseitigem Einverständnis – brachte Entlastung und eine neue Verständnisebene zwischen beiden. Außerdem erlebte der Partner, der sich anfangs nur ihr zuliebe als »Schläger« zur Verfügung gestellt hatte, eine nicht geahnte Lust dabei, die auch sein Eigenbild veränderte und mit der Zeit zu einem Arsenal von Hilfsmitteln führte. Das Wort SM verursachte trotzdem noch einmal kurzzeitig Schrecken.

Eine gebildete, intelligente Frau, die vor lauter Arbeit und Kultur bis in ihre Dreißigerjahre wenig Zugang zur Sinnlichkeit gefunden hatte, erlebte plötzlich in einer neuen Beziehung den Wunsch, ihre Brüste geschlagen zu bekommen. Dabei empfand sie große Lustgefühle bis zu Orgasmen. Als sie vorsichtig und schamhaft, aber auch mutig und offensiv am Thema blieb, entdeckte sie eine Vorliebe für Fesseln und die Lust, gequält zu werden, vom Peitschen bis zum Durchbohren der Knospen ihrer Brust. All das eröffnete ihr eine sinnliche Welt der Erotik, die sie als Geschenk empfand.

Auf noch ganz anderer Ebene begegnete ich der Verbindung von Lust und Schmerz bei einem Patienten, bei dessen Untersuchung ich eine schwärende Wunde um fast den ganzen Bauch herum gleichsam nebenbei und gegen seinen Willen fand. Er kam wegen etwas anderem und wollte auf diese fürchterlich verpfuschte Wunde nicht weiter eingehen. Schließlich stellte sich aber doch heraus, dass sie absichtlich zugefügt und lange offen gehalten worden war durch einen sogenannten Quälgürtel, der nach innen Nägel als Dornenersatz hatte. Der Patient war Mitglied eines sehr einflussreichen katholischen Ordens und ertrug die Schmerzen im Andenken an die Qual seines Herrn offensichtlich mit Hingabe und einer gewissen Befriedigung, vielleicht sogar mit Lust, zu der er einem Außenstehenden gegenüber aber nicht stehen konnte. Grundsätzlich ähnliche Phänomene lassen sich bei religiösen Selbstgeißelungen vermuten, wobei offenbleiben muss, ob oder welche Art von Lust dabei empfunden wird.

Es steht außer Zweifel, dass Männer, die sich von einer Domina mit Kneifzangen und Peitschen, Fesseln und Knebeln bändigen und quälen lassen, dabei Lust empfinden. Auch sie wollen – ähnlich wie die entsprechenden Frauen – in der absoluten Auslieferung jemand Stärkerem begegnen, eben ihrer wahren Meisterin, und sich ihr ausliefern. Dazu passt auch, dass die meisten Männer, die eine Domina aufsuchen, gehobene gesellschaftliche Positionen bekleiden. Ihr Gott ist in diesem Fall weiblich, und sie soll ausdrücklich hart zur Sache gehen. Ihnen sei der Roman *Die Hütte* von William Paul Young[12] empfohlen, dort könnten sie ihr auf einer ganz anderen Ebene begegnen.

Die SM-Welt, mit Gewalt und Qual verbundene Inszenierungen, gehören für die meisten Normalbürger wohl eher verboten. Sie sind es natürlich auch, außer wenn beide einverstanden sind, denn wo kein Kläger, da kein Richter. Man fragt sich, warum jemand über solche erotischen Praktiken entsetzt sein kann, der davon gar nicht berührt ist. Wenn er aber entsetzt ist, hat er natürlich doch damit zu tun, und zwar in seiner Seelenbilderwelt und seinem Schatten.

Alle könnten von SM-Anhängern mindestens dreierlei lernen: Sie haben sich erstens geoutet, zweitens miteinander geredet und drittens verlässliche Absprachen getroffen. Das sind auch die durch nichts ersetzbaren Voraussetzungen, um in das Reich der eigenen erotischen Schatten einzutauchen. C. G. Jung sagte in aller Klarheit, dass Erotik Bezogenheit ist. Tatsächlich müssen wir wieder lernen, uns aufeinander zu beziehen, dazu gehören mutige offene und ehrliche Gespräche über uns und unsere Vorlieben und sichere, das heißt unbedingt verlässliche Abmachungen.

Schoßhunde und andere sinnliche Ersatzfreu(n)de

Die Liebe des Menschen zu seinen Tieren ist nicht erotisch gedacht, und Sodomie ist ihr Schatten. Dieses hässliche Wort ist für Schoßhunde und ihre Besitzer(innen) natürlich eine Zumutung. Zwar geht es hier um juristisch geahndeten Missbrauch, aber die Frage ist, ob der Hund tatsächlich leidet, wenn er Frauchen nicht nur die Hände leckt.

Zürich leistete sich – wahrscheinlich als einzige Stadt der Welt – einen Anwalt für Tierrechte, der solches nicht artgerechte

12 William Paul Young: *Die Hütte. Ein Wochenende mit Gott*. Allegria 2009.

Halten von Tieren verbieten lassen wollte. Diese Art von Zuhälterei ist jedoch schwer zu kontrollieren, vor allem wegen der frei fließenden Grenzen. Wäre die auf dem Schoß liegende schnurrende Katze, die diese himmlisch lebendigen Vibrationen verbreitet, nach strengen Maßstäben als Haustier überhaupt noch erlaubt? Müsste nicht auch das Vorführen von Tieren im Zirkus als ebenso wenig artgerecht verboten werden? Die Frage ist, ob wir selbst eigentlich noch artgerecht leben, wenn wir dicht gedrängt in Großstädten hausen oder wie Raubtiere Schling- statt Mahlzeit halten und uns kaum noch bewegen. Zürich hat den sicher gut gemeinten Versuch auch wieder eingestellt. Selbst in Zwinglis ehemaliger Hauptstadt will man die Bürger nun nicht mehr zu solchem Anstand zwingen. Er könnte sich höchstens sinnvoll von selbst ergeben, wenn derlei Ersatzhandlungen nicht mehr notwendig sind, weil sich Menschen untereinander aushelfen und zur Hand gehen.

Andererseits ist unser Leben voller Ersatz, und warum es uns schwerer machen als notwendig. Ersatz ist oft viel besser, als ersatzlos einsam und allein zu sein. Letztlich ist auch der Besuch bei Prostituierten und im Nachtclub ein Ersatz. Freudenmädchen ersetzen die eigene erotische Freuden vermittelnde Partnerin und Nachtclubs die animierende erotische Atmosphäre, die zu Hause fehlt. All das zu verbieten, wie es Puritaner immer wieder fordern, hat sich nie bewährt. Besser Ersatz als nichts, aber noch besser, sich vom Ersatz zum Eigenen zu bewegen, in der Fantasie oder konkret als Schritt zum echten prickelnden Leben. Wenn wir es darauf anlegen, können wir uns alle als pervers überführen. Aber wir haben die Projektionen der Inquisition eigentlich hinter uns und könnten gegenseitige Gnade vor verrückten Definitionen walten lassen.

Meine erste bewusst sinnlich-erotische Erfahrung machte ich als Kind mit einem Pferd. Als ich nach einem wundervollen Ausritt auf die Koppel der Freunde zurückritt, legte ich meinen Kopf an den warmen, schweißnassen Hals des Pferdes und spürte ein sehr warmes Gefühl in der Brustmitte, das sich über den ganzen Körper ausbreitete, auch nach unten. Meine freudianische Psychotherapeutin hatte – Jahre später – diese Episode aus meiner Vergangenheit ausgegraben und gleich nach weiteren Sodomie-Erfahrungen gefragt. Fury war auch noch ein Wallach gewesen, ein Eunuch sozusagen. Sollte ich mir deswegen noch mehr Sorgen machen? Es ist wahr, bis heute liebe ich Tiere und besonders Pferde, was meine Arbeit bis zu *Peace Food* (siehe Literaturverzeichnis) beeinflusste. Manchmal spüre ich das auch noch körperlich warm in der Brustmitte ...

Aber später ist mir nach diesem einzigen, aber doch einzigartigen tiererotischen Erlebnis möglicherweise noch Schlimmeres widerfahren. Nachdem ich meine Ambitionen auf eine Skikarriere früh aufgegeben hatte, bin ich einmal – noch voll trainiert – im tiefen Schnee zwischen den Zirben weiche Bögen ziehend, getragen vom glitzernden Pulverschnee, an einem dieser begnadeten Tage, an denen der Himmel noch blauer ist und der Schnee noch weißer und jungfräulicher, so gekommen wie noch nie zuvor, und ich habe diesen Orgasmus mit dem Schnee und dem Himmel, den Zirben und meinen damals noch langen phallischen Skiern lange genossen. Danach war ich irgendwie verändert und etwas verunsichert, auch als ich auf der Hütte in meiner Hose gar keine Spuren fand. Dort habe ich immerhin mal gesucht, da ich nichts Vergleichbares kannte und mir hier noch die nächste Erklärung zu liegen schien. Davon habe ich der Analytikerin sicherheitshalber später nichts mehr erzählt. Es hätte sie wahrscheinlich auch definitionstechnisch überfordert mit den Bäumen und den Skiern, dem Himmel und dem Schnee ... Da habe ich selbst Gnade walten lassen, wie auch bei meiner Einführung in die Welt der Erotik durch eine deutlich ältere, wundervolle Frau, die das auch nicht hätte dürfen, aber es zum Glück gewagt und mir geschenkt hat.

In Poona haben wir uns sogar zu mehreren geliebt und es *unverschämt* genossen. Obendrein waren wir dort alle irgendwie Ausländer und auch verschiedener Hautfarbe. Man hätte in diesem Zusammenhang früher von Orgien gesprochen oder gar von Rassenschande, und wir haben es auch noch gern und wiederholt getan. Und ich würde Ihnen, liebe(r) Leser(in), wünschen, Ihre eigenen sinnlichen Erfahrungen an den Grenzen gutbürgerlicher Enge gemacht und genossen zu haben.

Wir haben – wenn wir sehr ehrlich sind und noch unsere frühen und späten Fantasien hinzunehmen, was Christus in der Bergpredigt ausdrücklich anregt – alle(n) Grund, gnädig mit uns zu sein, und wenn wir schon dabei sind, auch mit den anderen so umzugehen. Dabei können wir uns – als Christen – Seiner Gnade sicher sein.

»Der Unterschied zwischen dem Heiligen und dem Sünder ist, dass jeder Heilige eine Vergangenheit hat und jeder Sünder eine Zukunft« – auf unnachahmliche Art bringt Oscar Wilde hier zum Ausdruck, dass wir uns vor jeglichem Urteilen hüten sollten, das den »Wert« eines bestimmten Lebenswandels misst. Im tiefsten Schatten lebt das hellste Licht. Der heilige Paulus begann als Christen-Massenmörder Saulus, und der heilige Franziskus war zuvor ein bekannter Schwerenöter. Wir dürfen also schon einiges erlebt haben, und das auch weiter tun.

Ausdrücklich sei an dieser Stelle – gleichsam als Kontrapunkt – betont, dass es im Rahmen der Polarität natürlich auch immer den Gegenpol gibt. Wundervolle erotische Erfahrungen rechtfertigen niemals brutalen Missbrauch, Inzest, Vergewaltigungen und all die Schrecklichkeiten an Gewalt, die für mindestens einen der Betroffenen entsetzliches Leid bedeuten. Beide Pole existieren, sie beschönigen und sie rechtfertigen sich nicht. Je mehr wir allerdings vom erlösten Pol erfahren und erleben, desto weniger wird der unerlöste notwendig. Das zeigt eindeutig die Erfahrung.

Spannende Varianten für mutige Paare

Sich freien und sich freuen, sich fesseln auf allen Ebenen, die Sinnenfreude vermitteln, durch anregende Gespräche, anmachende Geschichten oder konkrete Handschellen, warum eigentlich nicht? Sich freien, könnte meinen, sich so frei sein lassen, sich das Leben zu gönnen und zu nehmen, so frei, wie es die eigene Vorstellungswelt hergibt und erlaubt. Frisch, frei und fröhlich könnten wir Sinnenfreuden genießen mit dem Ziel, zur letzten größten Freude vorzudringen, zum Einswerden mit der Schöpfung. Sich frei(lass)en und sich binden – konkret und im übertragenen Sinn –, beides kann in der polaren Welt der Gegensätze befreiend wirken und Sinnenfreuden schenken. Was hindert uns, Anstößiges und Verbotenes gemeinsam zu genießen, außer der eigenen durch Erziehung entwickelten Zensurbehörde des Über-Ichs.

Der italienische Film *Ages of Love* mit einem frechen modernen Eros, der seine Pfeile in alle Lebensalter und Richtungen verschießt und damit Verwirrung, aber auch Lebendigkeit und Leben verbreitet, kann das vermitteln. Er beschäftigt sich mit der Liebe in drei Lebensstadien – Jugend, Lebensmitte und Alter – und zeigt, wie gefährlich, anmachend und erfüllend zugleich sie sein kann. Da gibt es eine wunderschöne Frau, die Psychiater wohl als Nymphomanin abstempeln würden, die einen jungen Anwalt herausfordert und vernascht, während sie sich von einem reichen Schlossbesitzer aushalten lässt. Dem Junganwalt verhilft sie zu einer ehrlicheren Haltung sich selbst gegenüber in seiner Partnerschaft und zu einer menschlicheren in seiner Arbeit und zum Leben, gerade durch den durchlebten und genossenen Seitensprung.

In der Lebensmitte gibt es die wunderschöne, an einer bipolaren Störung leidende Frau, die in ihrer Euphorie einen renommierten Journalisten und Spießer zurück ins Leben holt und schließlich sogar zu Erpressung greift, um ihn aus seinem muffigen Alltag zu erlösen und seinem Leben nochmals eine neue Richtung zu geben. Auch wenn er schließlich in Afrika Entführern in die Hände fällt, wenigstens lebt und spürt er sich wieder und erfährt echte Angst statt des ängstlichen Theaters um seine überkandidelte lieblose Frau und die ebenso *abgedrehte* Tochter.

Und da ist der bezaubernde alte Professor für Altertumskunde, der nach seiner Herztransplantation ein neues Leben in Rom, der ewigen Stadt, versucht, weil es mit dem neuen Herz und der alten Frau nicht mehr klappte. Er hilft einer wunderschönen jungen Stripperin und lernt von ihr Striptease und sich neu zu verlieben. Er bekommt seine zweite Chance mit seinem neuen Herz und nimmt sie spontan wahr. Durch seine familiäre Befreiung von seiner ersten Frau und seinen großen Sprung nach Rom fühlt er sich frei, neue Freunde zu finden, wie den Hausmeister seines Mietshauses und dessen Tochter, die abgestürzte Stripperin, und ist so frei, seinem zweiten Leben neuen Sinn, wundervolle Liebesfeste und sogar noch ein Kind zu schenken, dem er sehr bewusst Vater und Großvater zugleich ist. Eine *Pretty-Woman*-Neuauflage also in doppelter Hinsicht: Der reiche alte Professor nimmt die arme junge Stripperin zu sich (hoch) und macht sich selbst und seinem Leben damit das größte Geschenk.

Drei verschieden verrückte L(i)eben, von Eros selbst mit modernem Sportbogen in Szene gesetzt, sodass die Zuschauer sich jederzeit der Gefährlichkeit und Treffsicherheit seiner Pfeile bewusst sind. Fazit: Amor l(i)ebt in der ewigen Stadt, aber auch in allen anderen, und er schaut als Gott der Liebe auf alle Menschen.

Vom Duett zum Quartett

Viele Männer träumen von der Liebe zu dritt, von einer Liebeserfahrung mit zwei Frauen, und viele Ehefrauen vielleicht davon, dass er einmal einen netten Freund mit nach Hause bringen möge. Allerdings ist es für die meisten Männer leichter, sich zu zweit mit einer Frau zu amüsieren, als allein mit zwei Frauen *fertig zu werden*. In jedem Fall wäre Eros sofort und heftig mit im Spiel, und die Sinnenlust könnte zu neuen Höhen finden. Bei gemeinsamer Offenheit würde dadurch die eigene Beziehung durchaus wieder spannender und erotischer, und anschließenden Fantasien könnten sich Türen und Tore öffnen.

Bereits das normale Spiel mit der Erotik an den Grenzen des Erlaubten weist in solch eine Richtung. Einen betont kurzen Rock anzuziehen, den *sie* dann ständig herunterziehen muss, macht nur in erotischer Hinsicht Sinn, wie auch die einen Knopf zu weit geöffnete Bluse, die mehr ahnen und auf mehr hoffen lässt. Dieses Spiel in inneren und vielleicht auch einmal äußeren Bildern weiterzuführen würde Eros natürlich einladen und sinnliche Abende garantieren. Ein dramatisch herabrutschender Abendkleidträger kann sogar oft noch den eigenen Mann, wenn nicht verunsichern, so doch anregen.

Sich solch ein Vergnügen mit einem anderen passenden Paar zu erlauben ist ebenfalls nicht verboten, jedenfalls nicht vom Gesetz, sondern höchstens von der eigenen Erziehung und der daraus erwachsenen Zensurbehörde. Der animierende französische Film *Malen oder Lieben* zeigt solch einen Ausweg aus der Falle der Langeweile, die sich einstellte, nachdem die (Aus-)Wirkungen von Eros' frühen Pfeilen verflogen waren: Ein sympathisches Paar, dessen Tochter gerade flügge geworden ist, folgt nur noch dem Alltagstrott. Sie malt und fühlt sich doch frustriert und perspektivlos; er malt nicht einmal. Eines Tages wird sie vom blinden Bürgermeister des nahen Dorfes auf ein zum Verkauf stehendes verfallenes Bauernhaus hingewiesen. Das alte Gemäuer fasziniert sie so sehr, dass sie noch am selben Abend ihren anfangs widerwilligen Mann dorthin führt. Der erlebt einen sinnlichen Impuls und beschließt, bezaubert und für sie unerwartet, das Haus zu kaufen und so aus seiner Wohlstandslangeweile und Lethargie aufzutauchen und auszusteigen. Mit der Wiederbelebung des Hauses kommt auch wieder Leben in ihre Beziehung, und alles erscheint heller und schöner.

Der blinde Bürgermeister und seine Frau haben eine vitale und attraktive und dabei sehr sinnliche Ausstrahlung. Er riecht und spürt das Leben, das er nicht mehr sehen kann. Irgendwann verführt seine sinnliche Frau Eva (!) die Malerin zu einer Aktstudie von sich, und als das Haus der Bürgermeisters abbrennt, lädt das Paar den Bürgermeister und seine Frau zu sich ein, und sie werden bald von deren guter Stimmung und lebendigen Ausstrahlung geradezu abhängig. Ohne es so recht zu merken, richten sie ihr Leben auf die beiden als neuer Quelle von Lebendigkeit aus. Als sich schließlich eines Abends eine Erfahrung von Partnertausch anbietet, gehen sie sofort darauf ein, und sind danach – anstandshalber – von sich und ihren Freunden entsetzt. Aber schon bald, als sie die beiden neuen Lebensspender zu verlieren drohen, merken sie, wie fasziniert sie sind, und folgen ihnen sogar bis in die Karibik. Ihr Leben bekommt neuen Schwung, und eine viel offenere Resonanz lässt sie neue Erfahrungen machen, die äußerlich bis auf die andere Seite der Welt führen und innerlich zu neuen sinnlich-erotischen Abenteuern, die ihr Leben wieder spannend und wie neu machen.

Swingerclubs

Swinger sein, das lässt vom Wort her ein fröhlich schwingendes Leben anklingen. Jedenfalls sind entsprechende Orte des organisierten Partnertausches für viele Paare zu einer anregenden Spielwiese geworden und in jeder größeren Stadt zu finden. Dies spricht für ihren Bedarf und vielleicht sogar für ihre Notwendigkeit. Sowohl konkret als auch im übertragenen Sinn bringen sie Abwechslung in das Leben und lassen Assoziationen an Orgien und ein sinnlich ge- und erfülltes Leben aufkommen.

All diese Situationen können auf der inneren und äußeren Ebene er- und durchlebt werden, und wer sich bewusst macht, wie gering der Unterschied zwischen beiden ist, kann sich freier und entspannter dem Genuss erotischer Spiele hingeben.

Homosexualität

Homosexuell sind elf Prozent der Weltbevölkerung. Das Schattenhafte entsteht hier erst durch den Akt der Stigmatisierung, was bei kaum einem anderen »Abweichen von der Norm« so deutlich wird. Einige Male wurde ich gefragt, warum Homosexualität nicht in meinem Buch *Krankheit als Symbol* (siehe Literaturverzeichnis) vertreten sei, und darum gebeten, es doch bei der nächsten Auflage nachzuholen. Aber das wird sicher nicht geschehen, denn dabei handelt es sich um ein Nachschlagewerk für Krankheitsbilder, zu denen die Homosexualität einfach nicht gehört. Sie von der Liste der Krankheiten zu streichen war einer der entscheidenden Heilungsakte der WHO. Dadurch wurden mit einem Federstrich etwa 700 Millionen Menschen »geheilt«, also jene elf Prozent der Weltbevölkerung. Leider vollzieht die Mehrheit der Bevölkerung diesen Fortschritt noch immer nicht ganz mit. Der Grund liegt mal wieder in der Angst vor eigener Mitbetroffenheit.

Da es so viele überwiegend homosexuelle Menschen gibt und noch viel mehr Menschen einen mehr oder weniger hohen homophilen Anteil in sich haben, ist Homoerotik ein Thema, das extrem zur Projektion herausfordert. In Ländern wie Uganda versuchen islamische Fundamentalisten sogar immer wieder, die Todesstrafe für Homosexuelle durchzusetzen. Aber auch die jüngsten Missbrauchsskandale in der katholischen Kirche könnten uns zeigen, wie nahe uns dieses Thema kommt.

Ohne den Hintergrund der Projektion ist rein logisch nicht zu erklären, warum homoerotisch veranlagte Menschen so viele Aggressionen auslösen und abbekommen. Warum sollten vor allem Hetero-Männer etwas gegen Schwule haben? Denn diese sind in der Regel takt- und gefühlvoller, stilsicherer und oft charmanter, mehr an Kultur interessiert und trotzdem völlig außer Konkurrenz, wenn *man* sich um eine Frau bemüht. Ich verstehe mich bestens mit Homosexuellen. Man kann sich zum Beispiel mit ihnen auch während einer Fußball-WM über Dinge jenseits von Sport unterhalten, sie zerdrücken im Kino nie Bierdosen, rülpsen dort und auch sonst nirgendwo laut, strecken ihre Füße nicht bis in die vordere Reihe, und wenn, wären sie wenigstens gewaschen. Sie können sich in der Regel nicht nur benehmen, sondern tun es – mehrheitlich – auch mit einer gewissen Freude.

In der Antike galt Homosexualität und sogar Knabenliebe (Pädophilie) als völlig normal und respektabel. David Bowie, bekennend bisexuell, hat einmal sehr schön und selbstbewusst davon erzählt, wie froh er sei, beide Geschlechter erotisch lieben zu können, da habe er die doppelte Auswahl. Ähnlich habe ich es von bisexuellen Frauen gehört. Bis zu der Erkenntnis, dass Bisexuelle im Grunde zu beneiden seien, hat unsere Gesellschaft jedoch noch einen langen Weg vor sich. Aber die Hoffnung stirbt ja zuletzt.

Langjährige Erfahrungen aus der Schatten-Therapie beweisen, dass Menschen, die aggressiv auf Homosexuelle reagieren, einen hohen, ihnen unbewussten Anteil daran in sich tragen. Wenn sie im Außen Homosexuelle bekämpfen, ist das ein Stellvertreterkrieg gegen ihren eigenen geleugneten homoerotischen Seelenanteil. Wie immer bei Projektion ist es sehr viel besser, die außen bekämpften »Feinde« als eigene Seelenanteile anzuerkennen, anzunehmen und daran zu wachsen.

Die »Welle« schwuler Bürgermeister verschiedener politischer Couleur in deutschen Großstädten hat sicher einiges bewegt, auch das Coming-out etlicher Prominenter. Ein noch immer völlig tabuisiertes Thema ist dagegen die Homosexualität im Profisport, einer Hochburg der Leistungsgesellschaft. Viele weibliche Fußballprofis bekennen sich immerhin zu ihren lesbischen Neigungen, während der Männerfußball dagegen eine der letzten Enklaven extremer Homophobie darstellt. Die psychologischen Hintergründe bei solch typischen Männerritualen liegen wohl im übersteigerten

Mannsein-Wollen, das mit diesen verbunden ist, und wären bei Boxen und Kampfsport wohl noch deutlicher als bei Fußball. In diesem Zusammenhang erzählt ein anonym bleibender deutscher Bundesliga-Kicker über seinen Spagat zwischen Homosexualität und Spitzensport, im Jugendmagazin *fluter*. Ein offenes Bekenntnis ließe ihn um seine Sicherheit fürchten: »Fußballer sind das männliche Stereotyp schlechthin. Sie müssen Sport lieben, aggressiv kämpfen und gleichzeitig das große Vorbild sein. Schwule sind das alles einfach nicht. Punkt.« So lebt dieser Profi ein Doppelleben, zum einen als heterosexueller Vorzeigespieler, zum anderen als ganz normaler Schwuler – keine einfache Situation. Dabei sei er bei Weitem nicht der einzige Spieler der Bundesliga mit einer Vorliebe für Männer. Ein Coming-out hat bislang noch keiner gewagt. Dabei läge natürlich gerade darin die Chance, auch größte Dumpfbacken unter den Fans zu Einsicht und Bewusstseinserweiterung zu verführen.

Das gleiche Thema bei Frauen, die lesbische Liebe, ist eher noch mächtigeren Tabus und Vorurteilen unterworfen, allerdings gehen Frauen in der Regel viel geschickter damit um. Der griechische Inselname Lesbos mag verraten, wie viel bessere Zeiten auch diese Spielart der Liebe schon gesehen hat.

Alle Lesben in den Sammeltopf Kampf-Lesben zu werfen und mit dem Vorurteil, sie seien männlich und damit unattraktiv, zu traktieren ist alles andere als angemessen und realitätsnah. Weiblich wirkende Männer werden zwar eher als sympathisch empfunden als männlich wirkende Frauen. Aber Vorurteile sind am besten als solche zu entlarven. Die smarten beiden deutschen Vorzeigefrauen Anne Will und Miriam Meckel könnten dabei als Anregung dienen.

Aufgrund meiner Therapeutentätigkeit weiß ich, dass sehr viele Frauen Erfahrungen mit Frauen haben, ohne deswegen überwiegend lesbisch zu sein. Auf die Frage nach ihren Möglichkeiten des Loslassens und ihrer Orgasmusfähigkeit antworten nicht wenige sinngemäß: »Mit meinem Mann geht es nicht, aber selbst kann ich es schon. Mit dem Duschkopf geht es super, und mit einer Freundin hat es auch sofort geklappt.«

Lesbische Einzelerfahrungen oder auch Intermezzi sind offenbar bei Frauen viel häufiger als homoerotische Abenteuer bei Männern, bei denen das Thema wesentlich angstbesetzter ist. Frauen leben den – von mir auch bei Männern vermuteten – fließenden Übergang zwischen den Extremen nur viel heimlicher und genussvoller und damit erotischer. Das eine Extrem ist die völlig lesbische Frau, die nie einen Mann anrühren würde, und das andere die völlig heterosexuell orientierte Frau, die sich gar nichts aus Frauen macht und keinesfalls Liebe mit einer erleben will. Dazwischen gibt es aber offenbar alle Übergänge – und wahrscheinlich trifft dies auf beide Geschlechter zu. Bei Männern gibt es einerseits die völlig heterosexuell Gepolten, andererseits die völlig homosexuell Orientierten – doch mit jeder Menge Spielraum dazwischen. Und selbst sehr »hetero« veranlagte Männer wie ich, können es immer noch erotisch finden, wenn der junge Brad Pitt in *Legenden der Leidenschaft* so locker und weich und zugleich kraftvoll aufs Pferd springt.

Lesbische Frauen verbinden in der Regel all die Vorzüge, die ich schon für homosexuelle Männer angeführt habe, mit den weichen, fließenden Formen weiblicher Leiblichkeit. Wieso sollte gelebte Erotik da nicht wundervoll sein? Wem sollten sie schaden oder gar etwas tun? Wer negativ von ihnen denkt, projiziert mit Sicherheit. Was gäbe es im Übrigen Schöneres als zwei weibliche Körper, die sich in sinnlicher Liebe geschmeidig umeinander winden?

Amors ziemlich beste Feinde?

Sex mit Behinderten oder assistierter Sex fällt in eine der stärksten Tabuzonen überhaupt. Behinderte werden – wo immer möglich – aus dem Blickfeld geräumt, weil sie uns an unsere eigenen

Behinderungen erinnern. Letztlich ist jeder Mensch irgendwie und auf irgendeinem Gebiet behindert. Im Vergleich zu Delfinen sind wir alle im Wasser behindert, zu Pferden beim Laufen, zu Vögeln beim Fliegen. Unser Unbehagen darüber projizieren wir zwar nie auf die Tiere, aber fast immer auf behinderte Menschen. Wir strafen sie damit dafür, dass sie etwas nicht können, das wir gerade einmal zu können glauben. So einfach, so primitiv.

Der Gedanke, dass auch Behinderte erotische Sehnsüchte und Wünsche haben, ist für viele schwer erträglich. Es ist, als ob sie sich in gefühltes Feindesland begäben, was natürlich nur auf diejenigen zutrifft, die sich selbst in mancher Hinsicht behindert fühlen, ohne es sich einzugestehen – in diesem Fall in der Erotik. Und da es gerade auf diesem erotischen Feld so unglaublich viel Behinderte oder jedenfalls Menschen gibt, die weit unter ihren Möglichkeiten bleiben, haben es die sichtbar körperlich oder geistig Behinderten besonders schwer in dieser Welt (der Erotik).

Würden sich die »Normalen« diese Zusammenhänge eingestehen, könnten sie an ihrer eigenen Behinderung arbeiten und Richtung Ganzheit wachsen. Deshalb sind Behinderte so wichtig für diese Gesellschaft, die Behinderungen am liebsten durch vorgeburtliche Diagnostik ganz verhindern würde, um eben gerade nicht mehr an eigene Unvollkommenheit erinnert zu werden. Hinzu kommt, dass auch der noch nicht verwirklichte und vollständig erwachte Mensch immer in gewisser Hinsicht behindert ist – jedenfalls im Hinblick auf sein gesamtes Potenzial, das ihm erlauben würde, Befreiung zu finden und Erleuchtung und Vollkommenheit zu erreichen und zu leben.

So wie die meisten Menschen Krankheitssymptome und Probleme als feindlich empfinden – sie wollen sie bekämpfen und loswerden, ohne an ihnen zu lernen und zu wachsen –, wollen sie nicht an anstehende Herausforderungen und Lernaufgaben erinnert werden. Viele gingen ja auch nicht gern zur Schule, warum sollten sie sich in der des Lebens wohler fühlen. Wer in diesem

Sinne vor allem in Ruhe gelassen werden und sich nicht entwickeln will, kann sich unbewusst von Menschen, denen ihre Defizite anzusehen sind, an die eigenen erinnert fühlen und die Wut darüber auf Behinderte projizieren. Ein typisches Beispiel ist diesbezüglich die Wut von Rechtsradikalen auf geistig Behinderte. Und muss man – speziell in Deutschland – nicht geistig zurückgeblieben sein, um rechtsradikal zu empfinden und zu denken?

Für bewusste lern- und entwicklungsbereite Menschen dagegen würde der Feind, die Behinderung, gleichzeitig zum Freund, und das Tabu Erotik zur Chance. Eros, der Sohn des Kriegsgottes, eignet sich natürlich als erklärter Feind der Bürgerwelt, aber er möchte so gern und könnte so gut auch ihr bester Freund werden. Das zeigt der wundervolle Film *Ziemlich beste Freunde*, der auch ein (be-)rührendes Beispiel für Erotik beim »behinderten Sex« enthält. Ein gebildeter Reicher im Rollstuhl engagiert sich einen jungen ausländischen Helfer aus der Unterschicht, der allmählich Sinnlichkeit in viele Ebenen seines von Behinderung geprägten Lebens bringt. Obwohl der Junge es anfangs ausdrücklich wegen des Geldes und nur als Job macht, werden sie dabei Freunde, *ziemlich beste Freunde* sogar. Hier wird die Behinderung zur Chance und Krankheit zum Weg. Man braucht offenbar als wohlhabender, kunstbeflissener Bildungsbürger eine Behinderung, um einen Freund aus einfachsten Verhältnissen zu finden, der einen in ein sinnliches Leben einweiht.

Wie emotional aufgeladen die Verbindung zweier Tabus wie Behinderung und Erotik noch immer ist, zeigt die Filmregisseurin Catherine Scott in *Rachels Weg*. Der Film erzählt von der australischen Sexarbeiterin Rachel, die sich ganz gezielt Behinderten zuwendet und ihnen assistierte Wege zu erfüllter Erotik eröffnet. Weil sie gern der Liebe in diesen besonderen Situationen dient, bereitet sie sichtbar so viel Freude und strahlt sie auch aus. Auch der bereits erwähnte Film *Sessions – Wenn Worte berühren* widmet sich diesem Thema.

Es gibt inzwischen in Deutschland offiziell Sexarbeiterinnen, wenn auch bisher nur zwei, die von Altenheimen angefordert werden können, wenn ältere und auch schon demente Herren zu unruhig werden. Sie gehen mit ihnen ins Bett, streicheln sie und tun, was gewünscht und (noch) möglich ist. Das wäre auch in Krankenhäusern manchmal ein Segen, wo immer wieder ältere demente Patienten Schwestern so unsinnlich wie unsittlich anfassen. Das bereits etablierte Einsatzfeld Altenheim und das noch visionäre der Klinik zeigen beide gleichermaßen, wie ungesund sich ungelebte Erotik entwickeln kann.

SCHMETTERLINGE ODER KALORIEN IM BAUCH?

Frust und Lust liegen als Gegenpole nahe beieinander und treffen sich beim Essen. Essen und Erotik verschaffen Lust; Übergewicht und schlechtes Gewissen führen zum Frust. Zahlenmäßig betrachtet, ist der Ausweg geblockter Erotik in die Ersatzbefriedigung Essen wesentlich häufiger anzutreffen als der in die Abarten der Liebe. Die Übergewichtsorgie in der (reichen) Welt ist der deutliche optische Hinweis, wie viele Zeitgenossen ihn unbewusst wählen. Wenn Essen tatsächlich der Sex des Alters ist, wie ein Sprichwort behauptet, erklärt dies auch einen Teil der Fettsuchtseuche bei älteren Semestern.

Es gibt erstaunlich klare Hinweise, wie und warum Essen dazu einlädt, einen Mangel an Liebe zu kompensieren. Beide Grundbedürfnisse sind vor allem durch ihre urprinzipielle Nähe im Reich der Venus eng verbunden. Als zentrale Lebensthemen verhindern sie auf ihre jeweilige Art unser Aussterben, und beide schenken uns Genuss. Werden sie verdrängt oder missbraucht, entsteht einerseits Leid und andererseits das Bedürfnis nach Ersatz. Nach biblischer Symbolik geschah der Schritt aus dem Paradies in die Welt der Gegensätze durch den Genuss jenes berüchtigten Apfels.

Verführung war demnach für uns Menschen von Anfang dabei, und Erotik und Essen kamen sich sofort nahe.

Essen bedeutet ein Hereinholen von Äußerem, ein Einverleiben von Fremdem, um es zu Eigenem zu machen. Die Sehnsucht, sich zu öffnen und die Welt hereinzulassen, spiegelt letztlich den Urwunsch aller Menschen, mit allem eins zu werden und in die Einheit des Paradieses zurückzukehren. Durch den Genuss der verbotenen Frucht wurde das Paradies aber verspielt; in der erotischen Liebe kehrt es wenigstens für Augenblicke im Orgasmus in den Organismus zurück. Das Einheitsgefühl im Orgasmus lässt die runde Vollkommenheit des Paradieses wieder aufblitzen. Essen bis zur Kugelgestalt bringt den Paradieszustand nur äußerlich und somit unbefriedigend zurück. Symbolisch entsprechen sich also Liebe und Essen und erinnern an paradiesische Schlaraffenlandträume. Nicht zufällig heißt es auch volkstümlich: »Wie der Mensch isst, so liebt er auch.«

Was wir uns körperlich einver*leib*en, wird Teil von uns. Dies gilt für die Ebene der Nahrung genauso wie für die der Liebe, und das macht Sexualität so geheimnisvoll und besonders und zu so einer großen Herausforderung. Wenn wir uns sexuell mit jemandem einlassen, ihn in uns einlassen, weil wir ihn *zum Fressen gern haben*, machen wir ihn oder sie – im Moment und vielleicht darüber hinaus – zu einem Stück unserer selbst. Natürlich teilen wir dabei auch aus und teilen mit, wer und was wir sind. Wir tauschen Säfte aus und wollen eins werden. Je mehr Bewusstheit wir in diesen Wunsch legen, desto wunder-voller das Erleben. Wenn es zu einem Ritual des Einswerdens wird, kann es wie jedes Ritual seine Wirkung auf Dauer nicht verfehlen. Wir werden dabei automatisch achtsamer und bewusster im Hinblick auf den Austausch, auf das, was wir nehmen und was wir geben.

Grundsätzlich beginnt jede individuelle Lebensgeschichte mit einem Einverleiben, mit dem ersten Atemholen, mit dem Saugen an der mütterlichen Brust. Ganz am Anfang, in der ersten Zeit nach der Geburt, tritt alles andere hinter dem Genährtwerden zurück. Baby (er-)lebt im Wesentlichen durch Mund und Bauch. So ist der Saugreflex einer der ersten und wichtigsten überhaupt, ohne ihn wäre kein Kind lebensfähig. Die Liebe erlebt das Neugeborene ganz natürlich über Mund und Magen. Mit dem warmen, süßen Milchstrom fließt Venusisches ins Leben, und Milch und Liebe gleichzeitig an der Mutterbrust einzusaugen mag dem Kind paradiesisch erscheinen, fast wie im Schlaraffenland, wo ebenfalls Milch und Honig fließen, ganz ohne besonderes Bemühen. Baby saugt an der gleichen Brust, an der später Männer wieder saugend Liebe suchen. Statt süßer, nährender Milch kosten sie die süße Liebe der geliebten Frau. Bis sich zumindest das männliche Kind wieder Zugang zu jenem himmlisch weichen Platz verdient, muss es anstrengende Lernaufgaben bewältigen.

Essen wandelt Fremdes in Eigenes, weshalb das Kind, selbst wenn es bereits krabbelt, noch alles zuerst in den Mund steckt, um es zu kosten. Ob das frühe Essenssuche oder neugierige Erforschung der Umwelt ist, steht dahin. Vor allem möchte es wissen, ob und wie das Leben schmeckt. Auch alle Schmerzen und Probleme erlebt das Kleinkind über den Bauchnabel und entsprechende Bauchschmerzen in seiner Mitte. Bauch und Magen sind der Nabel der kindlichen Welt und erinnern an die Verbindung zur Mutter.

Saugen und der Mund stehen das ganze Leben über an zentraler Stelle des Einverleibens – und des Liebesgeschehens. Alle wesentlichen Aspekte des Liebesspiels spielen sich an Körperöffnungen ab und kreisen um die Themen Aufnehmen und Eindringen.

Auch wenn Bewegungen wie etwa die ersten eigenen Schritte genussvoll erlebt werden, bleibt die orale Sphäre, was sinnlichen Genuss angeht, für ein Kind vorrangig. So wird auch das Abstillen zum Problem, wenn es den Logenplatz am mütterlichen Herzen nicht freiwillig abgeben will, schon gar nicht an ein kleines Geschwisterchen. Hier entzündet sich an der Brust oft das erste

Eifersuchtsdrama, typischerweise beim Essen und an noch nicht vorhandener Geschwisterliebe, die als Konkurrenz beginnt. Es gleicht allen späteren Eifersuchtsszenen, geht es doch bereits um Liebe, wenn auch deren nährender Aspekt noch weit im Vordergrund steht.

Nach dem Abstillen suchen Mutter und Kind nach Ersatz. Kinder wechseln gern zur Selbstbefriedigung am eigenen Daumen. Nicht annähernd so weich und ergiebig wie Mamas Brust, steht diese Art von Autoerotik aber wenigstens immer zur Verfügung. Ersatz vermag stets zu beruhigen – von Anfang an. Der Schnuller, an dem nach Herzenslust gesaugt und gelutscht werden kann, ist im Wesentlichen Ersatzbrust(warze). Manche Kinder bemerken jedoch sofort, dass durch diesen Plastikersatz – genau genommen eine Brustwarzenplastik – weder Milch noch Liebe fließen, und lassen sich nicht so leicht ab*speisen*. Die Milchflasche, ebenfalls von einem Schnuller gekrönt und zudem warme, süße Milch spendend, wird naturgemäß bereitwilliger angenommen. Hier beginnt nun ein zwiespältiger Weg: Die Liebe geht von Anfang an durch den Magen, und oft nimmt sie auch später wieder diesen Weg. Findet sie allerdings keine entwickelteren Kanäle, wird der Mund-Magen-Weg zur Einbahnstraße. Der Schwerpunkt der Empfindung sollte allmählich vom Magen zum nahen Herzen und zu den sekundären und primären Geschlechtsorganen wechseln.

Natürlich muss jedes Kind von der Brust als Milch- und Lustquelle Abschied nehmen, bevor es sie wiederentdecken darf. Offenbar müssen wir schon in zartem Alter üben loszulassen, um reifere Formen der Lustbefriedigung zu finden. Wir bleiben aber oft am Essensgenuss hängen oder regredieren später darauf. In herben Zeiten kommen obendrein Süßigkeiten ins Spiel (des Lebens). Süße Sachen verraten schon in den Worten ihren Charakter als Liebesersatz. Erlebt das Kind etwas Schmerzliches, was es früher in den Genuss der Brust brachte, soll jetzt ein Bonbon die

Tränen stillen. Ob er aber so zweifach *bon* oder gut ist für die Gesundheit, wie die französische Wortschöpfung andeutet, erscheint fraglich. Das Ausmaß der Schleckereien ist der erhaltenen Liebe und Zärtlichkeit seitens der Eltern oft umgekehrt proportional und macht den Ersatzcharakter deutlich. Eine Spätfolge ist Diabetes Typ 2, der als Volksseuche ein deutliches Licht auf das Problem der Verwechselung der Ebenen wirft.

Empfänglich für Süßigkeiten sind kleine wie große Kinder, und sprachlich ist der Zusammenhang zwischen Liebe und Zuckerwerk stets klar. Da gibt es *süße* Mädchen oder Jungs, die zum *Vernaschen* reizen, dazu *Sweethearts* und *Zuckerpuppen*. Auch reifere Damen erhalten noch gern süße Huldigung und Hinweise auf ihre verführerische Süße in Form von Pralinen und Schokotrüffel. Für süße Komplimente sind fast alle empfänglich und lassen sich nur zu gern verführen und oft auch vernaschen. Stimmigerweise begann die Schokolade denn auch ihre Karriere als Aphrodisiakum. Schmausen und Schmusen liegen nahe beieinander. Die Vor-Liebe für Süßigkeiten, die oft verzehrende Sehnsucht danach verraten es.

Die Pubertät böte die Chance, die Genussbefriedigung von der Ernährung unabhängiger zu machen. Wer hier an Süßigkeiten *klebenbleibt*, stellt die Weichen früh auf Fülle statt Erfüllung. Ist Naschen bereits zur zweiten Natur geworden oder in Fleisch und Blut übergegangen, wird der Übergang so schwer wie die Perspektive schwergewichtig. Auf körperlicher wie auf übertragener Ebene geht kaum etwas so schnell in Fleisch und Blut über wie die Zuckersüße von Süßigkeiten, und unter dem Einfluss leicht löslichen, hochraffinierten Zuckers setzt man schnell »Fleisch« an, was im Extremfall wiederum *fleischlichen* Genüssen abträglich ist. Bei US-amerikanischen Fettsuchtopfern ist schon wegen der Massenhemmung kaum mehr an herkömmliche Sexualität zu denken, von der ästhetischen Unzumutbarkeit ganz zu schweigen.

Zudem stillen Süßigkeiten den Hunger kaum oder nur sehr kurz. Sie führen über den Insulinmechanismus rasch zu Unterzucker im Blut und so zu neuem Hunger. Diese Form süßer Verehrung und Anbetung von Venus macht also niemals satt und kennt letztlich nur Fülle statt Erfüllung.

Im Erwachsenenalter bleiben Essen und Liebe auf manche Weise Partner im erlösten wie im unbefriedigenden Sinn. Beim Bratkartoffelverhältnis zwischen Student und Zimmerwirtin ist die Liebe eng an Tisch und Bett gebunden. Auch heute noch erwarten viele Männer, von ihren Frauen liebend umsorgt zu werden, was vorrangig bekochen meint. Wenn sie ihm ein verführerisches Mahl bereitet, *frisst* er ihr *aus der Hand*, wie seinerzeit im Paradies. Jene Liebe, die durch den Magen geht, hat Eva fest unter ihrer Kontrolle. Erotische Liebe ist Adam dagegen besonders in modernen Zeiten des Stresses nicht so einfach *schmackhaft* zu *machen*. So werden Feierabende eher mit kulinarischen als mit erotischen Ge*lag*en begangen, wobei das Wort noch verrät, dass hier ursprünglich im Liegen – wie etwa im alten Rom – gefeiert wurde. Dort verstand man noch, die Nähe von Erotik und Gelage offen zu zelebrieren. Zum Essen wurden schwere süße Weine gereicht, während leicht bekleidete Mädchen tanzten, Musikanten aufspielten und die Düfte exotischer Essenzen den Raum erfüllten.

Heute bieten leichte Mädchen ihre Dienste in Nachtclubs an, wo Lukullisches eine Nebenrolle spielt. Ganz fehlen darf es nicht, schon gar nicht prickelnder Champagner, der so eindeutig aus der gerade entkorkten Flasche übersprudelt. Das *sündhaft* Teure und leicht-sinnig Sinnliche daran hilft, die Stimmung zu heben, das Blut in Wallung zu bringen und die Lust am Venusischen zu fördern.

Hier und heute halten sich klägliche Reste von Orgien eher mühsam. Aber immer wieder blitzen Reminiszenzen auf, etwa wenn der italienische Exministerpräsident Berlusconi sogenannte Bunga-Bunga-Partys gab und ganz Europa sich entrüstete, Italien ihn aber postwendend wiederwählte. Viele Italienerinnen schienen ihm seine Feiern nicht weiter übel zu nehmen, und viele Italiener bedauerten wohl höchstens, nicht dabei gewesen zu sein.

Die intime Beziehung von Essen und Liebe macht auch das Flirten und Verführen leicht. Da wird ganz unanstößig angestoßen und zum Essen (ein-)geladen, gerade wenn der Appetit viel weiter geht. Beim Abendessen können beide sich beschnuppern und die näher rückende Nacht vorkosten. Solche Situationen eskalieren in vorgezeichneten Bahnen von Stufe zu Stufe und Sinnesorgan zu Sinnesorgan. Anfangs können sie sich aneinander nicht sattsehen, sind berauscht vom Klang der anderen Stimme; *sie* hüllt *ihn* in Wohlgerüche, und sie schweben auf rosafarbenen Wolken und prosten sich Mut zu. Er revanchiert sich mit Rosen, die sie betören und mit ihrem Duft verzaubern, aber auch warnen könnten mittels Dornen. Anschließend kommt der Tastsinn zum Zuge und komplettiert das Sinnenfest; oft ist das Dessert in Form von Süßigkeiten längst überflüssig.

(Arche-)typisch ist auch, wie er sie zu Beginn des Abends vom noch ungemütlichen Stehen zum gemütlichen Beisammensitzen einlädt und den Schritt zu noch entspannterem, zugleich sinnlichspannendem Beisammenliegen vorbereitet, womit die Verbindung von Tisch und Bett ein weiteres Mal deutlich wird. Vom genüsslichen Mahl mit Leib- und Lieblingsspeisen sinnlich angeregt und vielleicht schon wein*selig* oder gar liebes*trunk*en, entwickelt sich Taten*durst*. Er trägt seine kostbare Eroberung auf Händen ins nächste Bett, wo sie *wonnetrunken* den tiefsten Genuss kosten, den Aphrodite-Venus zu bieten hat. In ihrer Leiblichkeit erleben sie höchste Lieblichkeit, und in einer köstlichen Nacht empfängt sie ihn und vielleicht mehr. Möglicherweise wird ihre Liebe eine runde Sache und trägt Früchte. Dann ist die Ver*mähl*ung der nächste Schritt und fördert und fordert ein Fest- und Hochzeits*mahl*. Erst die *Trennung von Tisch und Bett* kann solch eine Vermählung wieder lösen.

Im Altertum gingen die Menschen mit den Verbindungen innerhalb von Venus' Reich noch gekonnter und selbstverständlicher um. Nicht nur sinnenfreudige Römer legten sich bereits zum Essen nieder und ließen sich alle möglichen Sinne verwöhnen. Auch die Begründer der Orgien, die dionysischen Heerscharen Griechenlands, trennten die verschiedenen Sinnenfreuden nicht, sondern sahen sie als von der Gottheit gewährte freizügige Geschenke. Sie feierten ihre Orgien zur Ehre der Götter und zu ihrer Sinnenfreude – übrigens damals in aller Öffentlichkeit. Heute ist solch eine Offenheit völlig indiskutabel, und gerade deswegen wächst der Reiz, es heimlich und besonders wild zu treiben. All diese alten Ventile für erotische Genüsse hielten sich allerdings im Untergrund, im Schutz der Heimlichkeit, am Leben. So auch – allerdings mit deutlichen Einbußen im Ruf – das Chambre séparée, wo die Liebe noch immer durch den Magen, aber oft auch ein gutes Stück tiefer geht.

Das Angebot kommt bei damaligen Orgien wie heutigen Essgelagen ausnahmslos aus Venus' Reich – von exquisiten, sowohl üppigen als auch verführerisch leichten, ja schaumigen (Süß-) Speisen über Musik und Tänze bis zum Ertasten und Erspüren üppiger Formen mit Augen und Händen. Selbst im Islam hat sich – allen Imamen und Mullahs zum Trotz – der ausgesprochen sinnlich-erotische Bauchtanz gehalten.

Herkömmliche Aphrodisiaka haben seit Casanovas Zeiten erheblich an Bedeutung eingebüßt. Doch hat die pharmazeutische Wissenschaft ganz neue Möglichkeiten in ihren Reagenzgläsern entdeckt. Bis heute werden Aphrodisiaka geschluckt und genossen.

Unter erdrückender Beweislast kann das (Liebes-)*Verhältnis* von Essen und Lieben auf Grundlage des Genusses also als belegt gelten. Es ist deshalb naheliegend, sich dieses Themas bewusst anzunehmen, beide Bereiche mit Hingabe zu verbinden und sich ihnen genießend zu widmen. Schönes Essen und nährende Liebe ergänzen sich wundervoll, und es ist ein Jammer, wenn der eine Bereich den anderen vertreten muss. Natürlich können Verliebte von Luft und Liebe leben, aber sie können zwischen ihren anderweitigen Liebesfesten ebenso gut und besser in köstlichen Genüssen schwelgen. Das Leben zu feiern und seine Feste zu genießen ist eine alte Tradition, die der Venus auf willkommene Weise huldigt.

Im Fall, dass Essen als einzige Lustquelle übrig bleibt, ist der Schritt über schöne Essensfeste mit entsprechender Musikuntermalung zu tieferen Ebenen des Venusreiches naheliegend und vielversprechend. Venus leidet insgesamt unter einer Zeit, die Quantität über Qualität stellt. Nicht nur in ihrem Bereich wird dies deutlich, hier nur besonders schmerzlich. Über die (Wieder-)Entdeckung der Götter der Liebe, Venus und Eros, ließe sich auf leichte und genussvolle Art erneut Freude am Leben finden.

Zwischen gesunden Lebensmitteln und Genuss besteht kein Widerspruch, sondern eine natürliche Beziehung. Das Aroma der Speisen und die Düfte der Blüten, Pflanzen und Früchte, wie sie auch in Parfums und Aromaölen zum Ausdruck kommen, ergänzen sich ideal. Je wacher die Sinne, desto wacher der ganze Mensch. Aufwecken können wir uns und unsere Sinne nicht nur durch Exerzitien und Rituale, sondern auch durch bewusstes Genießen auf Nahrungs- wie auf Liebesebene. Wer hindert uns daran, das Leben als Fest zu feiern und die entsprechenden venusischen Anlässe zu Höhepunkten des Genusses zu machen?

Wundervoll ist es, ein- oder zweimal am Tag in friedlicher Absicht zu meditieren. Vielleicht noch leichter und wirksamer wäre es, dreimal am Tag in venusischer Absicht zu speisen und es sich und der (Um-)Welt dabei gut gehen zu lassen. Der Osten kennt den Bezug zwischen Essen und innerer Entwicklung und spricht von Weltessen (Bhoga). Das Leben will auf alle Fälle verdaut sein, und klug ist, wer es dabei genießt.

In alten Zeiten war der Herd Zentrum des Hauses, so wie das Herz noch immer Zentrum des Körperhauses ist. Wie sich im

Haus alles Leben um den Herd drehte, kreist im Leben alles um das Herz, unser energetisches Zentrum und Organ der Liebe. Das Leben und seine Genüsse aus vollem Herzen zu genießen erfreut Venus und ihren Sohn Eros und lässt die Organe gesunden. Ein sinnlicher Mensch, der gelernt hat, auf seine Sinne zu horchen, wird ihnen bald gehorchen und in seiner inneren Stimme eine verlässliche Hilfe finden, die alle Archetypen zu ihrem Recht kommen lässt, natürlich auch Eros und seine Mutter Venus. Diese beiden Archetypen machen es uns nur so besonders leicht, sie zu lieben.

DIE (AL-)CHEMIE DER LIEBE

»Der Arzneien höchste ist die Liebe.«
PARACELSUS

EINE WISSENSCHAFTLICHE FLIRT- UND LIEBESSCHULE

Die Sehnsucht nach Zweisamkeit scheint angeboren zu sein. Alle entsprechenden Studien belegen, dass Verheiratete glücklicher sind als Singles. Allerdings tut die Mehrheit einfach nicht, was sie glücklich macht, sondern lässt sich geradezu munter scheiden. Zur Lösung dieses Dilemmas gibt es zwei Aufgaben: das Finden einer guten Partnerschaft und ihr Bewahren. Außerdem die Forderung nach erstens einer Flirt- und zweitens einer Liebesschule beziehungsweise nach einer Einführung in das Wesen von Eros und Venus, um in die richtige Beziehung hineinzuwachsen und darin glücklich zu werden.

In seinem Buch *Die Liebe und wie sich Leidenschaft erklärt* führt uns der Wissenschaftsautor Bas Kast[13] vor Augen, dass tatsächlich drei Viertel aller Geschiedenen anschließend denselben Partner wieder heiraten, meist innerhalb von drei Jahren. Aber

13 Bas Kast: *Die Liebe und wie sich Leidenschaft erklärt*. Fischer TB 2013.

Paare in zweiter Ehe lassen sich noch öfter scheiden als solche in erster Ehe. Die Betroffenen können offensichtlich weder mit- noch ohne einander leben und werden unglücklich. Außerdem tun sie sich offenbar schwer, dazuzulernen. Dabei halten wir heute bei jedem neuen Elektrogerät eine Gebrauchsanweisung für unerlässlich, und Verkehrsregeln lernen wir selbstverständlich für die Führerscheinprüfung, nur der eheliche Verkehr soll ganz von selbst klappen genauso wie die Beziehung. Nur tun sie es leider nicht, schon gar nicht auf Dauer.

Liebe und Erotik profitieren von Verständnis, Wissen und Bildung. Die Kurtisanen von Venedig hatten alles drei und ermöglichten der Liebe eine Hoch-Zeit. Auch der Mythos kann alles drei liefern und erleichtern. Seine Bilder sind zeitlos und schenken auf ihre eigene Art Bildung. Die Wissenschaft aber können wir zusätzlich einladen und staunen, wie sehr sie die Aussagen der Mythen untermauert und uns konkrete Tipps liefert. Aus dieser Mischung kann Verständnis wachsen.

Wissenschaftler belegen heute, dass das Gesicht eines geliebten Menschen wie ein Antidepressivum auf den Verliebten wirkt. Das bei Depressionen überaktive rechte Stirnhirn wird dadurch annähernd abgeschaltet beziehungsweise so weit beruhigt, dass die Stimmung steigen kann. Auch Furcht und Wut, die in den beidseitig in der Tiefe des Hirns gelegenen Mandelkernen ihre anatomische Heimat haben, verschwinden, sobald man verliebten Studenten das Gesicht der Geliebten zeigt. Das Amygdala genannte Angst- und Aggressionszentrum wird durch Eros' Auftauchen beruhigt.

Andererseits sind Verliebte beim Getrenntsein von der geliebten Person wie verrückt vor Verliebtheit und können an nichts anderes mehr denken. Darin gleichen sie Zwangskranken, die auf ihre jeweiligen Zwangshandlungen fixiert und davon wie besessen sind. Alle Fantasien der verliebten Person kreisen um den oder die fehlende(n) oder nicht erreichbare(n) Angehimmelte(n).

Der Film *Wahnsinnig verliebt* zeigt, wie weit das gehen kann; Besessenheit, der alte psychiatrische Ausdruck für Schizophrenie, taucht am Horizont auf.

Verliebte sind auch leicht deprimiert und nervös, wenn sie das Objekt ihrer Sehnsucht nicht erreichen. Das ist, neben den beschriebenen Gehirnaktivitäten, Ausdruck eines Serotoninmangels, der bei ihnen regelmäßig zu finden ist. Kaum zu glauben, dass die Überglücklichen zu wenig von diesem Glücksbotenstoff haben sollen. Doch sobald Eros' Pfeil sie trifft, schüttet der Organismus wahrscheinlich alles verfügbare Serotonin aus, ihr Herz öffnet sich – vergleichbar der Wirkung einer Ecstasy-Pille –, und Verliebte fühlen sich unglaublich wohl und eben ekstatisch. Aber bald darauf fehlt das Serotonin wie nach dem Ecstasy-Rausch und zieht denselben Mangelzustand nach sich. Insofern entwickelt sich Verliebtheit nach fulminantem Start zu einem Stressfaktor für den Organismus. Auch bei anderen Formen von Stress finden wir Serotoninmangel.

Jener wissenschaftlich belegbare Zustand der Verliebtheit zeichnet sich dadurch aus, dass wir den Partner durch die rosarote Brille sehen und völlig unfähig zu Kritik an ihm sind. Wir haben keinerlei Einwände gegen sein Sosein und seine Vorschläge; wir sind also meilenweit von jeder bekannten Widerstands- und Vermeidungsstrategie entfernt. Egal was der Partner macht, wir finden es in Ordnung und wenden uns nicht von ihm ab. Wir sind weit davon entfernt, ihn zu missachten oder gar zu verachten. Nicht einmal ansatzweise haben wir es nötig, ihn unsere Macht spüren zu lassen. Damit machen wir unserem Organismus ein großes Geschenk und vermitteln ihm einen biochemischen und hirnphysiologischen Vorgeschmack auf die Liebe.

Dieses offene Verhalten müssten wir eigentlich nur kopieren, wenn wir den Zustand der Liebe bewahren oder neu herstellen möchten. Die Umkehrung gilt aber auch. Verschließen wir uns, führt das zur Zerstörung jedweder Liebe. Bas Kast spricht in diesem Zusammenhang von den fünf apokalyptischen Reitern, die nachweislich jede Beziehung ruinieren: erstens häufige Kritik am Partner; zweitens ständige »Ja-aber«-Verteidigung; drittens Verachtung des Gegenübers; viertens Rückzug von ihm und fünftens Machtdemonstration. Wer sich diesen apokalyptischen Reitern anschließt, richtet seine Beziehung zugrunde; wer sie meidet, erhält oder fördert nachhaltig die Liebe – jedenfalls wissenschaftlich gesehen. Demnach ließe sich Liebe durch Vermeiden zerstörerischer Strategien lernen. Einen Versuch ist es auf alle Fälle wert, auch wenn die wissenschaftliche Annäherung an das uralte Thema Liebe noch recht neu ist.

SICH VERLIEBEN, BEGEHREN

Zunächst wäre erst einmal das Verlieben zu lernen – im Sinne einer Flirtschule, die sich auf wissenschaftliche Erkenntnisse berufen kann. Wobei den ersten bekannten Flirtführer unserer Kultur bereits Ovid kurz vor Christi Geburt mit seinem Werk zur Liebeskunst, *Ars amatoria*, verfasste. Seitdem gab es unzählige Versuche bis in unsere Zeit hinein, etwa wenn Oswalt Kolle in *Deine Frau, das unbekannte Wesen* Männern Zugang zum fremden Planeten Weiblichkeit verschaffte. Es gab ernste Filme dazu und witzige, wie aus Hollywood *Hitch – Der Date Doktor* mit Will Smith. Trotzdem hat die Kunst des Flirtens kein viel höheres Niveau erreicht, was heute, da man über das Internet sehr viel schnörkelloser zum Ziel kommt, vielleicht auch unwichtig erscheint.

Ovid wusste jedenfalls schon damals, wie entscheidend das Äußere sowie Selbst-Bewusstsein sind und dass die Liebe am ehesten an aufregenden Orten zu finden ist. Das stützt moderne wissenschaftliche Erkenntnisse, die zeigen, wie aus Aufregung leicht Erregung wird. Wir haben einerseits Herzklopfen, weil wir verliebt sind. Wir verlieben uns andererseits aber auch leichter, wenn wir Herzklopfen haben. Der Organismus kennt und assoziiert die Situation des Herzklopfens mit Verliebtheit als vertrautem Zustand: erst das Auf und dann das Ab des Serotonins und zusätzlich ein Adrenalinschub, der das Herz klopfen lässt. Ergibt sich nun Herzklopfen aus anderer Ursache, wird es mit dem bekannten Zustand der Verliebtheit assoziiert. So einfach funktioniert unser Organismus. Es ließ sich zeigen, dass Flirtversuche in aufregenden Situationen tatsächlich viel erfolgreicher sind. Ein aufregendes Leben wirkt also wie eine Einladung an Eros und ist demnach eine Öffnung für erotische Liebe. Nicht umsonst lernen sich so viele Paare auf Reisen, in abenteuerlichen Fahrgeräten auf Volksfesten oder beim Sport kennen und lieben. Und um eine bereits existierende Liebschaft zu bewahren, ist es deshalb auch wichtig, das Leben nicht langweilig werden zu lassen. Es muss einfach aufregend bleiben. Statt das bürgerliche Mantra »Hoffentlich geschieht nichts« unbewusst vor sich hin zu beten, geht es im Gegenteil darum, auf aufregende Veränderungen zu hoffen, um sich zum Ziel für Eros' Pfeile zu machen.

Gäbe es einen modernen Erostempel, ginge es dort im Sinne der Flirtschule um die Anbahnung des Verliebens. Eros ist mit seinen treffsicheren Pfeilen der klassische Anbahner und der Gott des Flirts. Der erste Schritt, um zu seiner Zielscheibe zu werden, ist *Erregung* der Aufmerksamkeit mit Herstellung eines ersten Blickkontaktes. Darauf folgen Annäherung und Gesprächsbeginn. Zur Gesprächsvertiefung müssten sich beide einander zuwenden, um die Entwicklung von Resonanz in Gang zu setzen. Der Ablauf ist fast immer derselbe: Zuerst wenden sie sich den Kopf, dann die Schultern, anschließend Oberkörper und Rumpf und schließlich den ganzen Körper zu. Ist dies geglückt, kann er andeuten: »Ich steh auf dich«, und fragen: »Gehst du mit mir?« und »Isst du mit mir?« Die Frage: »Schläfst du mit mir?« braucht er meist nicht mehr zu stellen; das erübrigt sich, wenn von Eros entfachte Lust sie übereinander her*fallen* lässt.

Die Regeln des Flirts sind sozialwissenschaftlich gut erforscht. Die Frau ergreift die Initiative durch ihren Blick(kontakt), ohne den gar nichts (weiter)geht. Fehlt ihre Blickeinladung, traut sich kein flirtbereiter Mann, einer Frau nahezukommen. In dieser Phase verhalten sich Männer wie Marionetten. Aber selbst als Marionette kann *man* sich noch geschickt anstellen. Körbe bei der Aufforderung zum Tanzen lassen sich etwa durch vorherigen Blickkontakt ziemlich sicher vermeiden. Wenn *sie* mit den Augen schon zugestimmt hat, wird sie auch konkret einen Tanz kaum verweigern. »Ein Tänzchen in Ehren kann niemand verwehren«, das wussten sogar schon unsere Großeltern. Ein Tanz sagt noch nicht viel, zeigt aber doch, wie beide zusammenschwingen.

Die Aufteilung ist eindeutig und klar: Männer werben, Frauen wählen. *Sie* hat zu Beginn alles über ihre Blicke in der Hand, aber sie will – aus ihrer Evolutionserfahrung heraus – testen und spielen, bevor sie ernstmacht. An dieser Stelle beginnt schon eines von verschiedenen Problemen und Missverständnissen. Ein Mann, der sich einmal gemeint fühlt, ist davon kaum noch abzubringen, beweist wissenschaftliche Forschung. Zwar erkennt er eine spätere Zurückweisung, aber er nimmt sie nicht mehr ernst; das bezieht sich auch auf ihre Urheberin. Frauen, die besonders gern mit dem (männlichen) Feuer spielen, aber wirklich nur spielen wollen, müssen sich in dieser Situation auf einige Beharrlichkeit bis hin zu Penetranz gefasst machen. Wenn *er* einmal Feuer gefangen hat, brennt er lichterloh und ist nur noch schwer zu löschen und kaum zu stoppen, im wahrsten Sinne des Wortes.

Männer wollen weder getestet werden noch – jedenfalls auf dieser Ebene – mit sich spielen lassen. Da sie den anfänglichen Spielcharakter selten durchschauen, sondern von Anfang an auf Angebote ernsthaft anspringen, sind sie *natürlich* im Sprung nur schwer zu stoppen. (Ver-)lockende und verspielte Frauen werden dann die Angelockten nicht mehr los und beschweren sich bitter.

Annett Louisan singt ein betörend ehrliches Lied darüber mit dem Refrain: »Ich will doch nur spielen …«

Wichtig für das Einschlagen von Eros' Pfeil ist weniger das gute Aussehen als die Anzahl der ausgesandten Flirtsignale. Anschließend kommen sanfte Berührungen immer gut an, sofern sie von der Frau ausgehen. Frühzeitiges Anfassen oder gar Grapschen durch den Mann gilt als Tabu, neudeutsch: No-Go. Eros, das ist immer zu bedenken, ist nicht bindend oder konsequent wie Saturn, sondern charmant und leicht obendrüber, um nicht zu sagen oberflächlich, jedenfalls zu Beginn.

Ein weiteres wirksames Hindernis ist zu viel Gerede, vor allem über sich selbst. Zuhören ist sehr viel besser. *Frau* sucht in der Regel keinen Mann, der sich interessant macht, sondern einen, der sich interessiert – nämlich für sie. Also muss *man* gar nicht so interessant erscheinen, sondern nur interessiert sein. Zuhören ist obendrein wesentlich leichter, als wirklich interessant zu reden. Eros genügt das, und er ist neugierig. »Was ist die Liebe anderes als eine Art Neugier«, sagte schon Casanova. Er war dabei gar nicht der abgebrühte Lebemann, als der er heute meist hingestellt wird. Weder war er zynisch noch skrupellos, noch nur auf Eroberungen und Trophäensammeln aus. Im Gegenteil verhielt er sich einfühlsam, verehrte die Frauen, liebte sie manchmal »bis zum Wahnsinn«, wie er selbst eingestand. Mit Hingabe und Leidenschaft liebte er viele Frauen in seinem Leben und gab jeder das Gefühl, für ihn einzigartig zu sein, und so weit seine Memoiren Rückschlüsse erlauben, war sie das im jeweiligen Moment auch. Als Sexmonster dargestellt, ist er verkannt.

C. G. Jung sprach es sehr deutlich aus: »Das ist eine törichte Vorstellung, die Männer haben. Sie glauben, dass Eros Sex sei, aber weit gefehlt. Eros ist Bezogensein.« Casanova etwa war bezogen. Das Bindungshormon Oxytocin aber hat er wohl gemieden und stattdessen den Serotonineffekt herzöffnender Ekstase ausgekostet. Und leidenschaftlich gern speiste er mit seiner Geliebten und liebkoste sie mit verzehrenden Blicken, bevor sie sich dem verzehrenden Feuer ihrer erotischen Liebe hingaben.

Nichts ist erotischer, als sich für den anderen zu interessieren und neugierig auf ihn zu sein. Reden ist Silber, Schweigen und Zuhören Gold. Wir können schon als erstes kurzes Fazit ziehen, dass Frauen Männer lieben, die im Mittelpunkt stehen, nicht solche, die sich in den Mittelpunkt stellen. Anders gesagt, Frauen lieben Männer, die interessiert und interessant sind, nicht solche, die sich interessant machen.

Frauen bekommen gern Raum, sich zu entfalten, und den muss der Eros-Jünger ihnen nur geben, was beim Flirt noch wunderbar leichtfällt. Deshalb träumen Frauen wohl auch so oft und so gern von Berühmtheiten – anhand von Illustrierten, die diese Illusionen auf breiten Bilderstrecken im Hochglanzformat schüren. Promis könnten ihnen (theoretisch) eine Bühne bieten.

In Eros' Flirtschule hat sich – wissenschaftlich abgesichert – Folgendes bewährt: *Man* sollte aktiv werden und – wenn schon – dann rasch und witzig erzählen und schnell auf den Punkt kommen. Er sollte ganz für sie da sein, auf sie konzentriert und dabei gefühlvoll. Er dürfte sich höchstens locker, leicht und nebenbei beliebt machen, vor allem durch Humor; dabei sollte er trotzdem tiefsinnig und tiefschürfend erscheinen. Wichtig ist, die Angeflirtete immer wieder in den Mittelpunkt zu stellen.

Dummerweise reagieren von Eros' Pfeilen Getroffene (Männer) aber, je interessierter sie sind, desto ungeschickter. Sie erliegen dem Polaritätsgesetz, als wollten sie das Gegenteil erreichen. Sie verlernen etwa augenblicklich zu tanzen, wenn es darauf ankommt, verlieren ihren Humor, reden zu viel und zu Dummes und sind – mit Herzklopfen – aufgeregt und unsicher, deshalb unkonzentriert und ungeschickt. Wem spontan nicht das Richtige einfällt, der sagt umso lieber das Falsche. Das ist eine geradezu hinterlistig gemeine Sache, aber vielleicht auch nur ein – noch nicht wissenschaftlich gesichertes – Testverfahren. Denn manchmal erkennt das unergründliche Wesen der Frau tatsächlich in solch einem Tollpatsch mit zwei linken Händen und blockierter Zunge dann doch den Richtigen, obwohl er die wissenschaftliche Flirtschule nie bestanden hätte.

Umgekehrt zeigt sich, dass Männer etwas unbeholfen wirkende Frauen sogar bevorzugen. Wenn sie ein wenig nach innen über den großen Zeh läuft oder einen leichten Silberblick hat, ihn ein bisschen naiv, blond und blauäugig aus ihren großen Kulleraugen anschaut und nicht so recht Bescheid weiß, ist das für ihn gar kein Hinderungsgrund, im Gegenteil. Solche Frauen lösen bei vielen Männern eine Art Beschützerreflex aus, der moderne emanzipierte Wesen, die auf all das bewusst verzichten, oft richtig ärgerlich macht.

Eros ist also zuständig für den Start und Partnercheck, den wir auch Flirt nennen. Zusätzlich mag er Kultur, die über seine Mutter Venus vermittelt wird. Dummerweise befindet sich Kultur heute in stetigem Sinkflug. Seit Jahrzehnten wird etwa in Deutschland das Bildungswesen, was zeitlose Bilder und Weisheiten angeht, heruntergefahren, sodass die Einsparung der Kulturförderung kaum noch auffällt.

Hormone des Flirts

Wie wir schon bei Ovid nachlesen konnten, entscheidet durchaus auch das Aussehen, und das bevorzugt attraktive Frauen und Männer, die auf den ersten Blick als solche erkannt werden. Archetypisch männliche Attribute wie markante Gesichtszüge oder herausragende Größe waren früher fälschungssichere Markenzeichen. Heute muss *man* sich und inzwischen auch schon *frau* auf überarbeitete Zähne, Augenlider, Nasen, Brüste und sogar lang gestreckte Figuren einstellen. Professor Alan Feingold von der Yale University kam nach Auswertung zahlreicher einschlägiger Studien zu dem Ergebnis, dass attraktive Menschen durchweg besser beurteilt werden, außer sie sind sehr eitel und arrogant. Schöne Menschen gelten als klüger, geselliger, selbstsicherer und ausgeglichener, sozial kompetenter und sogar leidenschaftlicher. Judith Langlois von der Universität Austin in Texas belegte, dass attraktive Menschen vom Kindesalter an besser behandelt werden. Sie seien selbstbewusster und deshalb wahrscheinlich auch erfolgreicher und beliebter.

Im Übrigens belegt die Statistik, dass wir nach uralten Mustern funktionieren: Männer wollen weiterhin am liebsten Frauen mit durchschnittlich 24,8 Jahren, also am Gipfel ihrer Fruchtbarkeit. Dass die meisten heute bewusst keine oder jedenfalls nicht viele Kinder wollen, beeinflusst diese unbewusst ablaufenden Programme kaum. Männer haben auf der unbewussten Suche nach Fruchtbarkeit eine Vorliebe für sehr weiblich aussehende, jugendlich wirkende Frauen entwickelt.

Weibliche Rundungen entstehen unter Östrogeneinfluss, der auch für Fruchtbarkeit zuständig ist. Östrogen hemmt das Knochenwachstum, weshalb Frauen unter seinem Einfluss kleiner bleiben, Kiefer und Kinn bei ihnen schmal sind, die Nase und die Knochenwülste über den Augen klein ausfallen, weshalb die Augen größer wirken. Die Augenbrauen sind schmal, die Lippen werden durch Fettablagerungen voll, die Haut erscheint glatt. All das sind bis heute und weitgehend kulturübergreifend von Männern und deshalb auch von Frauen begehrte Attribute venusischer Schönheit. Inzwischen werden sie (un-)natürlich mit kosmetischen Tricks nachgebessert.

Testosteron, das männliche Hormon und auch das der Lust, bewirkt ungefähr das Gegenteil von Östrogen. Es regt Knochenwachstum an und führt zu kantigen, ausgeprägten Kiefern Modell Clint Eastwood oder »begehbaren« der Marke Michael Schumacher. Augenbrauenwülste und Brauen werden stärker, wodurch die Augen kleiner wirken; die Lippen bleiben mangels Fetteinlagerung schmaler.

Außerdem schwächt Testosteron das Immunsystem. Das heißt, nur wer als Mann über ein sehr gutes Immunsystem verfügt, kann einen hohen Testosteronspiegel verkraften. Eros fordert also einiges von den Männern. Sie müssen ihm für ihre Leidenschaft Opfer bringen und gesundheitlich etwas riskieren, wenn sie sich mit ihm einlassen wollen. Er(os) macht es ihnen nicht leicht.

Eine ausgeprägte männliche Figur verrät einer Frau, dass dieser Typ sogar mit diesem Immunsuppressivum Testosteron bravourös zurande kommt und sich solch einen Körper und die entsprechende Balz leisten kann. Das verspricht eine Belohnung in doppelter Hinsicht: bestes Erbgut und als Dreingabe große Leidenschaft. Heute steht natürlich Letztere bewusst ganz im Vordergrund, wobei Ersteres unbewusst immer noch erheblich wirkt. Bereits nach fünf Minuten Unterhaltung mit einer interessanten Frau steigt der Testosteronspiegel bei Männern durchschnittlich um 30 Prozent. So gefährdet sie in Eros' Nähe auch sind, sie suchen ihn trotzdem wie Motten das Licht.

Frauen geraten hier folglich oft in eine Doppelbindung (Double Bind), denn Männer mit hohem Testosteronspiegel hatten schon immer – und dies lässt sich heute in modernen Studien nachweisen – neben der größeren Leidenschaft auch das größere Aggressions- und Gewaltpotenzial. Dank moderner Gesetzgebung und strengerer Kontrolle dürfte in unseren Breiten die weibliche Angst vor Aggression und Gewalt heute deutlich abgenommen haben; die Lust auf mehr Leidenschaft aber wächst. Das Hormon, das die Leidenschaft entfacht, die heute offenbar so vielen (Frauen) fehlt, kommt also wieder mehr in Mode und bringt Männer nun ebenfalls in Konflikte. Einerseits signalisieren Frauen immer unverhohlener ihre Offenheit für Leidenschaft, andererseits bringen sich Männer, wenn sie diesem (An-)Reiz und ihrem Testosteron nachleben, heute schneller vor Gericht, als es allen recht sein kann.

Frauen wollen also am liebsten den Samen eines Testosterongiganten, aber anschließend als Partner und Versorger eher einen verlässlichen Mann mit weniger ausgeprägtem Testosteronspiegel. Hier erkennen wir auch einen weiteren Grund für den relativ hohen Anteil von Kuckuckskindern. In besonders schwierigen Zeiten, etwa nach dem Krieg, sollen es in Deutschland 20 Prozent gewesen sein, inzwischen »nur« noch zehn Prozent. Einfach zu beschaffende Speicheltests machen es heute den sehr mutigen Frauen, die alle während der Evolution gelernten Möglichkeiten kreativ ausschöpfen wollen, ziemlich schwer und lassen sie öfter auffliegen – in der Regel zu beiderseitigem Schaden, denn während sie dabei nur den Partner riskiert, verliert er gegebenenfalls Frau und Kind.

Eros bringt Frauen in eine grundsätzliche Zwickmühle, die sich noch abhängig vom Menstruationszyklus verschärft. Genau zum Eisprung, in ihrer fruchtbarsten Zeit, bevorzugt sie die Testosterontypen besonders, davor und danach eher die häuslicheren Modelle; aus Sicht der Evolution betrachtet, gibt es den guten (partnerschaftlichen) Gatten mit guten (männlichen) Genen kaum. Und Eros, selbst Kind verbotener Verhältnisse, hat auch nicht viel mit Legalität im Sinn, hat er sein Leben doch Venus' Lust auf den testosterongeformten Körper seines Vaters Ares-Mars zu verdanken und dessen Leidenschaft.

Treue auf wissenschaftlichem Prüfstand

Das große Thema der Treue erfährt eine möglicherweise erschütternde Relativierung, wenn wir die wissenschaftlichen Daten und Fakten betrachten. Treue wird weder von der Evolution noch der eigenen inneren Natur nachhaltig unterstützt. In Wahrheit wird sie sogar massiv boykottiert und erscheint damit als noch größere Kulturleistung, an der zu scheitern inzwischen ein gesellschaftliches Massenphänomen ist. Untreue ist folglich auch nicht die Ausnahme, sondern die Regel, und Treue erscheint als eine immense, von Religion und Kultur gestellte Herausforderung. Da die Mehrheit daran scheitert, ergibt sich hier eine kräftig sprudelnde Quelle schlechten Gewissens. Dieses macht Menschen leichter manipulierbar, wovon sowohl Kirche als auch Staat ausgiebig profitier(t)en. Ob beide die entsprechenden Doppelbindungen nun bewusst oder unbewusst ins gesellschaftliche Spiel bringen, ist kaum zu klären, jedenfalls sind sie sehr erfolgreich damit.

Leider wissen wir naturwissenschaftlich wenig über die biochemischen Hintergründe männlicher Treue oder besser Untreue. Allerdings verraten die modernen Sozialwissenschaften auch hier einiges. In einer bekannten und mehrfach wiederholten Versuchsanordnung werden beliebige Männer von einer attraktiven Frau mit drei Fragen konfrontiert: 1. »Gehen Sie mit mir einen Kaffee trinken?«; 2. »Kommen Sie mich heute Abend bei mir besuchen?«; 3. »Schlafen Sie heute Abend mit mir?«

Die Erfolgsquote steigt pro Frage dramatisch, sodass die hübsche Schauspielerin auf Frage 3 fast nur noch Zustimmung erhält.

Ein sogar bis ins Fernsehen vorgedrungener Fremdgeh-Service machte vor einigen Jahren von sich reden. Einige attraktive Frauen boten ihren Geschlechtsgenossinnen an, deren Mann beim Seitensprung zu überführen und das Ganze bildlich eindeutig zu dokumentieren. Sie verführten den Ehemann vor versteckter Kamera und hatten damit – nach ihren durchaus glaubwürdigen Aussagen – fast immer Erfolg, zumal die Ehefrau des Mannes sie bezüglich dessen Vorlieben gebrieft hatte. So hinterhältig dieser Service aus männlicher Sicht auch erscheinen mag, der monogame Mann bleibt weiterhin ein unbekanntes Wesen. Natürlich stecken auch hinter diesem Fiasko biochemische, wenn nicht gar genetische Gründe.

Wenn wir also so auf Untreue, oder wir könnten auch sagen auf (Wechsel-)Spiele, von unserer Entwicklungsgeschichte und unserer inneren Natur getrimmt sind, könnten wir das zu unserer eigenen Entlastung wenigstens zur Kenntnis nehmen. Umso größer ist dann die Kulturleistung, wenn wir treu sind, und das könnte uns stolz und zufrieden machen. Wo es aber misslingt, sollten wir uns ehrlich bewusst machen, wo wir bei dem Versuch, über die Natur hinaus in Richtung Kultur zu wachsen, stehen. Nicht mehr, aber auch nicht weniger.

Evolutionspsychologisch ist für Männer nach wie vor das Gesetz des Rudels maßgebend – ob wir uns dabei ein Affen- oder Löwenrudel vorstellen, mag offenbleiben. Der Drang, der Beste zu sein, und das vor allem dadurch zu beweisen, dass man den eigenen Samen möglichst weiträumig verbreitet, ist vielleicht der mächtigste Impuls in unserer Biologie. In Anlehnung an den virilen Göttervater könnten wir auch vom Zeus-Syndrom sprechen. Wie weit und tief dieses alte Muster noch in Männern steckt, zeigt sich bis in die Welt der Spermien, bei denen alles auf Konkurrenz und Krieg ausgerichtet ist.

Eros' Pfeile spiegeln sich in den Spermien wider, die der marsischen Signatur nachempfunden sind wie sonst noch Geschosse und Raketen. Der Krieg der Spermien wird von einer kleinen Elitetruppe von Rekordschwimmern und Frontkämpfern angeführt, die das eine Ei erobern sollen. Daneben gibt es aber auch Millionen Blockierer, die nur die Konkurrenz, die Spermien etwaiger Rivalen, behindern sollen. Weiterhin sind Killerspermien im Einsatz, die die Konkurrenz schlicht auslöschen sollen und obendrein wie Bodyguards für Geleitschutz der eigenen Eliteschwimmer sorgen. Die Spermienarmee kann zwischen 100 und 500 Millionen Pfeile umfassen, je nachdem, was der Mann an Konkurrenz zu befürchten hat oder glaubt. Je unsicherer er sich seiner Alleinstellung ist, desto mehr Spermien wird er aufbieten, beim Onanieren wird dagegen – nachweislich – auf das ganze Zusatzheer verzichtet und nur in Minimalstärke Munition verspritzt. All das zeigt, wie sehr wir trotz aller kulturellen Anstrengung doch noch Natur sind.

Allerdings geht es mit der Fruchtbarkeit dramatisch bergab. In Spanien ist die Spermienanzahl junger Männern innerhalb der vergangenen zehn Jahre um bis zu 38 Prozent zurückgegangen, wie eine Vergleichsstudie ergab. In Frankreich kamen Wissenschaftler 2012 bei Erhebung der Daten von 26 000 Männern zu ähnlichen Ergebnissen. Beide Studien stützen die These, dass die Spermienquantität und -qualität bei Männern weltweit in den vergangenen Jahrzehnten zurückgegangen ist, in den letzten Jahren durchschnittlich um jährlich zwei Prozent. Falls diese Entwicklung anhält, ist bald die kritische Grenze erreicht, unter der Befruchtungen sehr erschwert sind. Das passt in das Bild der insgesamt desolaten Situation der Männer.

Auch wenn der (Eroberungs-)Krieg der Spermien also an Durchschlagskraft verliert, spiegelt er in der Analogie doch die Polung ihrer Besitzer wider, die sich ständig – oder sobald ihre Natur durchbricht – beweisen wollen oder sogar müssen und auf Befruchtungssuche gehen. Das aber kommt in einer Zeit, die schon das genüssliche Betrachten demonstrativ zur Schau gestellter weiblicher Formen unter den Verdacht des Sexismus stellt, nicht besonders an und führt, wenn *man* Pech hat, ins Abseits. Und bei Männern kennt unsere Zeit keinerlei »hormonelle Gnade«, wie bei jener Frau, die unter hormonellem PMS-Stress mordete und vom US-Gericht mildernde Umstände zugebilligt bekam.

SICH BINDEN, ZUSAMMEN LEBEN, SICH ENTWICKELN

Männer legen generell mehr Wert auf Aussehen, Frauen auf Ansehen, so die allgemein akzeptierte Meinung. Allerdings ist dies kein Vorurteil, sondern es beschreibt ein inzwischen wissenschaftlich gut belegtes geschlechtsspezifisches Verhalten. Doch auch eine Frau schaut auf das Aussehen. Nur beurteilt sie nicht nur seine Figur und sein Gesicht, sondern auch – aus männlicher Sicht so unwichtige – Details wie seine Hände und Gestik. Ihr ist eben wichtig, »ob die Schuhe stimmen« und »wie er tickt«. Ihr Urteil fällt in der Regel differenzierter aus, weil es sich auf mehr Bewertungspunkte stützt. Für sie lässt sich ein Mann nicht in drei Maßangaben zusammenfassen, wie umgekehrt Männer sich oft auf die von Brust, Taille und Po konzentrieren.

Eros schießt seine Pfeile keineswegs blind und willkürlich, sondern sie folgen der Logik der Schicksalsgesetze wie alles andere auch. Zuerst veranlassen sie die Frau wie beschrieben ein Auge auf den Mann zu werfen, ihm einen verheißungsvoll lockenden Blick zuzuwerfen, eine Geste zu machen, ein Lächeln zu schenken und über die Entfernung zuzusenden – irgendetwas, das *man* dahingehend interpretieren kann, sie habe ein Auge auf ihn (geworfen). Dann beginnt jene Leidenschaft auf hormoneller wie sozialer Ebene, die später nicht selten mit Eifer sucht, was Leiden schafft.

Eines der wirksamsten Aphrodisiaka besteht darin, dem Partner das Gefühl zu vermitteln, beachtet, wichtig genommen, geschätzt, gern oder gar lieb gehabt oder am besten geliebt zu werden. Der kurze Satz: »Ich liebe dich« ist das mit Abstand stärkste Aphrodisiakum. Grundsätzlich gilt: Wenn du willst, dass andere dich mögen, entwickele Interesse für sie.

Sobald sie auf eine attraktive Frau treffen, warten Männer mit ständiger Offenheit für Eros darauf, ein Zeichen von ihr als Aufforderung interpretieren zu können. Sie ahnen, dass viele Frauen, selbst wenn sie schon einen Partner haben, für vielversprechendes abwechslungsreiches Erbgut weiterhin oder neuerlich offen sind.

Bas Kast, der die folgenden Ergebnisse in seinem bereits erwähnten Buch *Die Liebe und wie sich Leidenschaft erklärt* zusammengetragen hat, stellt erstaunt fest, dass es so aussehe, als seien die Menschen überall auf der Welt auf der Suche nach demselben Traumpartner. Und es gibt auch nur einen Liebesgott, Eros, selbst wenn er in verschiedenen Regionen der Welt unterschiedliche Gewänder und Namen trägt. In allen untersuchten Kulturen dieser Welt fand Kast dieselben fünf wichtigsten Kriterien bei der Partnersuche im Sinne eines archetypischen Musters: An erster Stelle steht die Liebe in Gestalt gegenseitiger Attraktion, an zweiter die Zuverlässigkeit, also der Wunsch, sich vertrauen zu können. Drittens folgt die emotionale Stabilität; das heißt, die Partner sollten geistig gesund und nicht zu neurotisch und keinesfalls psychotisch sein. Viertens ist ein angenehmes Wesen wichtig, um sich miteinander wohlfühlen zu können. Fünftens sollte es nicht an Intelligenz fehlen.

Eros als Kind der Gegensätze hat daneben die Tendenz, Gegenpole zu vereinen, im Sinne der Beziehung zum Heil, was auch zu *Fatal attractions* und verhängnisvollen Affären führen kann. Dies geschieht besonders, wenn man be- und getroffen ist (von Eros' Pfeil), aber keine Bereitschaft zur Auseinandersetzung mitbringt. Eros mischt die Beziehungen auf und die Leute durch und stört so die so ungemein angenehmen Beziehungen zum Wohl. Hier liegt ein Grund für seinen schlechten Ruf im Patriarchat, das den Schwerpunkt mehr auf materiellen Fortschritt als auf seelische Entwicklung legt.

Eros aber ist ein Prinzip der Entwicklung, bringt er doch Fehlendes ins Spiel des Lebens, was natürlich in konservativ bürgerlichen Kreisen gar nicht erwünscht ist. Je entwicklungsfeindlicher die Be- und Getroffenen sind, desto mehr kann und wird Eros ihnen zusetzen, wie das Beispiel des Liebespaares wider Willen aus der Bank verriet, das die Pfeile zu ignorieren suchte, die dadurch schmerzliche chronische Wunden verursachten. Der schon erwähnte Film *Ages of Love* macht es künstlerisch noch deutlicher. Der Jugendliche lässt sich von Eros herumwirbeln, der längst Pensionierte folgt vorbehaltlos Eros' Ruf. Der verängstigte Spießer in der Lebensmitte aber leistet Widerstand und landet in tiefster Dunkelheit und entsprechendem Leid.

Wer anerkennt, dass Wachstum und Entwicklung unsere vorrangigen Lebensaufgaben und auf jeden Fall zu bewältigen sind, erkennt und anerkennt zugleich die befreiende und impulsgebende Energie von Eros. Wir können uns durch Schicksalsschläge und -herausforderungen therapieren lassen: durch harte Arbeit an uns selbst mittels Psychotherapie oder durch Eros und seine verlockende(n) Liebe(sspiele). Die Frage, ob sich mit Eros nicht einer der schönsten Entwicklungswege auftut, kann und muss jede(r) für sich klären.

Schon Platons Vorstellung aus dem *Symposion*, jene Geschichte von den Kugelmenschen, zielt auf diese Lösung: Die Liebe macht uns wieder ganz, wenn wir die andere, gegensätzliche Kugelhälfte finden. Dabei zu helfen ist Eros' Aufgabe. Deshalb sind Verliebte wohl auch so unglaublich gut drauf, so bereichert, beschenkt und beglückt: Sie fühlen sich zusammen wieder ganz und heil. Diesen Zustand – auf Dauer – aufrechtzuhalten ist allerdings sehr schwierig und anspruchsvoll, denn es setzt Schattenintegration voraus, sonst bleibt es ohne Chance auf Erfolg. Die Gegensätze ziehen sich zwar an, aber zusammenbleiben, es miteinander in der Spannung aushalten, das ist herausfordernd. Eros hat gerade eine Vorliebe für solche anspruchsvollen Beziehungen. Die heißeste Liebe entsteht, wenn die Gegensätze am größten sind, dann funkt es am hellsten und knallt am lautesten.

Der Rausch der entfachten Leidenschaft macht anfangs blind für vieles, aber er macht auch das Wichtigste deutlich: wieder ganz und heil zu werden und den Gegenpol in Gestalt der oder des Geliebten zu integrieren. Nach C. G. Jung trägt jede Frau ihren inneren Mann, Animus genannt, in sich, so wie jeder Mann seine innere Frau, die Anima. In diesem Sinn spiegelt jeder Mann seiner Partnerin Mars, sie ihm Venus. So hat jede Frau ihren Geliebten und jeder Mann seine Geliebte in sich, und Partnerschaft ist der Weg, sie zu erwecken. Falls man sich ihnen in den Weg stellt, packen auch Venus und Mars ihre unerlösten dunklen Schatten aus. Sie sind bei Mars als Aggression bekannt und bei der Liebesgöttin als Eifersucht, Intrigen, Zickerei, Manierismen und Unehrlichkeit.

Eros hat von seinem Vater Mars viel Mut, und er verlangt auch einigen Mut von den menschlichen Zielen seiner Pfeile. Es setzt in der bürgerlichen Welt eine gewisse Courage voraus, sich einander hinzugeben, und noch mehr, sich dazu zu bekennen, wenn die Umstände ungünstig sind. Aber noch sehr viel mehr Mut ist nötig, sich im Zusammenleben auszuhalten und zusammenzubleiben, bis gemeinsame Themen und Aufgaben gelöst sind.

Wegen der allgemeinen Verweigerung gegenüber solchen Herausforderungen ist Eros auch so relativ erfolglos; viele leiden unter verhängnisvollen Affären, und die meisten der von ihm gestifteten Verliebtheiten gehen schief. Die Menschen reißen sich vor lauter Schreck seine Pfeile aus der Brust und die Brandfackel aus dem Herzen aus Angst, sie müssten ihr Leben wagen – dabei geht es nur darum, etwas mehr Lebendigkeit zu ertragen. Argumentiert wird meist mit Anstand und Treue, Pflichtbewusstsein und Verantwortung gegenüber Kindern und altem Partner.

In Seuchenzeiten von Burn- und Bore-out sind die Menschen auch vielfach zu beschäftigt, um sich auf Eros einzulassen. Burnout-Kandidaten haben schlicht keine Zeit für erotische Abenteuer, da sie sich sowieso schon zu Tode schuften. Bore-out-Opfer haben sich vor dem Leben versteckt, sind *weg vom Schuss* und außer Reichweite und langweiligen sich in aller Ruhe zu Tode.

Bas Kast geht – auf verschiedene wissenschaftliche Studien gestützt – davon aus, dass die Beziehung erfolgreicher ist, wenn sich das Paar in möglichst vielen Dingen ähnelt. Die Frage ist nur, wie man in diesem Zusammenhang Erfolg definiert. Sicher ist in Beziehungen zum Wohl nicht so viel Schattenarbeit zu leisten, was angenehmer ist, aber genau um diese Schattenkonfrontation geht es im Leben, denn im Schatten schlummern unsere größten Schätze. So kommt es, dass entwicklungswilligen Menschen jener, der bürgerlichen Welt hochverdächtige, Eros ausgesprochen wichtig ist. Die Frage ist, ob wir möglichst lange und ungestört leben wollen oder eher intensiv und bewegt und trotzdem lange, weil durch Liebe gestärkt. Eros steht für Letzteres.

Eros' Einfall in das eigene Leben kann ganz entscheidend der Selbstfindung dienen, wenn wir ihm Beachtung und (Lebens-) Raum schenken. Insofern trägt Eros oft entscheidend zur Individuation im Sinne von C. G. Jung bei. Immerhin ist erotische Erfüllung oft integraler Bestandteil eines gelungenen Lebens. Eine große Liebe, die immer auch Erotik umfasst und mit ihr beginnt, zu verweigern hat wohl noch nicht viele Menschen auf ihrem Individuationsweg weitergebracht. Ihr nachzugehen wurde schon vielen zum Sprungbrett in ein neues, erfüllteres und damit glücklicheres Leben. Es erfordert oft großen Mut, über Erotik und Hingabe die große Liebe zu finden – auch um den Preis der Aufgabe von anderem, da wir in unserer Kultur dazu neigen, uns im Sinne von Eheschließung festzulegen und uns damit von weiteren Entwicklungsmöglichkeiten in Liebesdingen abzuschneiden. Sich daraus wieder zu befreien ist durchaus mit dem Schritt des Buddha zu vergleichen, der der Befreiung und Verwirklichung *zuliebe* Familie und angestammte Tradition verlassen musste. Als der Ruf ihn ereilte, wagte er es, ihm zu folgen, was seine Frau, Eltern und die Umwelt sicher entsetzlich befremdete. Ähnlich dramatisch trifft wohl Christus' Anweisung »Lasst die Toten die Toten begraben« die Jünger, als diese familiäre Verpflichtungen vorschützten, um ihm nicht gleich und radikal folgen zu müssen.

Eros' Pfeil oder Ruf kann etwas ganz Ähnliches bewirken und zu einem neuen, lebendigeren und spannenderen Leben aufrufen. Es verlangt Mut, solchem Ruf zu folgen, und stößt bei der in der Regel konservativen Umwelt auf wenig Verständnis und oft genug auf böse Verachtung. Umso mehr ist Verantwortung gegenüber der eigenen Entwicklung und der der Umwelt notwendig, damit es gelingt, solchem Ruf zu folgen und ihm gerecht zu werden. Dieser Schritt oder Sprung hat Anerkennung und Bewunderung statt Verachtung verdient. Menschen, die das Leben wagen, könnten uns Vorbilder sein, denn darum geht es schlussendlich.

Alle bekannten Sterbeforscher berichten, dass Menschen auf dem Totenbett vor allem am nicht gelebten Leben leiden.

Eros aber verleitet jederzeit zum Leben. Er nimmt uns ab der Pubertät an die Hand und lässt uns bis ans Ende nicht mehr los. Auch wenn die Jungen heute so cool tun, sind sie doch ganz heiß auf die Liebe. Wenn sie sich chillend dem modernen Hamsterrad aus Karriere und Geldverdienen entziehen, bahnt sich meist schon wieder Erotik an. Aber auch in späteren Jahren, wenn Eros noch viel mehr Mut von uns verlangt, eingefahrenes Leben stört und unser Lebensschiff nicht selten aus der Bahn wirft, ist er immer der Individuation verpflichtet. Nicht selten animiert er dazu, nochmals von vorn anzufangen, wenn die Betroffenen schon mit allem abgeschlossen hatten.

Halten wir noch einmal fest: Je ähnlicher sich zwei Menschen sind, desto geringer ist ihr Konfliktpotenzial und desto wohler fühlen sie sich natürlich miteinander. Für Entwicklung und Wachstum ist hingegen die Devise »Gegensätze ziehen sich an« ideal, was ein hohes Konfliktpotenzial in sich birgt. Für eine ruhige, haltbare Ehe ist dagegen das »Gleich und Gleich gesellt sich gern« deutlich zielführender.

Mit Eros allein schaffen wir es kaum, Beziehungen zu leben. Dazu brauchen wir auch den Archetyp seiner Mutter Venus mit der Tendenz zu Ausgleich, Aussteuerung und Resonanz. Wir können uns sonst nicht aushalten, da wir die Spannung der Gegensätze auf Dauer nicht ertragen. Liebespaare tun sich offensichtlich schwer, auch nur die kleinste Differenz zwischen sich zu ertragen, mit der einzigen Ausnahme des Geschlechts. Und selbst hier scheinen homoerotische Paare Vorteile zu haben.

Wer mehr nach Bestätigung und Anerkennung sucht, statt nach Bewusstseinserweiterung, die wir eher durch Fremde und Fremdes erfahren, muss sich vor Eros hüten. Gegen seine Pfeile wappnet man sich wie folgt: Sich einfach nie zeigen, wo etwas los ist, und nichts Aufregendes unternehmen, denn das könnte

Erregung auf verschiedenen Ebenen fördern; auf strikte Beibehaltung von Gewohnheiten und Routine achten; sich gegen alle Veränderungen und Neuerungen wehren; eine Rüstung aus äußerer Unattraktivität durch Kleidung, Frisur, Gesichtsausdruck und Ausstrahlung herstellen. Männer schützt auch Hygienemangel und tierproteinreiche Ernährung recht wirksam, weil beides abschreckende Ausdünstungen und abstoßende Körpergerüche fördert; außerdem schützt Männer geringes Ansehen, Armutsbewusstsein, Humorlosigkeit und die Sucht, stets im Mittelpunkt zu stehen.

Diese Zusammenstellung zeigt schon, wie unterschiedlich schwer es Frauen und Männer mit der Abwehr von Eros haben. Männer tun sich mit den ersten drei Punkten schwerer, Frauen widerstreben die letzten drei, während diese vielen Männern als recht natürlich und selbstverständlich erscheinen mögen.

DER (SEXUAL-)HORMONRAUSCH

Wenn wir von Liebe sprechen, denken wir im Allgemeinen an große Gefühle und romantische Situationen. Aber es gibt auch die bodenständigere Ebene dieses weltbeherrschenden Phänomens, nämlich deren körperliche Aspekte. Wissenschaftlich längst entschlüsselt sind die Haupthormone, die Lust entfachen, die Östrogene und Androgene wie Testosteron, das Hormon der Lust. Es mag romantisch veranlagte Menschen desillusionieren, dass es auch hormonelle Gründe gibt, wenn wir uns zu jemandem hingezogen fühlen und ihn erotisch anziehend finden. Dabei verweist dies doch nur wieder einmal auf das große Geheimnis der Schöpfung: die Alchemie der Liebe.

Wir haben es hier mit einer Parallelebene zur geistig-seelischen zu tun. Beide stehen für sich, und keine macht die andere durch ihre Existenz unwichtig oder gar minderwertig. Beide sind untrennbar und kommen auch in jedem Moment der Liebe zusammen.

Inzwischen ist das Phänomen der zauberhaften Anziehung und euphorischen Verliebtheit, das die berühmten Schmetterlinge in den Bauch zaubert, biochemisch enträtselt. Kaum schauen wir uns nämlich in die Augen, werden die Pupillen größer. Dies gilt auch als schöner, wohl weil der Venus näher, und wurde früher mit der Tollkirsche, Belladonna, künstlich zu erreichen versucht. Außerdem lassen uns die Neurotransmitter *verrücktspielen*, jene Hormone oder Botenstoffe, die zwischen Nervensystem und Drüsen vermitteln und, über das Blut verschickt, in der Psyche Verlangen und Begehren erleben lassen.

Östrogen und Serotonin im Wechselspiel der Liebe

Ein Anstieg von Östrogen, des urweiblichen Hormons, dessen Auswirkungen auf das körperliche Aussehen bereits Thema war, erhöht zugleich die Spiegel von Serotonin, dem Wohlfühlhormon, und Dopamin, dem Glückshormon. Bezeichnungen wie Wohlfühl- und Glückshormon sind allerdings ziemlich unscharf und weniger der Wissenschaftsterminologie als dem Vereinfachungsbedürfnis der Illustrierten entsprungen. Natürlich macht das von Serotonin vermittelte Wohlgefühl auch glücklich und kann bis zu herzöffnender Ekstase reichen, diese ist insgesamt aber ruhiger als die durch Dopamin ausgelösten, eher aufgedrehten und nach außen drängenden Glücksgefühle. Insgesamt sind solche Wirkungen für die Wissenschaft schwer zu fassen, weil sie dem individuellen und sehr persönlichen Erleben vorbehalten sind. Trotzdem lässt sich feststellen, dass Love Parades mit Millionen verzauberten Teilnehmern auf dem Wohlgefühl durch Serotonin basieren, das unter Einnahme von Amphetamin vermehrt ausgeschüttet wird.

Da Östrogen die Spiegel sowohl des introvertierenden als auch des extrovertierenden Glücksgefühls hebt, dürfte klar werden, was für ein zauberhafter Stoff es ist. Verständlich wird auch, warum sich viele Frauen bei der Einnahme der ersten Antibabypillen, wahren Östrogenbomben, so wohlgefühlt haben. Mit sinkendem Östrogenspiegel gehen auch Serotonin- und Dopaminwerte zurück. Das mag erklären, warum die Depressionsanfälligkeit in der Menopause wächst. Darüber hinaus ist längst erwiesen, dass Serotoninmangel die Entstehung von Depressionen begünstigt. Drei Viertel der Depressiven erfahren durch Steigerung des Serotoninspiegels über sogenannte Serotonin-Wiederaufnahmehemmer deutliche Besserung. Eine Rolle spielt wohl auch noch, dass das weibliche im Vergleich zum männlichen Gehirn nur etwa halb so viel Serotonin produziert. Diese Tatsache könnte die höhere Anfälligkeit von Frauen für Depressionen erklären.

Inzwischen ist gut erforscht, wie der weibliche Zyklus über den Serotoninspiegel die Stimmung beeinflusst. Das Wohlgefühl wächst in der ersten östrogenreichen Periodenphase kontinuierlich bis zum Eisprung und ist anschließend wieder rückläufig mit dem Sinken von Östrogen und Serotonin. Der Tiefpunkt im Hinblick auf beide Hormone wird kurz vor der Monatsblutung erreicht, genau in der Zeit, in der viele Frauen besonders leiden. An den Tagen vor den Tagen macht sich zunehmend das sogenannte Prämenstruelle Syndrom (PMS) breit, das bereits 30 Prozent der Frauen quälen soll. Babyblues oder Wochenbettdepression lassen sich ebenfalls über den Abfall des Östrogenspiegels erklären und den damit verbundenen Serotoninrückgang. Nach der Geburt erleidet die Frau einen dramatischen Absturz des Östrogenspiegels.

Launenhaftigkeit, seit alters her dem weiblichen Geschlecht unterstellt, fände einerseits mit der um 50 Prozent geringeren Fähigkeit des weiblichen Gehirns, Serotonin zu produzieren, und andererseits mit jenen Östrogenschwankungen eine Erklärung. Wahrscheinlich kann eine Erhöhung des Serotoninspiegels auch die Östrogenausschüttung aktivieren; es würde erklären, warum einzelne Konsumentinnen einer den Serotoninspiegel hebenden

Rohkostmischung[14] im entsprechenden Alter berichteten, ihre Regel wieder zurückbekommen zu haben und mit ihr eine fühlbare Stärkung der Libido.

Dopamin – Hochzeit im Belohnungssystem

Dopamin aktiviert unser Belohnungssystem im Gehirn. Es hat sich im Laufe der Evolution zu einem zentralen Bereich entwickelt, der das Überleben unserer Art entscheidend sichert. Über den Botenstoff Dopamin aktiviert, wenn wir Lust empfinden, dient es beim Geschlechtsverkehr der Fortpflanzung und damit der Erhaltung der Art und beim Essen der eigenen Lebenserhaltung.

Vermehrt gebildetes Dopamin lenkt unsere ganze Aufmerksamkeit auf den *ins Auge gefassten* Partner. Allein durch seinen Anblick beginnt es sofort biochemisch in uns zu rumoren. Wenn wir verrückt nach jemandem sind, spielen die beiden wesentlichen, chemisch nahe verwandten Glücksbotenstoffe Serotonin und Dopamin ebenfalls verrückt. Als Lustmolekül fördert Dopamin das brennende Verlangen, macht euphorisch und manchmal sogar toll und geradezu manisch. Bei Verliebten findet sich Dopamin erhöht und Serotonin erniedrigt. Im sogenannten Nucleus caudatus, einem der Basalganglienkerne im Zentrum des Gehirns, der zum Belohnungssystem gehört, ist die Hölle los beziehungsweise wird der Himmel vorbereitet. Das Zusammenspiel von Dopamin und Serotonin dürfte für die Ekstase des Verliebtseins verantwortlich sein. Wer sich süchtig nach seinem Partner fühlt, erlebt einen Dopamineffekt, der von Drogen, die auf dasselbe Belohnungszentrum wirken, bekannt ist.

Wer in für Glücksgefühle weniger offenen Zeiten seinen Organismus auf natürliche Weise mit ausreichend Dopamin versorgen will, kann seine Vorstufen aus dem zu diesem Zweck konzipierten

14 *Take me – Glücksnahrung*, *Take me plus*: www.heilkundeinstitut.at.

pflanzlichen Präparat *Take me – plus* (siehe Anhang) beziehen, das auch die Vorstufen weiterer Glückshormone enthält. Der Serotoninspiegel lässt sich über *Take me – Glücksnahrung* sichern.

Ekstase und Serotonin

Als Wohlfühlhormon bereitet Serotonin der Erotik das Terrain, denn wer sich wohlfühlt, ist offener für Erfahrungen von Sinnlichkeit. Und wer sich Sinnlichkeit und Sexualität hingibt, leidet auch seltener an Serotoninmangel, was sich in weniger Depressionen zeigt. Der Chemiker Marco Rauland belegt in *Feuerwerk der Hormone*[15], wie bei sexueller Enthaltsamkeit die Häufigkeit von Depressionen deutlich zunimmt. Der Serotoninspiegel ist wie ein Stimmungsbarometer, und wir sind gut beraten, ihn hochzuhalten. Das versuchen auch die meisten Menschen intuitiv. Hier liegt wohl der Grund, warum 60 Millionen US-Amerikaner Prozac schlucken, den ersten Serotonin-Wiederaufnahmehemmer. Dieses Antidepressivum verhindert die Wiederaufnahme einmal ausgeschütteten Serotonins und erhöht so dessen Spiegel im Gehirnwasser. Die Jüngeren setzen eher auf Drogen wie Ecstasy und LSD, die ebenfalls die Serotoninkonzentration akut und erheblich erhöhen, und zwar durch Ausschüttung allen verfügbaren Serotonins. Die große Mehrheit der Bevölkerung aber tendiert zu Süßigkeiten wie Schokolade, die zwar den Spiegel nur geringfügig anheben durch die Zufuhr der Hormonvorstufe in Gestalt der Aminosäure L-Tryptophan, aber leicht und unverdächtig zu haben sind. Die mit Abstand gesündeste Variante stellt die erwähnte Rohkostmischung dar.

Der Neurotransmitter Serotonin spielt also eine entscheidende Rolle für Gesundheit und die Liebe, allein weil er für gute Stimmung im Leben sorgt, indem er die Stimmungszentren im Gehirn

15 Marco Rauland. *Feuerwerk der Hormone. Warum Liebe blind macht und Schmerzen weh tun müssen*. Hirzel 2007.

aktiviert mit dem Ergebnis entspannter Gefühle von Zufriedenheit. Bei Stress und Sorgen sinkt mit der Stimmung der Serotoninspiegel und umgekehrt. Wer sich viel ärgert und stresst, verbraucht viel Serotonin und erntet schlechte Laune. Je mehr Stress ein Mensch zu bewältigen hat, desto mehr Serotonin verbraucht er, und desto weniger ist zur Stimmungsanhebung verfügbar. Wird es nicht rasch nachgeliefert, sinkt die Stimmung unweigerlich.

Bei Depressionen und Zwangsstörungen kann sich der Serotoninspiegel tatsächlich halbieren. Offenbar wird bei solchen Zuständen, die den Organismus erheblich stressen, viel mehr Serotonin verbraucht.

Beide Störungen sind folglich durch Medikamente beeinflussbar, die den Serotoninspiegel erhöhen, wie die erwähnten Serotonin-Wiederaufnahmehemmer. Medikamente, die zusätzlich Serotonin ins Gehirn schleusen, gibt es nicht, wenn man von der Droge Ecstasy absieht, die es immerhin ausschüttet.

Aber nicht nur Depressionen und Zwangszustände senken den Serotoninspiegel, sondern eben auch Verliebtheit. Wahrscheinlich entflammen Eros' Pfeile die Getroffenen dermaßen, dass sie eine mit Serotoninanstieg verbundene Euphorie erleben, die für den Organismus nach einiger Zeit in Stress ausartet. Der Serotoninverbrauch steigt, und sein Spiegel sinkt anschließend auf Dauer in den Keller, was aber vom Charme der anhaltend erotischen Stimmung überspielt wird. Den bekommen aber nur Betroffene selbst zu spüren, Außenstehende bemerken oft die leicht gereizte Stimmung und den auf den Partner fixierten und damit auch eingeschränkten Tunnelblick. Völlig beratungsresistent, neigen Verliebte nicht selten und ohne es selbst zu merken dazu, ihrer Umwelt gehörig auf die Nerven zu gehen. In der ersten Verliebtheitsphase bekommt die Schulmedizin keine Versuchspersonen zu fassen und hat aus dieser Phase auch keine Daten zur Verfügung. Allein das Schmetterlingsgefühl im Bauch, das Verliebte umtreibt, etwa zeigt bereits den hohen Serotoninumsatz und -verbrauch an.

Verliebtheit hat nun einmal bewusstseinsmäßig Ähnlichkeiten mit Zwangs- und Depressionszuständen, wie die Einengung des Bewusstseins auf ein Thema bis zum Tunnelblick. Der Zwangsneurotiker ist weitgehend auf seinen Wasch- oder Schließzwang beschränkt, der schwer Depressive auf sein Thema Tod und Suizidgedanken. Die Bewusstseinseinschränkung auf den einen einzigen geliebten Menschen hat in diesem Sinne Ähnlichkeiten mit einer, wenn auch angenehmen Zwangsstörung. Die Wahrnehmung ist äußerst eingeschränkt, Schattenseiten der geliebten Person werden ebenso unbemerkt wie konsequent ausgeblendet, und Verliebte fixieren sich in auffälliger und der Umgebung eigenartig erscheinender Weise auf diese eine Person. Während sie weite Bereiche des übrigen und bisher wichtigen Lebens ignorieren, blicken sie fast ständig auf die oder den Auserwählte(n) und sehen sie oder ihn in lichtesten Farben. Wenn nach einiger Zeit die Verliebtheit – seelisch und biochemisch – nachlässt, normalisiert sich parallel zum Serotoninspiegel auch das Leben wieder. Das aber empfinden Eros' Jünger als Enttäuschung, wohingegen es sich medizinisch, das heißt im Blick auf den Serotoninspiegel, wie eine Genesung darstellt.

Die Bestimmung des Serotoninspiegels bietet also gleichsam auf biochemischem Weg die Möglichkeit, Verliebtheit von Liebe zu unterscheiden. Die Verliebtheit gleicht biochemisch dabei einer Stresssituation mit reduziertem Serotonin und erhöhten Stresshormonen wie Cortisol und Adrenalin.

Interessant wäre die Frage, wie Verliebte reagierten, wenn ständig genügend Serotonin durch reichlich aufgenommenes L-Tryptophan nachgeliefert würde. Was bei Depressions- und Zwangszuständen zu einer deutlichen Linderung der Beschwerden führt, könnte sehr wohl euphorische Verliebtheitsgefühle hoch halten, ohne Eifersucht und Tunnelblick heraufzubeschwören. Insofern dürfte eine an L-Tryptophan reiche Ernährung auch ein wundervolles Aphrodisiakum sein, das hilft, Verliebtheit in

Liebe zu überführen und von Eros zu seiner Mutter Venus zu gelangen. Serotonin beziehungsweise seine Vorstufe L-Tryptophan wäre damit nicht als Mittel gegen Verliebtheit zu sehen, sondern als notwendige Ersetzung verbrauchten Wohlfühlhormons. Wer mehr verbraucht, muss natürlich auch mehr zuführen. Im Zusammenhang mit Eros' Wirken ist also – sobald man sich von dessen Pfeilen getroffen fühlt – auf genügend Nachschub an frischem Serotonin zu sorgen. Der Körper baut es vor allem im Darm aus der essenziellen Aminosäure L-Tryptophan auf, die in vielen Lebensmitteln enthalten ist. Gute pflanzliche Quellen sind Brokkoli, Quinoa und Amaranth sowie Bananen. Mit dem Aufbau von Serotonin im Darm ist es aber nicht getan. Sein Weg durch die Blut-Hirn-Schranke in das Allerheiligste des Gehirns, die eigentliche Quelle unserer Liebesgefühle, ist anspruchsvoll und kompliziert.

Gesichert ist, dass an L-Tryptophan reiche Nahrung in Kombination mit Zucker, der Insulin aus der Bauchspeicheldrüse mobilisiert, den Serotoninspiegel im Gehirn erhöht. Insulin spielt dabei eine entscheidende Rolle, da es Körperzellen nicht nur für Zucker (Glucose), sondern auch für alle Aminosäuren außer L-Tryptophan öffnet. Dadurch verschwinden diese aus dem Blut und damit aus der Konkurrenz an den Transportsystemen der Blut-Hirn-Schranke. Ähnlich wirkt Bewegung, indem sie Muskelzellen für alle Aminosäuren außer L-Tryptophan öffnet.

Neben der Funktion als Stimmungsbarometer hat Serotonin weitere ausgleichende Auswirkungen auf die Psyche. Hemmungslosigkeit und die Tendenz zu verrückten und hochgradig irrationalen Handlungen korrespondieren mit deutlich erniedrigtem Serotoninspiegel. Und wieder fallen Parallelen zur Verliebtheit auf, die viele von Eros' Pfeilen Getroffene auffällig enthemmt und zu den verrücktesten und unerwartetsten Verhaltensänderungen verführt. Manchmal erscheint Verliebtheit geradezu wie ein Ausgleich für allzu rationale, allein von materiellen und Vernunftargumenten gesteuerte Menschen, die sie aus der Bahn wirft und damit in neue Gleise bringt.

Bei einem Serotoninüberfluss im Gehirn wie unter dem Amphetamin MDMA (Ecstasy) fühlen sich die meisten meilenweit entfernt von solcher Aufgedrehtheit wie auch von Eifersuchtsgefühlen. Sie erfahren einen Zustand, der sie der Einheit näherbringt, in dem sie Gott und die Welt umarmen könnten und mit offenem Herzen allen alle Liebe dieser Welt gönnen. Interessant ist, dass sie ihre ekstatischen Liebesgefühle ganz entschieden in der Mitte der Brust und damit im Herzraum erleben. Es spricht also vieles dafür, dass in diesem alten klassischen Zentrum der Liebe auch auf der Ebene der Neurotransmitter einiges »abgeht«. Aber offenbar muss L-Tryptophan zuerst aus dem Darm durch die Blut-Hirn-Schranke in das Gehirn gelangen. Seine ekstatischen Empfindungen löst es jedoch nach wie vor und wie zu allen alten Zeiten im Herzen aus, oder wir projizieren sie jedenfalls dorthin.

Mit dem Abklingen der Serotoninflut ergibt sich natürlich ein relativer Mangel am Wohlfühlhormon. Nun ist Ekstase bürgerlichen Menschen eher etwas Verdächtiges. In einem gängigen medizinischen Wörterbuch wird sie als »Zustand im Rahmen der Schizophrenie« und »bei religiösen Wahnvorstellungen« beschrieben. Diese Definition von Psychiatern, die in ihrem Leben Ekstase offensichtlich nur als Krankheit an Patienten erleben durften, nimmt der Schulmedizin die Chance, diese (lebens-)wichtige Erfahrung in ihrer Bedeutung für sich entwickelnde Menschen zu erkennen.

In dem wundervoll erotischen Film *Don Juan de Marco* spielt Johnny Depp einen begnadeten Verführer im Liebesrausch und Marlon Brando seinen ebenso begnadeten für die Wirklichkeit erotischer Ekstase gerade erwachenden Psychiater, der an dem erotischen Wahn seines Patienten den ganzen Charme und die Ekstase der Liebe im fortgeschrittenen Alter der Pensionsgrenze entdeckt. So genesen beide aneinander und lösen sich von einer schwierigen und ausgesprochen unerotischen Vergangenheit.

Mit ihrer Verteufelung von Ekstase fördert die Schulmedizin lediglich die Drogenszene, indem sie den Vorwand für deren Kriminalisierung liefert. Der Krieg gegen die Drogen ist erstens längst verloren und schafft zweitens inzwischen viel mehr Leid als Erleichterung. Vor allem aber verhindert die dahinterliegende Einstellung eine überfällige Beschäftigung und Aussöhnung mit Themen wie Ekstase und Rausch. Aber diese Art der Niederschlagung beider Themen ist nicht einmal neu, immer wieder wurde sie versucht, bereits im Krieg gegen den Orgienkult des Dionysos, aber auch in so kläglichen Versuchen wie der Prohibition, dem Alkoholverbot in den USA, das von der Mafia damals schon genauso effektiv unterlaufen wurde wie das heutige Drogenverbot. Wer Drogen will, bekommt sie auch, damals wie heute. Und über den verschiedenen Kriegen wird die eigentliche Therapie übersehen: der Weg in ein ekstatisches Leben, das gar keine äußeren Drogen braucht, weil es (körper-)eigene wie Serotonin und Dopamin zur Verfügung hat.

Chemisch und von der Wirkung her ist Ecstasy (MDMA) dem anderen, an kleine Jungen gegen ADS (Aufmerksamkeitsmangel-Syndrom) und Hyperaktivität verteilten Amphetamin Ritalin verblüffend ähnlich, weshalb Ritalin ihm auf Partys auch schon den Rang abgelaufen hat. Erstaunlich, dass ein Stoff, der in Schweden als einer der gefährlichsten überhaupt und auf der Ebene von Heroin eingestuft, verboten ist, bei uns millionenfach über Apotheken vertrieben und Kindern verabreicht wird.

Eine unerwartete Erfahrung mit dem Sohn einer Kursteilnehmerin hat mir die Zusammenhänge zwischen Serotonin und Ekstase noch klarer gemacht: Zuerst beschwerte der junge Mann sich, dass die empfohlene Rohkost ihn gar nicht wirklich »anturne«. Er sei sich dessen sicher, weil er die vielfache Menge (ein-)genommen habe. Ich erklärte ihm, dass sie nur für volle Speicher sorgen könne, aber nicht zu deren Öffnung wie Ecstasy. Nach einigen Monaten kam eine E-Mail von ihm, in der er sich wegen der ersten wütenden Kontaktaufnahme entschuldigte. Er habe jetzt den Dreh gefunden, nehme einen Löffel der Rohkost vor dem Rave und zwei danach. So habe er eine noch bessere Ekstase und danach keinen »hanger«, weil er ja die Speicher gleich wieder auffülle. Inzwischen hätten einige junge Leute dieses Vorgehen imitiert und seine Erfahrungen wiederholt. So war und ist es natürlich nicht gedacht, bestätigt aber doch die vorliegenden Mechanismen.

Hier liegt auch eine erhebliche Ambivalenz für mich als Arzt. Bedenken wir, dass es bei unserem Beispiel lediglich um einen Löffel einer speziellen Rohkostmischung geht, wodurch einige unangenehme Drogennebenwirkungen auf sehr harmlose Art kompensiert werden. Der junge Mann ist selbst darauf gekommen. Er lässt sich das von mir nicht ausreden. Und ich werde ihn – nach meinen Erfahrungen – auch nicht per Mail oder Buchbeitrag an der Einnahme von Drogen hindern können. Diese Rohkost unterbindet deren unangenehmste Nebenwirkungen. Darf man das also schreiben? Ich glaube, jungen Leuten raten zu müssen, sie sollten, wenn sie schon Ecstasy nehmen, dazu viel Wasser trinken. Das halten sehr enge Geister bereits für eine Anregung zum Drogenkonsum. Es rettet aber unter Umständen das Leben junger Leute, denn in Discos Amphetamine einzunehmen, ohne ausreichend Wasser zu trinken, ist lebensgefährlich.

Definitiv rate ich zu Ekstase-Erfahrungen über spirituelle Übungen wie etwa den verbundenen Atem und über Erotik, wie in diesem Buch beschrieben. Persönlich weiß ich nicht, wer mir mehr leidtut, diejenigen, die noch nie eine Ekstase-Erfahrung hatten in der Elterngeneration, oder Jugendliche, die sie sich über Drogen holen. Ich habe meine über spirituelle und erotische Erlebnisse. Diese vermittle ich gern, und darum bemühe ich mich in diesem Buch. Auch dem jungen Mann habe ich natürlich dazu geraten.

Wer seinen Serotoninspeicher auffüllt, kann eben nicht sofortige Glücksempfindungen erwarten. Aber wenn sich Gelegenheiten für Glückserfahrungen im Laufe des Tages einstellen, kann er sie auf der Basis von ausreichend Serotonin empfinden. Denn heute ist es einer im Stress strauchelnden Mehrheit offenbar wegen Serotoninmangels selbst in schönen Situationen oft nicht mehr möglich, diese überhaupt zu spüren und zu genießen. Genauso wird niemals ein Aphrodisiakum die Situation des Verliebens ersetzen, aber es kann sie wahrscheinlicher machen. Mit offenen Herzen werden sich viele leichter verlieben und vielleicht – hoffentlich – auch in Gott und die Welt.

Serotonin und (Eifer-)Sucht

Eros schießt und trifft, und schon sind Getroffene *verknallt*. Doch wenn Eros nur einen Pfeil auflegt, löst er so verrückte Phänomene wie die wahnsinnige Liebe der Stalker aus. In der Verliebtheit ist jemand ähnlich besessen vom Partner wie in der Eifersucht oder wie in der Zwangsneurose besessen von seinem Thema. Dabei stoßen wir biochemisch auf die Polarität und den Schatten im Archetyp von Eros. In allen drei Fällen ist der Mensch von Gedanken geradezu zwanghaft fixiert bis zu fixen Vorstellungen. Der Eifersüchtige hat die fixe Idee, betrogen worden zu werden, ähnlich wie ein Stalker im Liebeswahn an der fixen Idee vom eingebildeten Partner festhält, der die Liebe nicht erwidert oder gar nichts davon weiß.

Als Kehr- oder Schattenseite von Verliebtheit und Liebe muss uns Eifersucht ebenfalls interessieren. Urprinzipiell geht es hier um Besitz- und Machtstreben in Bezug auf die Seele, was dem Lebensprinzip des Pluto zuzuordnen ist. Bob Dylan fasste das Problem in einer Liedzeile zusammen: *»I gave her my heart, but she wanted my soul«* (»Ich gab ihr mein Herz, aber sie wollte meine Seele«). In der Liebe verschenken wir unser Herz, und das führt zu wundervollen herzöffnenden Gefühlen. Wenn aber jemand Besitzansprüche an die Seele anmeldet wie bei der Eifersucht, wird es rasch unerträglich.

Natürlich gibt es auch im tiefen Schattenreich immer einen hellen Punkt, und Eifersucht kann manchmal Kindern die Familie retten, wird dann aber dem fügsamen Opfer der Eifersucht oft *das Leben kosten*. Meist wird sie, vor allem wenn sie dominiert, bei dem Versuch, den Status quo der Familie zu erhalten, ein schrecklich zerstörerisches Muster heraufbeschwören und die Familie unter langen Qualen erst recht zerstören.

Frauen leiden mehr unter emotionaler, Männer unter sexueller Untreue, und beides kann Eifersucht heraufbeschwören. Das ist auch verständlich, denn Männer konnten sich bis in die jüngste Vergangenheit nie der Vaterschaft sicher sein, während Frauen mehr fürchten mussten, er könne sich emotional woanders binden. Insofern ist für Männer bis heute sexuelle Untreue der Scheidungsgrund Nummer eins und auch der häufigste Grund, die eigene Frau umzubringen. Dies gilt, so die Statistik, für 160 und damit fast alle heutigen Länder. Männer können offenbar einfach schlechter verzeihen.

Eifersucht, Zwangsstörung und Verliebtheit – in allen drei Fällen kann (wissenschaftlich belegt) die Zufuhr von Serotonin helfen, Enge und den Tunnelblick absoluter Fixierung zu weiten und zu lösen, sodass neben den zwanghaften Vorstellungen auch wieder andere Gedanken möglich werden. Serotoningaben über L-Tryptophan sind also bei Eifersucht, Zwangssymptomen und irrationaler Verliebtheit zu erwägen, am besten und harmlosesten mit der bereits erwähnten Rohkostmischung. Ideal für das eigene Leben und Wohlgefühl wäre, immer für genug Wohlfühlhormon Serotonin in den körpereigenen Speichern zu sorgen. Leider funktioniert es nur bei 75 Prozent der Menschen so einfach. Beim restlichen Viertel, das auch auf schulmedizinische Serotonin-Wiederaufnahmehemmer nicht anspricht, dürften die Rezeptoren anders reagieren, oder der Organismus ist zu übersäuert.

Norepinephrin und Prägung

Ist unsere Aufmerksamkeit vom Dopamin gefesselt, geht mit dem Serotonin der andere Neurotransmitter in die Knie, und stattdessen wird Norepinephrin ausgeschüttet. Es ist der Stoff, der für die Prägung neugeborener Tiere auf ihre Mutter verantwortlich ist. Norepinephrin brachte beispielsweise die von Konrad Lorenz aufgezogenen Graugansküken dazu, ihrem menschlichen Meister nicht nur in den Teich, sondern auch ins Büro zu folgen. Dieser Botenstoff hilft, Mutter und Kind zu verbinden, und wirkt auch bei der Liebe auf den ersten Blick und wohl bei jedem Verlieben, indem er eine Fixierung auf das erblickte Wesen bewirkt. Kreist er im Blut, wird jede der Gesten des potenziellen Partners zu einer einzigen Offenbarung von Anmut, und jedes Lächeln lässt mit seinem unwiderstehlichen Charme und Liebreiz die Sonne aufgehen. Diesem biochemischen Effekt können wir uns kaum entziehen. Was auch Eltern, Freundinnen oder Kollegen über unsere(n) Traumpartner(in) sagen, wir bleiben auf der Basis von Norepinephrin stur auf ihn oder sie fixiert.

Phenyläthylamin und der Himmel auf Erden

Über das Hormon Phenyläthylamin wissen wir noch gar nicht so viel, außer dass es uns in jene ebenso verrückte wie wundervolle Gemütslage bringt, weder Schlaf noch Essen zu brauchen und am liebsten Gott und die Welt zu umarmen. In diesem Zustand wollen wir nur noch den erotischen – und zugleich biochemischen – Traumpartner im Auge haben. Diese Verrücktheit kann so stark werden, dass Menschen ihre Familie, ihre Arbeit, ja ihr ganzes bisheriges Leben aufgeben, um den neuen Impulsen zu folgen, die von Neurotransmittern vermittelt werden, die aber natürlich seelischen Ursprungs und Ausdruck von Synchronizität sind.

Oxytocin, Vasopressin und Bindung

Im weiblichen Organismus heißt das Bindungshormon Oxytocin, im männlichen Vasopressin. Beide Hormone sind sich sehr ähnlich; sie unterscheiden sich nur in zwei von neun Aminosäuren. Sie erhalten ihre Wirkung durch die Freisetzung von Dopamin im

Belohnungssystem des Gehirns. Die Ähnlichkeit von Hormonen und Wirkmechanismen ist typisch für unseren Organismus, der sich über die Jahrmillionen der Evolution schrittweise und immer auf dem Vorherigen aufbauend entwickelt hat. Ein Belohnungssystem wurde im Laufe der Evolution notwendig, um sicherzustellen, dass wir uns ausreichend ernähren und fortpflanzen. Drogen wie Alkohol und Kokain setzen ebenfalls dieses System im Gehirn in Gang. Wenn wir uns mit Moral oder Religion dagegenstellen, haben wir schlechte Karten, denn was in Jahrmillionen gewachsen ist, lässt sich nicht leicht mit einem Federstrich und Geboten oder Verboten außer Kraft setzen.

Oxytocin ist das Bindungshormon schlechthin. Es wurde an der in monogamer Beziehung lebenden Präriewühlmaus erforscht. Bei ihr funktioniert es wie auf Knopfdruck auch ohne vorausgegangene wundervolle Liebesnacht. Oxytocin ist ein dem Lebensprinzip Mond verpflichtetes Hormon, das ruhige, verlässliche Bindungen fördert und – indem es für Beziehungsfrieden und Geborgenheit sorgt – den Ambitionen von Eros entgegenläuft. Während Eros also die Natur hinter sich weiß, ist Oxytocin mehr aufseiten der Kultur, die stabile, verlässliche Dauerbeziehungen fordert.

Beim Mann steigt in der Erregungsphase während der Erektion das Vasopressin auf den bis zu vierfachen Wert. Beim Orgasmus kommt auch noch Oxytocin zu seinem Höhepunkt und kann den bis zu zweitausendfachen Wert bei einem rundum befriedigten Mann erreichen. Bei der Frau erreicht Oxytocin während des Orgasmus ähnliche Höhen. Je mehr sie davon im Blut hat, desto größer ihr Genuss. Wobei viele Männer ihren Genuss über die Erregungsphase definieren, während ihnen die wohlige Entspannung danach nicht so wichtig zu sein scheint, während Frauen gerade diese genießen.

Oxytocin wie Vasopressin bewirken Kontraktionen der glatten, vom Willen unabhängigen Muskulatur, wie sie etwa in Gefäßen und in der Gebärmutter zu finden ist. Über diese Kontraktionen wird es auch zum Orgasmushormon.

Der griechische Name Oxytocin steht für »schnelle Geburt«, und dafür wird es in der Geburtshilfe ebenfalls verwendet. Es bringt über die Kontraktionen der Gebärmuttermuskulatur den Geburtsvorgang leichter voran. Durch den Saugreflex des Säuglings an den Brustknospen wird im Gehirn Oxytocin freigesetzt, was die Muttermilch strömen lässt. In der Muttermilch selbst ist ebenfalls Oxytocin enthalten, wodurch auch im Säugling Wohlgefühl und Verbundenheitsempfindungen ausgelöst werden, die das enge Band zwischen Mutter und Kind sichern, das sich während des Stillens ergibt.

Saugen an der weiblichen Brust – in welchem Alter auch immer – setzt in jedem Fall Oxytocin frei, und es wird partnerschaftlich ebenfalls zum Bindungshormon. Wenn *er* beim sexuellen Vorspiel die erste Bastion erreicht hat und sich hier – wie in alten Zeiten – erst einmal saugend zur Ruhe kommen lässt und sich genüsslich stärkt, erregt er die Partnerin nicht nur erotisch, er bindet sie auch unbewusst an sich. Das sollten vielleicht beide wissen, dann würde sie ihn vielleicht gar nicht so viel saugen lassen, und er würde es auch defensiver betreiben oder eben gerade im Gegenteil. Wir können also durchaus etwas für Bindung tun – und offensichtlich gehen hier biochemische und erotische Ebene Hand in Hand beziehungsweise Knospe in Mund, was noch viel mehr im Sinne von Eros ist. Doch allein schon Körperkontakt oder eine sinnliche Massage führen zur Ausschüttung von Oxytocin. Und so **möchte** *man* (und *frau*) nach einer schönen sinnlichen Massage wieder zur selben Masseurin.

Oxytocin senkt daneben auch noch den Stress in Gestalt des Blutdrucks, der Herzfrequenz und der Konzentration des Stresshormons Cortisol. Es macht uns auf sanfte Art glücklich. Folglich ist es also eher den Lebensprinzipien Mond und Venus verbunden, während Eros uns an- und verrückt macht.

Idealerweise wird aus der von Eros ausgelösten verrückten Verliebtheit allmählich tiefe, ruhige Liebe. Diese Vorstellung jedenfalls macht die meisten Menschen am glücklichsten. Insofern fördert intensives Spielen und Saugen an den Brüsten von Anfang an den Übergang aus der heißen zur sanften dauerhaften Liebe. Außerdem öffnet sich die Frau der Liebe und damit auch dem Partner eher über ihre Brüste als über die primären Geschlechtsorgane. Die Bezeichnungen primär und sekundär dürften eine ziemlich moderne Erfindung sein, die auf der männlichen Devise beruht, voranzukommen und fertig zu werden. Tatsächlich sind Männer für Erotik in der Regel viel zu schnell, und die Brüste wären – nun auch wissenschaftlich bestätigt – die ideale Station, um bei der Eroberung dort sehr lange zu verweilen und um – in der Sprache männlicher Eroberer ausgedrückt – ein großes Basislager aufzuschlagen. Wenn die Brustbasis sicher ist, fällt der Gipfel im letzten Ansturm wie von selbst. So betrachtet, sind eher die Brüste primäre Quelle der weiblichen sexuellen Energie; alles andere wie auch die Scheide ist sekundär.

All das könnte er wissen und an ihrer Brust liegend nutzen, zumal sie kaum je etwas dagegenhat, wenn die Liebe einmal so weit gediehen ist. Nach Auffassung der alten indischen Tradition beginnt die Liebe für Frauen tatsächlich in ihren Brüsten, und moderne Frauen und sogar Männer ahnen es noch. Demnach sind Menschen wie Magnete, und die Brust ist der positive Pol der Frau. Wenn sie sich im Bereich der eng mit dem Herzen verbundenen Brüste öffnet, folgt der übrige Körper ganz von selbst nach. Auch ein hoher Spiegel des Wohlfühlhormons Serotonin trägt zum Übergang von der Verliebtheit zur Liebe wesentlich bei. Insofern ist heute klar, wie viel entscheidender Oxytocin für Dauer und Erfolg einer Beziehung ist als etwa Östrogen.

Da Oxytocin ein starkes Gefühl von Verbundenheit vermittelt, findet hier das Geheimnis venusischer Liebe einen biochemischen Erklärungsansatz. Der Schritt von Verliebtheit zu Liebe, von Eros zu Venus, kann nur geschehen, wenn Gefühle von Verbundenheit hinzukommen. Das vom Schmusen über das Vorspiel bis zum Höhepunkt des Liebesaktes in der Einheitserfahrung des Orgasmus freigesetzte Bindungshormon dient offensichtlich dem Erhalt und der Dauer der Liebesbeziehung. Hier zeigt sich wiederum, dass die Natur zwar die Treue nicht fördert, aber doch konservativer ist, als die moderne Gesellschaft sich gibt, die ja in Wirklichkeit immer mehr zum One-Night-Stand und eben nicht zur langfristigen Partnerbindung tendiert.

Wahrscheinlich hatte die Natur vor Jahrmillionen, als sie diesen Tanz der Hormone und Neurotransmitter im Organismus entstehen ließ, aber weniger den Schutz der Familie vor den Auswüchsen der Moderne im Auge als vielmehr die generelle Förderung einer Bindung, vor allem über das Stillen an der Mutterbrust, die dem Neugeborenen die besten Überlebenschancen in einer harten Natur sicherte. Und sobald sich zwei Menschen einmal auf diese Ebene des Geschlechtsverkehrs einlassen, will sie offenbar ihren Zusammenhalt fördern und erhalten, weil daraus Kinder entstehen können. Dahinter steht folglich wie immer ihr Bestreben, um jeden Preis die Art zu erhalten und eine Bindungssituation zu schaffen, die Kindern ein sicheres Nest schafft.

Liebestränke, Hormoncocktails, Drogen

Irgendwann wird dieser *bezaubernde* Cocktail neu entdeckter Neurotransmitter wahrscheinlich – ökonomischen Verlockungen folgend – aus dem Labor der Wissenschaftler entweichen. Wie vieles andere wird er wohl seinen Weg auf den (freien) Markt finden. Unklar ist nur, ob die Pharmaindustrie ihn sich selbst nimmt oder der Drogenmafia überlassen muss. Wer dann ein paar Tropfen oder einen Schluck aus dem entsprechenden Liebesfläschchen nimmt, wird wohl sehr offen dafür sein, sich unsterblich zu verlieben. Ob es allerdings völlig gleichgültig sein wird, welche Person dann als Erstes vor einem steht und sich erobern lässt, bezweifle ich. Aber wer denkt bei all dem nicht an Kriemhilds Becher voll Liebesmagie.

Die Liebe über solche Wege herbeizuzwingen ist ein alter Traum der Hexenmedizin mit ihren Zaubertränken und magischen Mixturen. Über den biochemischen Zugang könnte die Welt der Liebestränke wieder aktuell werden, und sie ist es zum Teil schon, man braucht nur an das Herz(chakra) öffnende MDMA (Ecstasy) aus der Gruppe des Amphetamine zu denken. So werden Love Parades möglich, wo alle allen mit Liebe begegnen, aber das individuelle Verlieben ist doch noch einmal anders und wohl auf Eros angewiesen. Wahrscheinlich verlieben wir uns zuerst über die Augen, über diesen besonderen Blick, und die Seele spielt dabei die (an-)führende Rolle.

Parallel dazu dürfte sich das Szenario der Hormone und Neurotransmitter aufbauen. Ob die Kaskade vom stufenweisen Sichannähern nach dem ersten (ver-)lockenden Blick über den Flirt, der ersten Berührung, dem Umarmen und dem Küssen bis hin zum Liebesakt aber jemals durch einen Chemiecocktail auszulösen sein wird, glaube ich nicht.

Während unsere Natur uns einerseits über Eros in der Liebe die Sporen gibt und Bewegung und Abwechslung ins (Liebes-)Leben bringt, ist sie andererseits auch wieder konservativ bewahrend. Ihr Ziel ist immer und einzig die Erhaltung der Art. Dafür nutzt sie Eros' ungestüme Lust, aber auch die friedliche Verbindlichkeit von Venus und die sanfte, ruhige Geborgenheit des Mond-Archetyps. Doch auch in Zukunft besteht kein Grund zur Angst, das ganze (Liebes-)Leben werde ausschließlich von Neurotransmittern und Pheromonen bestimmt. Aus Sicht der spirituellen Philosophie fällt uns gesetzmäßig zu, wozu wir uns reif gemacht haben und wofür wir reif geworden sind. Dahinter steht das Gesetz der Resonanz.

Eros setzt mit seinen Pfeilen Zeichen, und Frauen lenken mit ihren Blicken den Flirt. Hormone entscheiden auf gewisser Ebene, ob Eros zum Schuss kommt und es zwischen ihnen knallt. Doch das Begehren – das enthüllt uns ebenfalls die Forschung – beginnt für die meisten, wenn sie sich begehrt fühlen. Schon Seneca wusste zu Beginn unserer Zeitrechnung: »Wenn du geliebt werden willst, liebe!«

GEHEIMNISSE EROTISIERENDER DÜFTE

Im spirituellen Weltbild und nach den Schicksalsgesetzen ist es kein Zufall, wer uns über den Weg läuft und wem wir tiefer in die Augen schauen, mit wem wir uns in Liebe verbinden. Zwar werden selbst die intelligentesten Forscher den Lauf des Schicksals letztlich nicht in ihren wissenschaftlichen Griff bekommen, aber wir können auf der Ebene moderner Naturwissenschaft mehr darüber erfahren, wie Anziehung funktioniert. Die Romantiker unter uns mussten bereits desillusioniert zur Kenntnis nehmen, wie wir von speziellen Duftstoffen angelockt unseren Weg zum für den Nachwuchs besten Immunsystem finden. Pheromone heißen jene Duftstoffe, die Frau und Mann auf subtile Art (ver-)führen. Sie werden heute in ihrer Bedeutung noch immer zu gering geschätzt, zumal die k.u.k.-Zeiten vorbei sind, als das reizende Wiener Mädel sein Taschentuch durch die Achselhöhle zog und dem angebeteten Herrn Leutnant zuwarf. Damit stand die junge Frau, unbewusst, in einer langen Tradition des Liebeszaubers, denn auch alte Hexenbücher empfahlen, eine verliebte Frau solle sich das Taschentuch ihres Angebeteten durch die Achselhöhle ziehen und es ihm in einem unbeobachteten Moment wieder in die Hosentasche schmuggeln.

Eine Patientin fand während ihrer Therapie heraus, dass sie ihren Mann nur geheiratet hatte, weil er wie ihr Vater roch. Vom damals kaum anwesenden Vater hatte sie nie genug Zuwendung und Anerkennung bekommen. Als sie endlich einen Mann gefunden hatte, der ihr viel Zeit widmete und so roch wie Papa, gab sie seinem Werben rasch nach. Des wahren Grundes war sie sich allerdings bis zur Therapie nicht bewusst, sie wunderte sich nur, weil ihr Mann ihr eigentlich nicht wirklich gefiel und ihr auch sonst wenig zu bieten hatte. Sie ließ sich dann später aus vielen guten Gründen scheiden. Den entscheidenden Grund für die Trennung aber fand sie erst in der Therapie heraus: Ihr Mann hatte das Rasierwasser gewechselt, was sie schlagartig alles Interesse an ihm verlieren ließ. Alle anderen Gründe waren also nur Rationalisierungen gewesen. Als sie das herausfand, lebte sie schon viele Jahre von ihm geschieden.

Ähnliches erlebte einer meiner Mitarbeiter. Er verliebte sich während eines Seminars in eine gut 20 Jahre ältere Teilnehmerin, die darüber ebenso erstaunt war wie alle anderen. Bei Männern üblich und jetzt bei emanzipierten Frauen häufiger, soll dieses Phänomen des großen Altersunterschiedes hier keineswegs bewertet werden. Eros macht uns offensichtlich vom Lebensalter immer unabhängiger, und wenn sich nun auch jene geschlechtsspezifische Diskrepanz beim Alter des Partners ausgleicht, ist das nur angemessen. Dieses Beispiel aber liegt lange Jahre zurück, und in den Seminaren sind solche »Übergriffe« auf Teilnehmer außerdem tabu. Im Hinblick darauf zeigte er seine Zuneigung zu deutlich. Obendrein wurde sie gar nicht erwidert.

Die Macht des Liebesgottes hinderte den Kollegen, sich wieder allen Teilnehmer(inne)n zuzuwenden und von der Dame fernzuhalten, die gar nicht von Eros' Pfeil getroffen war. Drastische Hinweise von Trainerkollegen, um wie viel attraktiver, jünger und passender seine Freundin zu Hause sei, halfen ebenfalls nicht. Eine kurzfristig angesetzte »Therapiesitzung« brachte Klärung in das Liebesdrama. Die Teilnehmerin duftete wie seine vorletzte Freundin, die ihn verlassen hatte. Aber selbst diese von ihm bei vollem Bewusstsein miterlebte Aufklärung brachte noch keine Erleichterung vom Liebeszwang.

Daraufhin sprach ich die Dame an, erkundigte mich nach ihrem Parfum, ließ es besorgen und rüstete alle Mitarbeiterinnen und noch einige mir bekannte Seminarteilnehmerinnen damit aus. Das Ergebnis war beeindruckend. Wie ein verwirrter Jagdhund nahm der Mitarbeiter ständig neue, für ihn ganz ausgesprochen wundervoll duftende Fährten auf. Als wir ihm das Spiel enthüllten, brach er in herzhaftes Lachen aus, und damit schien auch der Bann gebrochen zu sein – so dachten wir zumindest. Doch er tanzte weiter bevorzugt mit Damen seines Duftmusters. Offen blieb auch die Frage, was geschehen wäre, wenn wir alle Seminarteilnehmer(innen) mit diesem Parfum ausgestattet hätten. Hätte er dann sein Paradies erreicht, indem er alle wie sich selbst hätte lieben können?

Bewusstsein kann uns helfen, über biochemische Prägungen hinwegzukommen beziehungsweise uns darüberzustellen. Aber selbst dann fällt es nicht leicht; die Ebene der Biochemie ist relativ mächtig. Beide Situationen enthüllten, dass wir auf Düfte mindestens so stark wie auf faszinierende Anblicke reagieren, nur machen wir es uns nicht bewusst. Erotik ist offensichtlich ein Spiel mit allen Sinnen und vielen Elementen wie Düften, Verkleidungen, Tönen, Geschmackserlebnissen und Empfindungen. Vor allem ist sie ein Spiel und Eros ein Spieler, eine Art Croupier, der die Karten neu mischt, damit ihm und uns nicht langweilig wird. So stellt er immer wieder neue Verbindungen und Bezogenheiten her und hat offenbar seine Freude daran.

Wer sich lieber von Saturn in die Pflicht nehmen lässt, für den bleibt Eros ein lästiger Störenfried. Doch wenn wir Gottheiten oder Lebensprinzipien so abschätzig sehen und aus unserem Leben heraushalten wollen, wird es stets eng, und zwar für uns selbst, nicht etwa für die Lebensprinzipien. Tatsächlich ist auch das Leben ein Spiel, die Inder nennen es Lila, das kosmische Spiel. Gesellschaftliche Konventionen und Gesetze entpuppen sich dabei oft als Spielverderber. Der Wissenschaft bleibt in jedem Fall noch viel zu erforschen, um das Spiel besser zu durchschauen. Beim Duft liefert sie immerhin schon deutliche Hinweise.

Unser Riechhirn ist viel älter und größer als die Sehrinde, jener Gehirnteil, der die optischen Eindrücke verarbeitet. Außerdem ist es eng mit dem Hypothalamus und anderen Regionen verbunden, die für die Verarbeitung von Gefühlen zuständig sind. Das Riechhirn hat also den direkteren und stärkeren Draht zur Gefühlswelt und ist viel beherrschender, als wir uns meist träumen lassen. Als Seelenarzt rate ich deshalb, sich nie über Düfte hinwegzusetzen, aber darauf zu vertrauen, dass man sich an (fast) jeden Anblick gewöhnen kann.

Manche Menschen riechen Gefahren, ohne sich dessen so richtig bewusst zu sein. Genauso kann ein guter Riecher zur großen Liebe führen. Wenn es immer der Nase nach geht, ist die Suche sicher ergiebiger als jene, die den Augen folgt. Dem entspricht auch die Erfahrung im Zusammenleben, dass wir uns nie an einen unangenehmen Geruch des anderen gewöhnen. Wer jemanden nicht riechen kann, sollte deshalb die Hände von ihm lassen.

Der Geruch führt uns viel tiefer zum Wesen eines Partners als dessen Anblick, insofern könnten wir mehr auf ihn achten und ihm Beachtung schenken, auch in der Rückschau. Wer auf eine haltbare Beziehung aus ist, müsste im Grunde mehr seiner Nase als seinen Augen folgen und trauen. Wenn wir in einer Beziehung zusammen altern, brauchen wir folglich auch vor den optischen Veränderungen, die damit verbunden sind, keine Angst zu haben. Sie müssen sich nicht hinderlich auf eine erfüllende Beziehung auswirken. Wir sollten aber auf einen Wandel im Geruch sehr aufmerksam reagieren, nicht nur weil es für die Beziehung gefährlich wird, wenn wir uns nicht mehr riechen können, sondern weil es ein gesundheitliches Warnsignal sein kann. Sobald sich der Eigengeruch zum Unangenehmen verändert, ist in jeder Hinsicht

Vorsicht geboten. Es kann Krankheitsbilder verraten, darunter sogar gefährliche. Immerhin gibt es in Korea bereits Hunde, die Krebs riechen.

Zu den elementaren Botschaften der natürlichen Körperdüfte treten die zusätzlich eingesetzten Parfumdüfte. Bei Anwendung im Bereich der sekundären Geschlechtsmerkmale entfalten sie die größte Wirkung, um die eigene Duftnote zu verfeinern und zu kultivieren und so die Ausstrahlung insgesamt abzurunden. Das Spiel mit sinnlichen Düften, die anlocken und verführen, könnte so zu einem weiten und lohnenden Feld von Eros' Anhänger(inne)n werden. *Man* stelle sich nur vor, auf schnuppernder Suche in *ihren* Tälern, Nischen und Höhlen neue überraschende Duftnoten zu entdecken und sich davon überwältigen zu lassen.

Es lohnt sich nicht, Parfums wie üblich am Handrücken zu testen. Sie lassen sich nur im Zusammenhang mit der eigenen Duftnote wirklich einschätzen, und auf der Hand ist der Eigenduft zu vernachlässigen. In den Achselhöhlen und im Schambereich liegen dagegen die Quellen des Eigenduftes, und hier entscheidet sich das erotische Spiel des Lockens und Verlockens. Dort entstehen jene Düfte, die wirklich *heiß*- und auch *scharf*machen und quasi *mit links* das linke rationale Hirn zugunsten von Eros abschalten.

Die Duftdrüsen im Bereich der sekundären Geschlechtsbehaarung schaffen dieses bezaubernde Wunder eines eigenen erotisierenden und vollkommen individuellen Parfums. In Zeiten von Deo-Manie und Ganzkörperrasur ist dieses aber offenbar nicht mehr so gefragt, sondern unterdrückt bis völlig verhindert. Inzwischen hat das Künstliche das Natürliche vielfach ausgestochen. So bevorzugen US-Konsumenten längst künstliches Erdbeeraroma gegenüber echtem, und so ähnlich scheint es sich auch bei den Düften zu entwickeln. Eine zunehmend giftiger werdende (Um-) Welt und Ernährung führen allerdings auch zu weniger anmachenden Ausdünstungen. Wer sich dagegen pflanzlich ernährt und obendrein regelmäßig fastend reinigt, dem sieht und riecht man es auch an.

Es ergibt sich hier eine weite Palette von Möglichkeiten, die eigene Erotik voranzubringen, die tiefer reicht als alle Versuche etwa über Reizwäsche. Aufreizende Kleidung kann immerhin die Augen verwirren und umgarnen, aber wir haben gelernt, wie viel tiefer Düfte dringen und unser Gehirn beeinflussen und letztlich gewinnen. Ganz praktisch müssten zuerst einmal unangenehme Gerüche beseitigt werden, was am einfachsten und nachhaltigsten durch eine Fastenkur mit anschließender Ernährungsumstellung auf pflanzliche Vollwertkost gelingt. Wenn ein Mensch nach der zuletzt genossenen Frucht duftet, wird sogar Parfum unwichtig. Andererseits kann die Kunst des Duftes und der Aromen auch zu einem wundervollen sinnlichen Spiel werden, wie es der griechische Film *Zimt und Koriander* nahelegt oder der indische Film *Die Hüterin der Gewürze*, in dem Tilo, eine visionäre Gewürzliebhaberin und sinnliche Frau, über Gewürze zu einem runderen Leben verführt. Sie hat die besondere Gabe, zu erfühlen, welche Würze dem Leben ihrer Kunden gerade fehlt. In dem Film *Rezepte zum Verlieben* wird die Liebe zum Kochen zu einem höchst erotischen Spiel sinnlicher Konkurrenz und Eroberung. Genauso gibt es aber selbst im Duftreich Schattenareale. Patrick Süskinds gefeierter Roman *Das Parfum* erzählt davon.

Duftmarken und Fremdgehen

Wie weit Duft in unser Liebes- und Partnerschaftsleben unbewusst hineinspielt, haben wissenschaftliche Untersuchungen bezüglich Partnerpräferenzen bei Frauen aufgezeigt. Ob uns der Duft eines Menschen fasziniert oder ekelt, hängt ganz entscheidend von den Rezeptoren unseres Immunsystems ab. Sowohl Frauen als auch Männer bevorzugen grundsätzlich ihnen fremde Gerüche, das heißt, Gegensätze ziehen sich an im Sinne der Polarität. Im Zuge der Evolution verhinderten Pheromone auf diese Weise Inzucht.

Die Ausnahme sind Frauen, die die Antibabypille nehmen. Sie bevorzugen Männer mit eigenem Stallgeruch, weil sie hormonell gesehen schwanger sind. Die Mehrheit der Frauen, alle Nichtschwangeren, fühlt sich demnach duftmäßig zu Männern hingezogen, die ihrer eigenen Sippe genetisch fremd sind. Damit geraten Frauen ständig in einen Double Bind zwischen Kultur und Natur. Sie fühlen sich hin- und hergerissen zwischen den Anforderungen und (Vor-)Urteilen ihrer Kultur und ihres Elternhauses einerseits und ihrer Biochemie andererseits. Fremde, verdächtige Männer von vielleicht sogar verfeindeten Stämmen, die eigentlich verbotenen Partner, machen sie gerade – auf biochemischer Basis – *heiß* und *scharf*. Hier ergibt sich eine Erklärung für die Vorliebe vitaler Jugendlicher zum Andersartigen, ganz Fremden, was Eltern so in Rage bringt. Warum muss ihre süße, zarte Tochter ausgerechnet so einen schwarzen Mann anschleppen? Ganz einfach, weil die Verbindung vitale, genetisch gut durchmischte und immunologisch starke Nachkommen ergäbe. Es ist also nicht die »Bosheit« der eigensinnigen Tochter, sondern Eros spielt hier geschickt auf der Klaviatur von Duftnoten und Biochemie, ohne dass Be- und von ihm Getroffene etwas davon bewusst merken. Sie müssen es allerdings ausbaden und sich seiner Einfälle und Eingriffe in ihr Schicksal erwehren oder sich ihnen beugen. Im ersteren Fall beginnt eine Leidens-, im zweiten Fall eine Liebesgeschichte, die aber auch einiges an Leid mit sich bringen kann. Wir kommen in keinem Fall ungeschoren durchs Leben.

Das Wissen um die Wirkung von Düften zeigt wiederum, dass Frauen, die die Pille einnehmen, leicht an die falschen Männer geraten. Insofern ist die Pille auch in dieser Hinsicht durchaus bedenklich oder jedenfalls beziehungstechnisch für einige Verwirrung gut. Sie bringt die moderne Frau einerseits in Gegensatz zu ihren Urinstinkten, andererseits macht sie sie gesellschaftlich gefügiger, sozusagen braver. Denn die pillenschluckende Frau verhält sich bei der Partnersuche wie eine Schwangere und ist in der entsprechenden seelischen Situation in vieler Hinsicht vorsichtiger und defensiver. Die Pille verkleinert sozusagen ihren Suchradius, und wahrscheinlich nicht nur im Hinblick auf die Partnerakquise. Sie schwächt obendrein ihre Beziehung. Wenn sie die Pille absetzt, um ein Kind zu bekommen, wird sie *ihn* gleich weniger gut riechen können, obwohl er noch so riecht wie zuvor, sie das aber durchaus nicht mehr so erotisch findet. Jetzt tendiert sie geruchsmäßig zu Fremden, die ihr genetisch ferner sind. Ohne den hormonellen Pilleneinfluss hätte sie sich womöglich an einen anderen Mann herangewagt und mehr zum Polaritätsprinzip von »Gegensätze ziehen sich an« tendiert, während sie die Pille mehr zum Resonanzprinzip von »Gleich und Gleich gesellt sich gern« neigen lässt. Letztlich lässt sich das Schicksal nicht betrügen, aber zumindest sollte Frauen, die die Pille nehmen, dieser viel weiter als Verhütung reichende Gedanke bekannt sein. Kinder, die aus solcher Situation, in der die Pille im Spiel war, hervorgehen, könnten immunologische Nachteile haben, weil sie genetisch nicht so gut gemischt sind.

Erneut lässt sich hier jene biochemische Aufforderung zum *Fremdgehen* erkennen, die sich in der Zeit des Eisprunges noch einmal verstärkt. Das hat vom Standpunkt der Evolution den unbedingten Vorteil gründlicher Erbgutmischung. Gerade in der empfänglichen Zeit ist die Frau also biochemisch in eine sowohl von der Kultur als auch erst recht von der Kirche verbotenen Richtung gepolt. Soll sie nun den Forderungen (ihrer) Natur beziehungsweise der Evolution oder denen der Kultur gehorchen? Beidem kann sie nicht gerecht werden. Sie macht sich in jedem Fall schuldig – und gerät in die aus Sicht der spirituellen Philosophie grundsätzliche menschliche Situation des Sündenfalls. Wen wundern da die vielen Kompromisse und Kuckuckskinder? Viele

Frauen – und Männer – versuchen in dieser Zwickmühle insgeheim der Natur und äußerlich der Kultur zu entsprechen.

Nach einer Empfängnis ändert sich die Duftvor*liebe* der Frau wieder, und sie tendiert nun zum vertrauten Geruch der eigenen Sippe und zu Männern, von denen dieser Duft ausgeht. Auch dies ist evolutions-bio-logisch verständlich, denn so wird sie eher zu Hause bleiben, statt in die Fremde zu schweifen, und kann das Kind in der Geborgenheit und im Schutz des eigenen vertrauten Umfeldes in Ruhe aufziehen.

PRAKTISCHES ZUR ENERGIE DER EROTIK

»Allein, wir zwei. – In jedem unsrer Blicke
Ein süßes, sehnendes Zusammenstreben,
Verhaltne Worte, die auf dieser Brücke
Mit goldnen Flügeln stumm hinüberschweben
Und unsre Seelen leise ineinanderweben.

Und meine wilden, heißen Worte prangen
Von schwüler Rosen Duft an Sommertagen
Von kraftdurchtoster Jugend Lustverlangen.

Und tiefer wird das Drängen. Es verzagen
Die reichen Worte und nur stumme Lippen fragen ...

Du schweigst. – Doch deine dunklen Augen leuchten
In mattem Glanz und deine Hände winken
Verheißung mir. – Ich küsse dir die feuchten
Tauperlen ab, die von den Wangen blinken –
Und tosend will mein Leben in dein Sein versinken ...«
Stefan Zweig

Wenn wir unsere Liebesbeziehung stärken und lebendig halten wollen, gelingt das nicht einfach durch Eheschließung und damit Anleihen bei(m) Saturn(prinzip). Im Gegenteil, das Irdische beschwert die Liebe und ist ihr wesensfremd. Um Venus, die Schaumgeborene, am Leben zu halten, müssen wir ständig für neuen Schaum sorgen. Leider ist diese Verbindung von Luft und Wasser äußerst flüchtig; man müsste ständig neuen Schaum schlagen. Er kann jedoch neu entstehen, wenn sich immer wieder das Luftelement mit seinen Fantasien in die Tiefen des Gefühls mischt. Sobald frischer Wind, dieses himmlische Kind, das Wasserreich der Empfindungen und Gefühle aufwühlt oder sogar aufpeitscht, entsteht Schaum. Viel Wind (auch um nichts) machen und Schaum schlagen, das sind also bewährte Rezepte, um der Schaumgeborenen zu Oberwasser und zur Wiedergeburt zu verhelfen.

Komplimente zum Beispiel stammen aus der Gedankenwelt des Luftelementes und machen viel her und einigen Wind, wenn sie auf empfängliche Seelen treffen. Sie könnten Venus, die ja auch ziemlich eitel ist, nicht nur schmeicheln, sondern sogar zu einem O(h)rgasmus (ver-)führen. So etwas liebt sie ihrer Natur gemäß besonders, wird sie sich dabei doch ihrer luftigen Herkunft bewusst und für einen Moment wieder eins mit dem himmlischen Vater. Dichter haben diesen luftigen Zauber aus dem venusischen Reich noch am ehesten einfangen können, wie etwa Stefan Zweig mit seinem Gedicht *Gewährung*, das diesem Kapitel vorangestellt ist.

Auch vieles andere aus den Reichen ihres Himmelsvaters Uranos und ihrer gefühlvollen Mutter, dem Meer, ist geeignet, Venus zu erfreuen und lebendig zu halten. Es ist diese Spannung aus männlich leichtem Luft- und gefühlsschwangerem Wasserelement, die ihr zum Lebenselixier wird. All die verrückten Einfälle der Verliebten und Liebenden, die dem Partner die Sterne vom Himmel holen und die Welt zu Füßen legen, nehmen Anleihen bei Uranos. Verliebten erscheint das Ungewöhnlichste und Verrückteste normal. Sie können von Luft und (ihrer) Liebe leben, das heißt, auf Irdisches wie Essen verzichten, und lieben nicht nur sich, sondern auch *Gott* (den Himmelsvater) *und die* (Meeres-)*Welt,* und wollen die ganze Welt umarmen. Das klingt nicht gerade vernünftig, verbindet aber das Umfassende von Himmel und Meereswelt in eingängigen Sprachbildern. Gegenüber diesem himmlischen Seelenzustand wirken die Sexual- und Liebeshormone, die Wissenschaftler inzwischen kennen, ziemlich nüchtern. Was immer also Uranos und sein Prinzip berührt und mit den Tiefen des (Gefühls-) Meeres verbindet, hilft der Liebe, zu (über-)leben. Insofern ist alles Un- und Außergewöhnliche, Ausgeflippte und Tolle, Verrückte und Überraschende günstig. Wer seinen Partner mit verrückten Ideen und schrägen Einfällen verblüfft, ihn dazu verleitet, gemeinsam über die Stränge zu schlagen, aus der Reihe zu tanzen, die bürgerlichen Normen zu brechen und Verbotenes, aber Herausforderndes und vor allem Neues zu wagen, ist gut unterwegs. Hier eine Ekstase, das kann Uranus, den Himmelsgott, erfreuen; dort ein Rausch, er wird das Neptunische befriedigen und die Liebe neuerlich entfachen und aufschäumen lassen.

Schaum als der Stoff, aus dem die Liebe ist, lehrt uns aber noch mehr. Er ist mit herkömmlichen Mitteln nicht konservierbar, sogar nicht einmal greifbar, so wie die Liebe auch nicht (be-)greifbar ist. Wer nach Schaum greift, erntet Leere und Enttäuschung. Deshalb ist schnelles Grapschen meist schon der Tod der Erotik. Der Übergang vom O(h)rgasmus zu (zu-)packender Körperlichkeit gelingt am ehesten über federleichte, hauchzarte Berührungen, die etwa an den beiden weiblichen Brüsten, sozusagen den Säulen am Eingang des Lustgartens, so viel mehr bewirken können.

Alle, die die Liebe festmachen und absichern wollen oder Bedingungen daran knüpfen, werden an deren schaumigen Wesen scheitern. An Schaum lässt sich nichts festmachen. Er entsteht im flüchtigen Moment und entzieht sich jeder Manipulation (lat. *manus* = Hand). Deshalb Vorsicht mit den Händen!

Daraus folgt bereits, dass die gern gestellte Nachfrage, »Liebst du mich noch?«, an der Liebe vorbeigeht und ihr nie gerecht werden kann. Schaum ist nicht prüf- und kontrollierbar, da er immerzu neu entstehen muss oder vergeht. Aussagen, wie »Ich kann ohne dich nicht (mehr) leben!«, entlarven sich ebenfalls vor diesem Hintergrund. Champagner und Bier können natürlich ohne Schaum genossen werden, sie schmecken dann nur fad. Man kann auch immer ohne die oder den Geliebte(n) (über-)leben, es macht nur keinen Spaß, und das Leben schmeckt und bekommt dann nicht.

Ebenso verhält es sich mit Eros. Wer Gründe für das relativ rasche Erschlaffen und Einschlafen der Erotik in der Ehe sucht, wird ebenfalls auf der Ebene des Mythos fündig. Zuerst ist zu prüfen, an welchem der beiden Elternteile von Eros es liegt. Oft ist nicht Venus das Problem, was sich daran ablesen lässt, dass die beiden noch zärtlich und lieb miteinander sind und auch nach langen Jahren eine schöne und friedliche Beziehung haben. Sondern es mangelt an Mars und seinem Feuer. Wenn es zwischen ihnen erlischt, schläft auch die sinnliche Begeisterung füreinander ein. Es packt sie beide nicht mehr, und er packt sie nicht mehr, um sie mit marsischer Kraft *aufs Bett* zu *schmeißen* und über sie *herzufallen*. Besserung ist natürlich nur dort möglich, wo das Problem liegt, und auch das ist oft bei Mars zu finden. Deshalb könnten marsische Elemente wie die Entwicklung einer Streitkultur helfen sowie die Mobilisierung von Courage, der heißen und manchmal heiligen Wut des Herzens. Mut kann Bewegung und Dynamik zurückbringen. Was wie ein Widerspruch zur eben noch empfohlenen Sanftheit wirkt, entspricht der Ambivalenz in Eros, die von seinen beiden Elternteilen herrührt. Jede Seite von Eros hat ihre eigene Zeit und Wirkung.

Vorbereitung

Bevor wir uns mit praktischen Wegen beschäftigen, Eros bewusst in unser Leben einzuladen, sind noch einige Vorüberlegungen notwendig. Zunächst ist es naheliegend, sich für die Liebeskunst an den Hochkulturen des Ostens zu orientieren, um Eros auch bei uns wieder zu Tiefe und seinem angestammten Einfluss zu verhelfen. Wir haben in vieler Hinsicht den Osten spirituell als Schrittmacher gebraucht, wie er uns in wirtschaftlicher und technischer Hinsicht. So konnten wir über Yoga eine gewisse Körperkultur zurückgewinnen, über Meditation Zugang zu unserer Seelenwelt finden und über Feng-Shui und Vastu wieder Verständnis für die Qualität von Räumen entwickeln. Die indische Liebeslehre des Kamasutra und die des tantrischen Buddhismus bieten uns genügend Möglichkeiten, zu einer neuen Liebeskultur zu finden. Auch wenn gut gemeinte Versuche mit Tantra-Schnellkursen in der Vergangenheit oft weniger nachhaltig wirkten, wartet hier ein unermesslicher Schatz an inspirierenden Texten einer großen Liebeskultur auf uns. Dennoch kann unsere Antwort darauf nicht in einer Art erotischer Morgenlandfahrt liegen, ich empfehle vielmehr, wesentliche Elemente des Energieflusses zu durchschauen und auf unsere Bedürfnisse zu übertragen.

Vor allem Männer sind angesprochen, sich erstens von der zwar gut gemeinten, aber lächerlichen Umdefinition des Samenergusses zum Orgasmus zu lösen und zweitens einen Orgasmus weniger als kurzfristiges Ziel denn als Seinszustand zu erkennen, den es möglichst lange zu halten gilt, um ihn irgendwann ganz zu erhalten. Dann haben wir gute Aussichten, den Schlüssel zur Kunst der Liebe zu finden. Vielleicht ist es auch eher ein Zurückgewinnen, denn wir wissen gar nicht wirklich, welche Höhen der antike griechische Aphrodite-Kult bereits erreicht hatte.

Orgasmus meint Einswerden – mit sich und dem Partner und schließlich mit der ganzen Welt. Hier geht es um Einheitserfahrung, und alles darunter ist nett, aber zu kurz gegriffen. Und das gilt auch für Männer: Ein bisschen Zucken im Genitalbereich bei gleichzeitiger Trennung vom Samen ist es jedenfalls noch nicht.

Sexualwissenschaftler haben die Erregungskurven von Frauen und Männern erforscht und herausgefunden, wie wenig Gemeinsamkeiten sie aufweisen. Das ist an sich erschreckend, denn Sexualität lebt als Spiel der Polaritäten entschieden von beiden Seiten und ihrem gemeinsamen Erleben. Die (arche-)typischen Kurven, die nicht gegensätzlicher sein könnten, seien hier kurz wiedergegeben. Eine grafische Darstellung heranzuziehen, um tiefer in die Geheimnisse erotischer Liebe einzudringen, ist zwar wieder eine typisch männliche Idee, aber sie soll hier nur kurz die eklatante Diskrepanz beleuchten, die wir überwinden müssen, wenn Liebe zu erotischer Bezogenheit und einer schwebenden Seelenerfahrung des Seins werden soll.

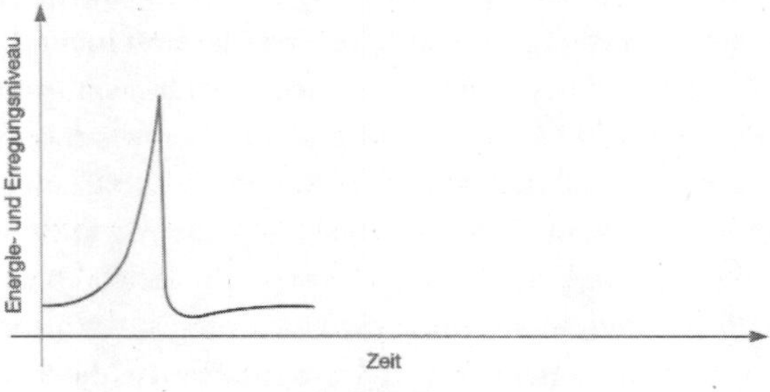

männliche Kurve

weibliche Kurve

Bei beiden Kurven tritt die jeweilige Signatur des archetypisch Männlichen und Weiblichen deutlich hervor. Die männliche Erregung steigt schnell an, endet abrupt und dramatisch, eine scharfe Spitze formend, um steil abzustürzen. Je älter oder erschöpfter der Mann ist, desto tiefer der Fall und das Absinken des Erregungsniveaus, unter Umständen auch deutlich unter den Ausgangswert. Das entspricht der Müdigkeit und dem Energiemangel, die viele Männer, die dieser Kurve nach*kommen*, nach dem Samenerguss beklagen. Einige versuchen essend, trinkend, rauchend und viele einschlafend, das Energiedefizit wieder aufzufüllen. Frauen, die diesen Mangelzustand auf sich beziehen, missdeuten ihn, nehmen beides übel und sind gekränkt.

Die weibliche Erregungskurve kennt statt der männlichen speerähnlichen Spitze einen allmählichen sanften Anstieg und insgesamt einen weicheren Verlauf. Sie erreicht ein Hochplateau, einem Hochgefühl entsprechend, auf dem der Orgasmus oder auch mehrere Höhepunkte noch weitere mehr oder weniger dramatische Erhebungen darstellen. Auf solch hohem Energieniveau können Frauen durchaus mehrere Orgasmen hintereinander erleben. Die Kurve fällt am Ende des Liebesfestes allmählich ab und bleibt unter Umständen sogar über dem Ausgangsniveau, jedenfalls stürzt sie nicht darunter. Deshalb ist es für Frauen, deren sexuelles Erleben dieser Kurve stark folgt, kein Problem, schon rasch danach neuerlich erotisches Feuer zu entfachen.

In eine Bildersprache übersetzt, gleicht der männliche Orgasmus etwa dem Matterhorn, das von relativ geringer Ausgangshöhe beeindruckend steil und schroff in den Himmel aufragt, deshalb enorm hoch wirkt und viel hermacht. Der Verlauf der weiblichen Kurve ähnelt der von hohem Ausgangsniveau aufsteigenden Gipfelkette des Himalaya, bei der die einzelnen Bergspitzen alle sehr hoch sind, aber gar nicht so viel eindrucksvoller wirken als das Matterhorn – zum einen weil sie so zahlreich sind und zum anderen auf einem Niveau beginnen, das höher ist als das Matterhorn insgesamt.

Noch krasser ausgeprägt ist die zeitliche Diskrepanz. Bei der männlichen Kurve reden wir von Minuten, bei der weiblichen von Stunden. Die männliche Kurve mit steilem Aufstieg und ebenso drastischem Absturz enthüllt, wie schnell hier alles auch wieder vorbei ist und das Feuer erlischt. Aufgrund der Tiefe des Sturzes unter das Ausgangsniveau ist das Feuer vorerst nur noch schwer erneut zu entfachen. Das ist von der Natur durchaus so eingerichtet, denn wenn er *sein Pulver verschossen* hat, ist weitere Lust biologisch sinnlos. Der junge Mann ist rasch regeneriert, der ältere braucht unter Umständen eine ganze Woche; dies ist wahrscheinlich abhängig von der Neuproduktion des Samens.

Im Westen ist die sexuelle Liebe über diese natürliche Ebene kaum hinausgekommen. Der Osten hat verschiedene Strömungen von Liebeskunst hervorgebracht, die in einschlägigen Büchern zu vertiefen sind. Aber auch westliche Ratgeber können hier weiterhelfen.[16] Diese Sichtweise zu integrieren ist naheliegend, wenn wir der praktischen Erotik und ihren Geheimnissen näherkommen wollen. Eine wesentliche Gemeinsamkeit von hinduistischen, buddhistisch-tantrischen sowie taoistischen Ansätzen, die eine gewisse Bekanntheit im Westen erlangten, ist die allmähliche Umformung des archetypisch männlichen Erregungsmusters in ein eher weibliches, sodass die Erregungskurven mehr zur Deckung kommen und beide länger etwas vom Liebesspiel haben. Vertiefung verlangt auch mehr Zeit, und ein entsprechender Höhepunkt setzt eine dazu passende Vorbereitung im sogenannten Vorspiel voraus.

Was auf den ersten Blick wie ein einseitiges männliches Zugehen auf die Frau aussieht, geschieht beiden Geschlechtern *zuliebe*.

---

16 Siehe etwa Doris Christinger, Peter A. Schröter: *Vom Nehmen und Genommenwerden. Für eine neue Beziehungserotik*. Piper, 3. Aufl. 2010.

Wenn er sich die Zeit nimmt, kann auch der Mann die wirklichen Geheimnisse und Genüsse von Venus und Eros entdecken und sich Ebenen von seliger Leichtigkeit erschließen. Nur so wird Erotik ihrer, aber auch seiner Lust wirklich gerecht. Diese Umformung des Musters ist deshalb eher ein Zugeständnis an unser Menschsein, das uns eben auch in diesem Bereich vom Tierreich deutlich abheben will.

Die natürliche Variante der Sexualität kommt ohne langes Vorspiel recht schnell zur Sache, das heißt zur Befruchtung, wie sich bei Tieren gut beobachten lässt; sie folgen dazu instinktiv bestimmten Brunft- oder Paarungszeiten. Im Vordergrund stehen hier weder Sinnlichkeit noch Kultur, sondern die Erhaltung der Art auf effizientestem Weg. Die Natur bedient sich dazu der kurzen Lust beziehungsweise des Triebes, um ihr Interesse im Sinne der Evolution durchzusetzen. Eine Ausnahme bilden die Delfine, die nicht nur ein größeres und differenzierteres Gehirn als wir haben, sondern offenbar auch eine erfüllendere Erotik und die sich viel mehr Zeit dafür nehmen. Überhaupt scheint ihr Leben ganz wesentlich von Erotik und Lebensgenuss bestimmt zu sein. Möglicherweise stammt daher ein Teil unserer großen Faszination für sie. Vielleicht spüren wir intuitiv, wie viel wir von ihnen lernen könnten. Die moderne Wassergeburt nach Michel Odent ist ihrer zum Beispiel weitgehend nachempfunden. Ansonsten sind sie 250 Kilo schwere Raubtiere, die Fische fressen und zum Beispiel Schweinswale bei ihrer Art von Ballspiel regelmäßig umbringen.

Die Erhaltung der Art ist für moderne Menschen, die sich von natürlichen Instinkten weitgehend gelöst haben, schon längst kein vorrangiges Ziel mehr. Sexualität spielt sich zu allen Zeiten des Jahres und Tages ab. Indizien verraten, wie sich das ganze menschliche Leben immer weiter sexualisiert und damit auch potenziell erotisiert. Biologisch mag das an den weiblichen Brüsten deutlich werden, die als sekundäre Geschlechtsorgane eine wesentliche Rolle gewonnen haben und ab der Pubertät die ganze Zeit über erhalten bleiben. Bei »anderen« Säugetieren bilden sie sich nur zur Kinderaufzucht aus und werden von männlichen Tieren weitgehend ignoriert, während bei uns der Weg zur Frau für die meisten Männer über ihre Brust führt. Für Frauen auch sehr wahrscheinlich der zur Erfüllung.

Östliche Anleihen zu einer Kultur der Liebe

Wo sich unter dem Einfluss von Kultur der natürlich vorgegebene Weg zu differenzierter Erotik und Sexualität noch intensiviert, kann sich Liebeskunst entwickeln, wie es verschiedene östliche Kulturen zeigen. So ist die Zeit, die der weibliche Weg in der Sexualität erfordert, nur eine der Grundlagen, auf der sich vieles entwickeln lässt. Die Betonung und Wichtigkeit des Vorspiels ist inzwischen auch bei uns schon in Illustrierten nachzulesen. Die östliche Weisheit vom Weg, der das Ziel ist, mag als Anregung dienen, Ruhe und Beschaulichkeit ins (Liebes-)Spiel zu bringen.

Nach dem Vor*spiel* sollte das Liebes*spiel* folgen und das Ganze wirklich Spiel sein. Die Kunst des Spielens kommt in unserer ökonomisch durchorganisierten Erwachsenenwelt insgesamt zu kurz und wäre bei dieser Gelegenheit wiederzuentdecken. Der Mensch ist zu Beginn seines Lebens ein spielendes Wesen, ein *homo ludens*, der sich sein Umfeld mehr erspielt als erobert. Sanfte verspielte Zärtlichkeit, die sich langsam zu immer mehr Intensität aufbaut, dabei in Wellen aufsteigt und abebbt, ohne je wieder ganz zu versiegen, ermöglicht viel höhere Ebenen von erotischer Lust und Liebe, und das ohne alle Anstrengung, sondern in Leichtigkeit.

Der entscheidende Punkt ist der bewusste Verzicht des Mannes auf den herkömmlichen Samenerguss, der ohne jede Logik zum Orgasmus erklärt wurde, obwohl er mit einer Einheitserfahrung nichts zu tun hat, sondern lediglich einen – oft auch noch vorzeitigen – Samenverlust darstellt. Zumindest müsste er lange hintangestellt werden. Es ist nicht leicht, einem derart eingefahrenen Muster zu entkommen und den gebahnten Weg zu verlassen, aber es ist möglich, vor allem wenn die Partnerin *mitspielt*. Zusammen werden beide lernen, ihre Grenze wahrzunehmen und hinauszuschieben, jenseits derer es kein Zurück mehr gibt. Sie können lernen, sich immer länger und genussvoller in der Nähe ihres persönlichen *Point of no Return* aufzuhalten.

Letztlich auf dasselbe läuft hinaus, wenn der Mann seine Lust anfangs absichtlich zurück- und die der Partnerin in den Mittelpunkt stellt. Er wird bald spüren, wie er selbst mehr erlebt, je mehr Lust er ihr vermittelt. Die Lust wird sich über einen viel längeren Zeitraum ausdehnen, dadurch langsamer an Intensität zunehmen, aber mit der Zeit immer größere Höhen erreichen.

Wenn Leistungsdruck außen vor bleibt, wächst für beide die Chance, zu gewinnen. Das Risiko dabei ist gering, denn im schlechtesten Fall endet alles wie gehabt in einer frühzeitigen männlichen Explosion mit nachfolgendem Absturz und un(ter)-befriedigter Frau. Dann sind zwar beide kurzfristig wieder hinter ihren Möglichkeiten zurückgeblieben, aber sie behalten weiterhin die gemeinsame neue Perspektive und ein wundervolles Ziel, wobei der Weg dorthin schon große Freude bereitet. Sie können also gar nicht verlieren, nur auf beglückende Weise gewinnen. Schon auf dem Weg zu einer spielerischeren Erotik und Sexualität werden sie reichlich beschenkt mit neuen Empfindungen und (Lust-)Gefühlen aus Eros' Reich.

Mit zunehmender Erfahrung wird für beide Seiten angenehm deutlich, dass Energie tatsächlich etwas Spürbares und Steuerbares ist. Solange *man* sie nicht abstürzen lässt, steht sie beiden zur Verfügung und wächst in einem fort. Allmählich kann sich sogar das Gefühl entwickeln, als sei sie unerschöpflich. Auch stundenlange Liebesfeste können beide nicht erschöpfen, sondern bauen sie weiter auf. Aus diesem sich leicht ergebenden Überfluss an Energie kann sich auch jenes glückselige Empfinden schwebender Leichtigkeit ergeben, das Flügel zu verleihen scheint, wie sie der

Liebesgott Eros hat. Solche Liebesfeste, die natürlich auch all die beschriebenen Hormone mobilisieren, schwächen im Übrigen das Immunsystem nicht, möglicherweise weil das Testosteron in einem ausgewogenen Verhältnis zu den anderen Liebeshormonen bleibt. Zwar hat unsere Wissenschaft das noch nicht untersucht, aber viele Erfahrungen verdeutlichen es.

Das Empfinden ist ähnlich dem im Zustand des Verliebtseins. Es nimmt in dem Maß zu, wie die Energiewellen des Liebesfestes höherschlagen. Wahrscheinlich finden dabei ähnliche oder dieselben Hormoneffekte statt wie beim Verlieben. Serotonin- und Dopaminspiegel steigen, und Oxytocin kommt hinzu. Da aber Serotonin – bei ausreichender Sicherstellung – anschließend nicht abfallen muss, fehlen Überdrehtheit und Auswirkungen ansteigender Stresshormone wie von Adrenalin und Cortisol.

Da das Gefühl des Energieüberflusses und der Herzöffnung über Serotonin aber so erhebend und beglückend ist, werden beide Partner es wieder und wieder suchen und so ihr Energieniveau allmählich immer höherheben. Der große Vorteil gegenüber dem Verliebtsein ist, dass dieses gemeinsame Fließen sich vorsätzlich erreichen lässt, während Sichverlieben ein Geschenk von Eros' Gnaden bleibt, für das wir uns reif machen können, aber auf dessen Gewährung wir weniger Einfluss haben. Mit der Zeit wird deutlicher, wie sehr Eros auch bei diesem gemeinsamen Fließen mit im Spiel ist. Wahrscheinlich ist die Energiesituation sehr ähnlich. Tatsächlich verliebt sich die Seele leicht in diese Form ausgedehnter sinnlicher Liebe. Und natürlich ist es immer die Seele, die sich verliebt, und nie der Körper.

Die Sexualkraft ist die stärkste unserer Energien, und Eros ist ihr Vermittler. Möglicherweise fühlen wir uns unter ihrem Einfluss wie unter Strom, und tatsächlich stehen wir, wie es die östlichen Traditionen lehren, unter dem Einfluss eines Strömens der Kundalini- oder Qi-Energie. Von den Genitalien ausgehend, muss sie nicht auf diese beschränkt bleiben, ähnlich wie ein Orgasmus, der diese Bezeichnung verdient, sich nicht auf die Genitalien beschränkt, sondern den ganzen Menschen mit Leib und Seele erfasst. Die Kundalini-Energie, auch Schlangenkraft genannt, nimmt ihren Weg aus dem untersten Chakra im Bereich des Beckenbodens bis hinauf zum obersten Chakra über dem Scheitel. Obwohl es für ihn nach dieser Methode bald keinen Samenerguss im herkömmlichen Sinne mehr gibt, gelangt der Mann doch nahe an den Punkt des Überfließens der Energie und jedenfalls in den Genuss von Energieüberfluss, sodass er dieses Gefühl mit der Zeit genussvoller erlebt als die kurzen Höhepunkte der Vergangenheit mit anschließender Erschöpfung. Die Frau darf ruhig weiterhin *kommen*, wenn sie sich daran gewöhnt, sich immer wieder gehen und *kommen* zu lassen.

Viele Frauen genießen ebenfalls das Gefühl, nicht kommen zu müssen, sondern in der Nähe dieses Punktes zu spielen und die vibrierende Sinnlichkeit zu genießen. Alles wird aus dieser Erfahrung von Energieüberfluss leichter geschehen, und zusammen werden sie erleben, wie feine, sanfte Berührungen ihren eigenen Reiz haben und ähnlich viel oder bald sogar mehr Energie freisetzen als starke und grobe. Vor allem aber werden kräftige und starke Bewegungen und Stöße auf dieser Basis eine bisher ungekannte Wirkung entfalten.

Die Erfahrung des Danach ist beim zeitlich hinausgeschobenen oder ganz ausgefallenen Samenerguss besonders auch für Männer unvergleichlich angenehmer und steht in krassem Gegensatz zu dem Energiemangel, der sie sonst so leicht verstimmt und auf beider Stimmung zurückschlägt. Stattdessen herrschen wohlige Entspannung und ein prickelndes Gefühl von Lebendigkeit vor. Auch wenn der starke Energiestrom abklingt, bleibt sein Nachhall noch überall in Körper und Seele spürbar, ein Gefühl, das beide gemeinsam oder auch für sich genießen können.

Natürlich gehen die Möglichkeiten spiritueller Sexualität unendlich viel weiter, wie die Philosophie des tantrischen Buddhismus zeigt, die sich überhaupt nur am Rande mit Erotik und Sexualität beschäftigt und jedenfalls weit über sie hinauszielt. Für uns ist an dieser Stelle lediglich der Einstieg ins Umdenken wichtig.

Fasten als Rückkehr zur Sinnlichkeit über die Sinne

Echte erotische Bedürfnisse werden besonders deutlich, wenn man für einige Zeit die Ersatzbefriedigungen streicht, hinter denen sie sich zu verstecken pflegen. Bei Fastenkursen ist das regelmäßig zu erleben. Plötzlich von allen Naschereien, Tabak, Alkohol und anderen medizinisch verordneten Stimmungsdrogen befreit und ohne sexuelle Ablenkungsmanöver, kann einerseits kurzfristig der Frust des bisherigen Lebens bewusst werden und sich andererseits langfristig neue Sinnenlust entwickeln wie auch die Lust auf ganz einfache Dinge. Es dauert oft nicht lange, bis sich ein manchmal sogar euphorischer Genuss am eigenen Leben und an allem Lebendigen einstellt. Unsere Tendenz zur Veräußerlichung aller Lebensbereiche, die auch Liebe und Lebenslust mit erfasst hat, kehrt sich beim Fasten um und macht uns unsere wirklichen Bedürfnisse bewusst, die eher innen und mehr in der Qualität als in der Quantität liegen.

Bauen wir diese Beziehung zu Qualität und sinnlicher Lebenslust aus, können wir uns viel Verdruss ersparen; denn wir geraten mit unserer hektischen Jagd nach äußerlichem Genuss und unserer Angst, etwas zu versäumen, recht tief in den Gegenpol der Liebe, der von Übergewicht, blauem Dunst und Drogenexzessen geprägt ist. All das ersparten sich zum Beispiel jene von uns belächelten Anhänger des Dionysoskultes im klassischen Griechenland, die Liebe und Lust noch mit Religion verbanden. In ihren Orgien hatten Ekstase, jene tiefste Lust, und der religiöse Rausch ihren festen Platz. Eros und Venus kamen in diesen Orgien voll auf ihre Kosten, und es ist nicht bekannt, dass sie es damals nötig gehabt hätten, sich in einem Ausmaß wie heute von ihren Schattenseiten zu zeigen. Die Lustseuchen, die venerischen (Geschlechts-)Krankheiten spielten damals offenbar ebenso wenig eine Rolle wie Fettsucht oder Drogenmissbrauch. Wo Rausch und Ekstase ihren bewusst gewählten Platz haben, müssen sie sich nicht in Randzonen austoben. Die Verbindung von Fasten und Ekstase kann auch heute noch in der Kombination von Fasten mit Wein erlebt werden wie bei Schrothkuren. Wenn man sich dabei dem Thema der Sinnlichkeit im Sinne von Sinnenfreuden öffnet, sind wundervolle Erfahrungen möglich, wie ich in einer »Fasten und Wein«-Zeit selbst erleben konnte.

Wir können uns von Eros und Venus, den beiden Lebensprinzipien der Liebe, reich beschenken, statt vergiften (lat. *venenum* = Gift) lassen. Die Gaben der Venus, ihr Gift zum Geschenk (engl. *gift*) zu machen, ist eine besonders lustvolle Möglichkeit, die reichen Lebensgenuss und tiefe sinnliche Lust schenkt, sofern wir uns ganz darauf einlassen und uns ihr hingeben.

HILFE AUS EROS' ENGERER FAMILIE

In unserem Bestreben, uns Eros zu erhalten und seine Energie stärker in unser Leben fließen zu lassen, sollten wir uns auch den mit ihm verwandten Energien zuwenden. Mars (Vater), Uranus (Großvater), Venus (Mutter) und Neptun (Großmutter) werden mit ihren Energien unseren Erfahrungen noch mehr Tiefe geben.

Mars, Lebensprinzip der Aggression oder Die Liebeskraft

Im Hinblick auf Mars lässt sich Streitkultur entwickeln. Meinungsverschiedenheiten werden dann nicht mehr unter den Teppich gekehrt. Wir sprechen aus, was uns stört. Über Konflikte und Unstimmigkeiten diskutieren wir, und dabei wird auch gestritten, allerdings unter Wahrung des Respektes füreinander.

Kritik, einer der Knackpunkte in Beziehungen, ist natürlich immer Teil von Streit, aber solange sie im Verhältnis von 1:5 mit Anerkennung und Lob gemischt wird, bleiben die Chancen auf eine lange, erfüllte Partnerschaft gewahrt. Wer sich dagegen mit einem Verhältnis von 1:2 oder gar 1:1 oder noch schlechter eingerichtet hat, hat nach wissenschaftlichen Studien keine Chance auf Erhalt der Zweisamkeit. Wir dürfen und sollen uns also durchaus am Partner reiben, aber wir sollten es mit einer liebevollen Anerkennungsstrategie verbinden. Wer fünfmal so viel lobt wie kritisiert, kann immer noch einiges an wichtiger Kritik äußern. Und weniges, das angenommen wird, ist natürlich besser als viel, das abprallt.

Marsische Energie will sich aber auch konkret in einer Partnerschaft zeigen, etwa anlässlich mutiger Herausforderungen. Bei einem Abenteuerurlaub beispielsweise lernen wir die eigenen Grenzen kennen und sie beim anderen zu respektieren, aber Grenzen hin und wieder auch zu überschreiten oder sogar im Sturm zu nehmen und zu durchbrechen. Ein insgesamt mutiges, abenteuerliches Leben kommt Mars noch näher, und in spannenden Situationen entwickelt sich mit der Spannung auch leichter Erotik.

Mars könnten wir einfach mal ins Bett einladen, im konkreten Liebesspiel oder auch nur in Fantasiewelten. Auf beiden Bühnen kann Mars den Helden im Mann befeuern: den starken Befreier bis hin zum rücksichtslosen Eroberer, auch den Draufgänger, der sich mit Leidenschaft und handfesten, schlagenden Argumenten durchsetzt, ohne Rücksicht auf Verluste zu nehmen, der offen seine Lust zeigt und seine Kraft ausspielt.

Hier kommt auch die Amazone oder Domina in der Frau zum Vorschein, die sich mit Vorliebe männlicher Waffen bedient. Damit eröffnet sich das ganze Feld von SM, wobei jene spezielle Kammer, der Red Room, wie in Shades of Grey beschrieben, nur eine Möglichkeit ist. Auf den Spuren von Christian Grey wird die Welt der Erotik schnell mit dem grenzwertigen Grauen all ihr bisheriges Grau verlieren und verblüffende Spannung und Energie entwickeln. Selbstverständlich setzt dies immer beider Zustimmung voraus.

Aber es kann auch einfach nur um harten, leidenschaftlichen Sex gehen, bei dem der Mann wieder (s)eine Männlichkeit lebt, die er in der modernen Welt mit ihren An- und Überforderungen nicht mehr unterbringt. Wenn er sie packt, ihr die Kleider herunterreißt und sie nimmt, wie er will, ja sie zurechtstößt, wie er sie braucht – und wie sie es braucht –, ist Mars in seinem Element und viele Frauen offenbar glücklicher, als weichgespülte Männer sich träumen lassen.

Auch beim Ausflug in die abenteuerliche Vergangenheit, also zum Beispiel beim Ausprobieren von erotischen Kostümfesten nach Art der Kurtisanenzeit über weniger kultivierte Ritter- bis zu Wikingerspielen, macht Mars gern mit, und die Beziehung wird aufleben, wenn sie es ebenfalls genießt, so direkt und vielleicht sogar fest genommen zu werden von einem Eroberer, der vor Kraft und Macht nur so strotzt und das auch ausspielt. Auf dieser Ebene ist alles möglich, was die raue und die offensiv-direkte Seite von Mars befriedigt und Hingabe, Loslassen und Ergebenheit bei seiner Partnerin auslöst. Er kann sie sich auch einfach kaufen, auf einem der früher zahlreichen Sklavenmärkte oder in jedem Freudenhaus ihrer gemeinsamen Fantasie. Aber sie kann sich ihn auch als Fürstin oder Königin kaufen, als Stallknecht und Bereiter, und ihm die Peitsche zeigen, wenn er nicht spurt und manchmal vielleicht auch gerade dann.

Beide könnten sich zusammen ihr ganz persönliches Freudenhaus erschaffen, in dem es viele Zimmer für ihre jeweils ganz unterschiedlichen Bedürfnisse gibt. Dieses ließe sich auch für die anderen Lebensprinzipien bestens nutzen. Sie dürften sich abwechselnd Tag für Tag oder Nacht für Nacht für ein Zimmer entscheiden, sodass beider Vorlieben durchaus gleichberechtigt zum Zuge kommen, Gleichmacherei aber draußen vor der Tür bleibt und in den Räumen die ungeschminkte Wirklichkeit des entsprechenden Urprinzips herrscht.

Was wir hier für die vier Lebensprinzipien Mars, Uranus, Venus und Neptun, die sich aus Eros' Abstammung ergeben, durchspielen, ist natürlich leicht auch auf die anderen zu übertragen, sodass sich ein vollständiges Theater des Lebens ergibt und das Freudenhaus tatsächlich die ganze Wirklichkeit er- und umfasst. Jedes der zwölf Lebensprinzipien hat natürlich einen Bezug zur Liebe und seine eigenen Wege, sich ihr zu nähern. Diese Eigenarten für sich selbst und den Partner kennenzulernen ist sehr anregend und unterstützend bei unserem Unterfangen, tiefer in Eros' Welt einzutauchen. In dem Buch *Die Lebensprinzipien* (siehe Literaturverzeichnis) finden sich zu den zwölf Urprinzipien auch deren jeweilige erotisch-sexuelle Vorlieben, wobei Eros in diesem Sinne gar nicht zu den zwölf gehört. Er ist ja die überaus gelungene Mischung aus Venus und Mars.

Uranus, Lebensprinzip der Originalität oder Verrückte Erotik

An erster Stelle steht hier der – oft abrupte – Ausbruch aus der Routine der Beziehung. Es geht darum, sich stattdessen gemeinsam herauszufordern, Neues in Angriff zu nehmen, Aufregung zu suchen, neue Formen der Partnerschaft und Erotik auszuprobieren im Sinne der angeführten Möglichkeiten, aber noch besser darüber hinaus in erotische Bereiche eigener Kreativität und Fantasie vorzudringen.

Neugierde als Eros' Geheimwaffe lässt sich hier entdecken. Es geht darum, wieder neugierig auf den Partner zu werden, interessiert zu sein, statt sich interessant zu machen, und das unbekannte Wesen, den eigenen Partner, in Gesprächen und darüber hinaus zu erforschen. Wir dürfen erkennen, dass das Gegenüber gar nicht zwingend der Gegenspieler, sondern eher der Mitspieler ist. Wir entdecken auch die Nähe von Be- und Neugierde.

Auf ungewöhnlichen Reisen werden wir neue Menschen und andere Sitten und Gebräuche kennenlernen. Wir besuchen fremde Länder und lassen uns wirklich auf sie und ihre Bewohner ein; tauchen in ihre erotische Welt und vielleicht auch Unterwelt ein. Fremde, faszinierende, schillernde, exotische Erotik lernen wir kennen und schätzen.

All die Verrücktheiten können wir auf die Bühne des Lebens bringen, konkret in der Karnevalszeit oder im Spiel oder in der Fantasie. Wir wagen es, Ungewöhnliches zu denken, auszusprechen und zu spielen – in dem geschützten Räumen des eigenen Freudenhauses oder in welchem Fantasierahmen auch immer. Wir erlauben uns, das Feld der eigenen Lieblingsperversionen zu durchleben und gemeinsam zu erweitern, aufwendig und fantasievoll die gemeinsame Schnittmenge zu finden und zusammen zu genießen.

Warum nicht die verrücktesten Sexspielzeuge anschaffen, die es gibt und die einen von beiden faszinieren. Selbst der Einkauf mit ausführlicher Beratung kann schon uranisch und herausfordernd witzig sein. Es gibt inzwischen längst sehr ansprechend aufgemachte Erotikläden, die gar nicht peinlich sind. Was wir (noch) nicht kennen, wäre gerade gut auszuprobieren. Alles beginnt harmlos und einfach, wie der Film *In guten Händen* zeigt, der die Entdeckung des Vibrators schildert. Er ist witzig und gewinnt seine Tragik erst durch die Tatsache, dass er als Historienverfilmung die Verbrechen ahnen lässt, die unter der Diagnose Hysterie im Namen der Schulmedizin bis ins letzte Jahrhundert an Frauen begangen wurden. Wer bezüglich solcher Sexspielzeuge, die idealerweise dem erotischen Spiel dienen, noch Laie ist, dem sei der Film unbedingt als Einführung empfohlen.

Venus, Lebensprinzip der Liebe oder Die Schönheit der Erotik

Jede Form von Zärtlichkeit zu kultivieren hat hier Vorrang, wobei der Organismus ständig Oxytocin produziert, das bezaubernde Bindungshormon und in der Konsequenz das Hormon der Verbundenheit.

Was immer wir als Verliebte gar nicht lassen konnten, lassen und vergessen wir danach umso rascher: uns bei jeder Gelegenheit liebevoll zu küssen und zärtlich anzufassen, uns über das Haar zu streicheln und vieles andere mehr. Hier sei auch an die sanften Berührungen, die zarten »Schaumerfahrungen« an den Säulen der Brüste erinnert, zwischen denen der Weg in ihren Tempel der Lust führt.

Erotik muss im Alltag weiterleben, wenn sie in den Nächten Höhepunkte schaffen soll. Falls die Zärtlichkeit zu kurz kommt, sinkt der Oxytocinspiegel und damit die Chance auf liebevolle Verbundenheit. So entsteht immer wieder der gleiche Teufelskreis: keine Zärtlichkeit, kein Oxytocin, keine Lust auf Zärtlichkeit ... Folgender Engelskreis wäre jedoch genauso möglich: Wer sich viel und zärtlich berührt, löst viel Oxytocin aus, was wiederum ein wundervolles Gefühl von Verbundenheit mit sich bringt, die dazu führt, sich viel und zärtlich zu berühren, was den Oxytocinspiegel weiter erhöht und zu sanften Berührungen führt ...

Jede Form von Zuwendung erhält – wissenschaftlich belegt – die Chance auf lebendige Erotik. Theodor Fontane sagte schon vor langer Zeit: »Die Liebe lebt von liebenswürdigen Kleinigkeiten.« Dazu gehören liebevolle Worte. Diesbezüglich leiden wir aber weiter an der in diesem Fall furchtbaren Logik der Evolution, nach der wir uns bis heute auf alles Negative fixieren. Positive Dinge verlangten zu Urzeiten noch keine Reaktion und waren deshalb nicht so wichtig wie Negatives, das eine direkte Bedrohung darstellte und sofortiges Handeln erforderte. Jeder Schmerz und jede Bedrohung rief nach Aktion, Wohlgefühl dagegen nicht.

Nach diesem Muster verfolgen wir heute in einem fort nur Negativ- und Horrormeldungen und ignorieren die guten Nachrichten nach dem ebenso bekannten wie entsetzlichen Zeitungsmotto, dass nur schlechte Nachrichten gute Nachrichten seien.

Für die Beziehung ist es so wichtig, dieses Muster, dem Schlechten gegenüber dem Guten Vorrang einzuräumen, als alt und überlebt zu erkennen, zu überwinden und daraus auszusteigen – und es wird uns nichts fehlen. Dadurch können vermehrt verbale Zärtlichkeiten in unser Leben Einzug halten, die ähnlich wirken wie diejenigen, die die Haut vermittelt, bis hin sogar zu jenen O(h)rgasmen, von denen Bernhard Ludwig so witzig spricht. Im Übrigen könnten die erotischen Wortspiele sehr wohl auch aus Mars' Reich kommen. Eine marsische Geschichte, in verführerisch sinnliche Worte gekleidet, würde jenen prickelnden venusischen Schaum produzieren, aber auch das Blut in Wallung bringen. Venus und Mars können sich natürlich abwechseln oder eben auch mit viel erotischem Gewinn verbinden – wie im Mythos, wo sie zu so wundervollen Kindern wie Eros führen.

Zuwendung und verbale Anerkennung ebnen den Weg zu erotischen Erfolgen und können in Form von Komplimenten bis zu Liebesgedichten und Liebesliedern übermittelt werden. Hier ist es gut, sich daran zu erinnern, dass ein bisschen Schaumschlagen gar nicht verkehrt ist, wenn wir auf den Spuren der Schaumgeborenen die Liebeskunst zur vollen Höhe bringen wollen.

In Venus' Reich ist es von Vorteil, auch einmal das Ich zurückzustellen, sodass sich Wir-Empfinden entwickelt. Eigenes zugunsten von Gemeinsamkeit aufgeben, das will letztlich auch Eros, der ja mit Vorliebe Gegensätze zusammenbringt und nicht selten aufeinanderprallen lässt. Dann verwendet er wieder die Art seines Vaters, meint aber immer das Thema seiner Mutter. Außerdem zeigt die Erfahrung, dass stets die Partnerschaft verloren hat, wenn eine Seite einen Streit gewinnt. Ein Sieg geht immer auf Kosten des anderen. Partnerschaft braucht aber Wir-Gefühl. Aus der Wir-

Sicht ist nicht der Partner der Feind, sondern der Streit. Aber auch Letzterer ließe sich mit Regeln im Sinne einer Bewusstseinserweiterung nutzen, wie sich bei Mars zeigte. Nur sollten wir ihn nicht als Möglichkeit sehen, den Partner zu ändern, denn das funktioniert nicht. Da wir den Partner nicht ändern können, sondern nur uns selbst, ist es am besten, auch bei sich selbst anzufangen.

Neptun, Lebensprinzip der Allverbundenheit oder All-Liebe

Mit allem eins werden ist das große Thema dieses letzten Lebensprinzips im Entwicklungskreis. In Eros verbindet sich somit über seinen Vater und seine Großmutter das erste Prinzip, Mars, mit dem letzten, Neptun. Die Mutter Venus vermittelt ihm Beziehungen zum zweiten (Besitz, Revier) und siebten Entwicklungsraum (Partnerschaft) und der Großvater Uranus zum Himmel und vorletzten elften Raum.[17] Insofern ist Er(os) ein wundervoll verbundenes und verbindliches Lebensprinzip.

In der Verliebtheit unter Eros' Einfluss sind wir zwar einerseits sehr eingeengt bis hin zum Tunnelblick, aber wir können andererseits in unserem einzigen Fokus, beim Partner, alles akzeptieren. Seine Fehler nehmen wir als Tugenden wahr und wollen völlig mit ihm verschmelzen und eins werden. Die Zurücknahme des Blickes auf den einen Menschen erlaubt uns immerhin, mit ihm das große Ziel in Gestalt der Einheit mit allem zu verwirklichen.

Dies lässt sich in Gedanken und Fantasien auch immer wieder aufgreifen, indem ich mich in den oder die Geliebte hineinversetze. Wenn ich in seine oder ihre erotischen Fantasien, Wünsche und Gelüste so intensiv hineinspüre, kann ich sie empfinden, als wären es meine eigenen, kann sie akzeptieren und sie ihm oder ihr natürlich auch zugestehen. Wir erleben bei diesem Lebensprinzip ein bewusstes gedankliches Verschmelzen mit dem Gegenüber

17 Siehe auch Dahlke, *Die Lebensprinzipien* (Literaturverzeichnis im Anhang).

und keineswegs eine Akzeptanz im Sinne (widerwilligen) Annehmens dessen, was nicht zu ändern ist.

Mit dem Partner wählen wir zu Beginn unserer Liebesgeschichte Lichtseiten, die uns faszinieren, bekommen aber mit der Zeit (unsere eigenen) Schattenseiten in den Problemen des Partners widergespiegelt. An ihm können wir diese nicht lösen, sondern nur akzeptieren. Bei uns selbst könnten wir sie dagegen im Sinne des Schattenprinzips sehr wohl angehen. Dann würde Partnerschaft zu einem echten Entwicklungsweg. Die Chance, seine Probleme zu lösen, müssen wir dem Partner selbst überlassen. Aber wir können ihm enorm helfen, wenn wir seine dunklen Seiten als solche schon einmal akzeptieren. Er erlebt dann, dass er trotz ihrer geliebt wird und diese Schatten, und damit er selbst, also gar nicht so schlimm sein können. Umso leichter wird es ihm anschließend fallen, sie selbst zu akzeptieren und in lichtere Spielarten derselben Energie zu wandeln.

Jeder Partner lässt sich sogar bewusst wieder ins hellste Licht rücken, wie es bei den frisch von Eros' Pfeilen Getroffenen ganz von selbst geschieht. Das ebenso Erstaunliche wie Schöne ist, dass er mit der Zeit diese positive Seite als seine eigene, eigentliche übernimmt. Bewunderung lässt jeden Menschen aufblühen. Und wer (sich) in diesem Sinne lange genug etwas bewusst vorspielt, wird es mit der Zeit glauben und schließlich erleben und sein. Wer also in seinem Froschpartner den Prinzen sehen kann und ihm das auch vermittelt, verhilft ihm so allmählich tatsächlich dazu, diesen Prinzen in sich zu verwirklichen und damit zu Individuation und Selbstverwirklichung.

Das Neptunprinzip regt dazu an, bewusst und als Übung der Liebe Opfer zu bringen. Es ist aber auch möglich, das Opfer bewusst zu spielen, als das man sich im Theater des Lebens so oft erlebt. Das kann natürlich auch in sehr erotische Bereiche führen und erneut SM ins Spiel bringen, wobei Mars, das erste Prinzip, das S bedient und Neptun, das zwölfte, das M.

Miteinander Gedanken teilen: reden

Die modernen Hauptfeinde der Seele, aber auch von Sinnenfreuden, Zärtlichkeit, Körperkontakt, Sex und Eros, sind Zeitmangel und Stress. Insofern ist es eine entscheidende Voraussetzung für die Entwicklung von Erotik wie auch für die Entfaltung der Seele, sich Zeit-Räume frei zu halten und für Entschleunigung zu sorgen. Die einfachen praktischen Vorbereitungen reichen vom Abschalten des Mobiltelefons bis zum Schließen der Tür. Auch Gespräche mit dem Ziel, mehr Zeit für die Liebe zu finden, haben bereits innere Wirkung.

Als Nächstes steht der größere Schritt an, sich zu trauen, die erotischen Anliegen überhaupt anzusprechen und sich etwa über Vorlieben und Wünsche auszutauschen. Die deutsche Paartherapeutin Ann-Marlene Henning sagt: »Das größte Problem ist, dass die Themen nicht auf den Tisch kommen. Die Leute spielen nicht, sie trauen sich nichts.« Hier ist also der uns mythologisch nun schon gut vertraute Vater von Eros, Mars, mit seinem vorpreschenden und die Probleme in Angriff nehmenden Mut, seiner Courage, gefragt. Außerdem muss ja niemand gleich mit der SM-Szene, fließendem Blut und einer Menge sogenanntem »Schweinkram« beginnen. Beide können sich Schritt für Schritt vorwärtstasten und sich dabei gegenseitig Mut machen und auch zu Abmachungen gelangen, die der Lust dienen.

Wenn Partner miteinander reden, ist sehr viel gewonnen, denn die Seele kommt nun fast automatisch ins Spiel (des Lebens). Und wir wissen ja inzwischen: In der Erotik ist die Seele nicht alles, aber ohne sie ist doch alles nichts. Anders ausgedrückt: Wenn sie nicht reden, sind sie eigentlich keine Partner und haben auch keine Beziehung. Von C. G. Jung haben wir außerdem schon gelernt, dass Eros Bezogenheit meint. Eine Patientengeschichte mag diesbezügliche Probleme, aber auch Chancen enthüllen.

Ein sehr gut situierter Patient mit eigener Firma und wundervoller Familie kam zur Schatten-Therapie und konnte eigentlich keinen spezifischen Grund dafür angeben außer dem allgemeinen Wunsch nach Bewusstseinserweiterung. Nach einigen Sitzungen kam heraus, dass er sich ab und zu Callgirls ins Hotel bestellte, was ihm ethisch-moralische Probleme machte. Aber statt, wie von mir erwartet, von den Callgirls ausgefallene Wünsche befriedigt zu bekommen, wollte er lediglich ab und zu eine Frau einfach so richtig packen und »ohne viel Federlesens durchvögeln«, wie er es nannte. Er trachtete also letztlich nach einer Liebe, wie sie Eros' Vater Mars bevorzugt und wie sie dessen Geliebte, Venus, auch hin und wieder wünschte. Mit der wundervollen eigenen Frau ginge das nicht, berichtete der Patient, das wäre vollkommen undenkbar, weil sie doch eine so differenzierte, gebildete und beeindruckende Persönlichkeit aus bestem Hause sei.

Als die Frau des Patienten noch während seiner Therapie zu einer Beratung wegen Allergien, also Aggressionsproblemen, kam, stellte sich nebenbei heraus, dass sie sich von der Therapie ihres Mannes mehr erhofft habe. Auf meine Nachfrage erzählte sie – in Übereinstimmung mit ihm –, wie wunderbar alles bei ihnen zu Hause liefe.

Dann gestand sie aber verschämt, dass ihre Erotik ganz und die Sexualität deutlich im Laufe der Jahre und vor allem nach den Kindern eingeschlafen seien. Die Ehefrau aber hatte keinen Callboy und wusste nichts von seinen Callgirls. Vorsichtig fragte ich nach und hörte staunend, wie sie davon träumte, wieder einmal spontan von ihrem Mann geschnappt und ohne großes Hin und Her genommen zu werden.

Zwei bestens gebildete Menschen, die über so vieles redeten, hatten es nicht geschafft, sich diese ebenso natürlichen wie harmlosen Wünsche zu vermitteln. Wenigstens wurde so die Therapie auch für sie noch zu einem Gewinn.

Miteinander reden ist so wichtig, um sich eigene Wünsche gegenseitig zu offenbaren. Entsprechende Forschung ergab, dass Frauen sogar mehr durch Worte als durch Bilder erregbar sind, weshalb der O(h)rgasmus eine exzellente Idee ist. Bis *er* aber so weit ist, seine Partnerin mit Worten zur Erfüllung zu bringen, kann es dauern. Denn dummerweise reden Männer im Allgemeinen ungern über Seelisches und über Erotisches fast gar nicht – jedenfalls nicht mit ihrer eigenen Frau. Sie reden zwar über *das eine*, aber eher auf wenig hilfreichen Ebenen, etwa in der Herrensauna, nach dem Sport mit den Kumpeln beim Duschen oder am Stammtisch. Es braucht also Zeit und den Mut des Marsprinzips. Wenn Frauen mehr auf Worte, Männer mehr auf Bilder reagieren, ergeben sich daraus wundervolle Kompromisse. Wenn er ihr reizvolle, verführerische Geschichten erzählt, könnte sie ihm entsprechende Filmbilder zugestehen, und zusammen könnte das großen Spaß machen. Wertende Bezeichnungen wie Porno sind dabei – zumindest anfangs – eher hinderlich.

Bilder miteinander teilen: fantasieren

Die schönste und wertvollste Hilfe in jeder Therapie ist immer die zur Selbsthilfe. Dafür haben wir in unserer Fantasie und der entsprechenden Seelenbilderwelt die wundervollsten Möglichkeiten. Erzählte (Seelen-)Bilder können beiden Partnern und ihren Bedürfnissen gerecht werden: *Sie* hört Geschichten, und *er* bekommt seine Bilder. Da wir uns einen pinkfarbenen Hasen mit dunkelblauem Hirschgeweih vorstellen können, öffnet sich uns auf dieser Ebene ein weites Feld. Wie viel leichter ist es da für ihn, in seine Traumrolle zu schlüpfen vom richtig starken Mann und Geliebten und sie in ihre der verlockend hingebungsvollen Frau und Geliebten. Unsere Fantasie ermöglicht uns jede Vorstellung, und die Seelenbilderwelten eröffnen beliebige Lebensräume. Insofern bieten sie für Lösungen im Erotikbereich alles, was wir brauchen.

In einer verlässlichen Partnerschaft sind die Fantasievorstellungen und die daraus folgenden Spiele ein unglaublicher Schatz, den es nur zu nutzen gilt. Die Welt der inneren Bilder kann so zum Schlüssel für diese widersprüchliche Zeit werden, die einerseits fast alles sexualisiert, Sinnlichkeit aber zugleich unter Generalverdacht stellt und die keine allgemein akzeptierte Liebeskunst und -kultur besitzt. In der Seelenbilderwelt können schon jetzt und jederzeit Frauen wieder richtige Frauen sein und Männer zu richtigen Männern werden, die sich gegenseitig alle möglichen Wünsche erfüllen.

Wenn wir das Luftelement auf diese Art einladen, uns zu helfen, sind wir ganz nah bei Eros, dessen Mutter Venus vor allem und dessen himmlischer Großvater Uranus Luftwesen sind. Je mehr beschwingte Leichtigkeit deshalb hinzukommt, desto besser und erotischer. Sobald das Vertrauen wächst, und das wird es mit jeder über die Lippen gebrachten Geschichte, werden all die erotisch-sinnlichen Fantasien, die *man* je gehabt hat und denen *frau* bisher vielleicht keinen Raum geben konnte, freigelassen. Das wirkt nicht nur erregend, sondern auch befreiend.

Anschließend könnten beide gemeinsam noch all jene Fantasien zusammentragen, die beiden Lust und zusätzliche Energie schenken. Im Zustand des Energieüberflusses geht vieles leicht, was zuvor blockiert war und sich beide weder ein- noch zugestanden haben. So könnten sie fast beliebig lange Zeiten ineinander und miteinander verbringen, die körperlich spürbaren Energien durch leichte Bewegungen ineinander anregend und ihn »bei der Stange« haltend, die geistig-seelischen Kräfte durch Gedankenspiele und fantasievolle sinnliche Visionen herausfordernd. Auf den Schwingen der Fantasien sind wundervolle Höhenflüge möglich, und sie unterstützen die physischen Energien wie auch diese umgekehrt die seelischen. Ein Gefühl wie auf Wolken kann sich daraus ergeben und in schwebende Leichtigkeit des Seins münden.

Mithilfe des verbundenen Atems kann der Energiefluss sogar noch einmal sehr gesteigert werden. Diese Übung sollte jedoch erst in eigener Regie genutzt werden, nachdem ein(e) Atemlehrer(in)[18] sein beziehungsweise ihr grünes Licht gegeben hat, um sich vor unangenehmen Situationen zu bewahren. Dann aber kann auch hier eine geradezu himmlische Chance ergriffen werden, gemeinsam in Felder von Energieüberfluss einzutauchen und darin zu spielen.

Die eigene Lebensgeschichte reparieren

Eine ganz besondere Chance ergibt sich noch für Partner, die auf einer tragfähigen und gut erprobten Vertrauensebene bereits einige der beschriebenen Erfahrungen im Fantasiebereich gemacht haben und bereit sind, weitergehende Geheimnisse voreinander zu lüften. Sie können damit beginnen, ihr eigenes bisheriges erotisches Leben auf der Ebene der Fantasiebilder gleichsam zu überarbeiten. Vor allem ein verpfuschter Beginn der erotischen Lebensgeschichte könnte sogar in einer personellen Neubesetzung neu gestaltet und nun genossen statt erlitten werden. Auf Fantasieebene lässt sich auch der Beginn der eigenen Beziehung nochmals durchleben und genießen und zudem in verschiedenen Szenarien variieren. Einigen mag es dabei sogar leichter fallen, von real Erlebtem auszugehen und dann darauf aufbauend die Fantasie spielen zu lassen.

Dieses Konzept ist beliebig zu erweitern, und so liegen hier noch viele Möglichkeiten, wenn wir etwa an das Beispiel vom Schüler denken, der von seiner Lehrerin halb in die Liebe eingeführt und dann sitzengelassen wurde. Als er sich seine eigene wundervolle Liebesgöttin kreierte, folgte er unbewusst genau diesem Weg und erlebte in seiner Fantasie noch viel schönere Einweihungen – Schritt für Schritt. Natürlich könnte man auch einfach

---

18 Siehe im Internet unter: www.verbundenerAtem.net.

Selbstbefriedigung dazu sagen, das mag es sicher auch sein. Trotzdem haben solche Fantasien beflügelnde Effekte auf das spätere Liebesleben.

Auf diese Weise könnte jeder und jede seine innere Göttin oder ihren inneren Gott kennen- und schätzen lernen. Wer immer nach innen horcht, wird diese Stimme finden, die ja nichts anderes als die eigene innere Stimme ist. Sie äußert sich zu jedweder Situation oder Frage stets über den ersten aufsteigenden Gedanken. So ergibt sich ein wundervoller Schutzpatron und Ratgeber auch im sinnlich-erotischen Bereich, der in idealer Weise helfen kann, das (Liebes-)Leben auf die Reihe zu bekommen. Es ist zugleich auch die Stimme des inneren Arztes, und wer ihr vertraut, hat immer noch eine zweite Meinung, die aus den eigenen Seelentiefen kommt und meist mehr über einen weiß als äußere Ärzte und als man selbst bislang ahnte.

Über diesen Weg ließe sich auch ein höchst einfühlsamer und kreativer Personaltrainer in Sachen Erotik erschaffen, der Flirtberater und Liebeslehrer in einem ist. Wer auf diese Weise lernt, in die Rolle der Göttinnen und Götter der Lebensprinzipien zu schlüpfen, dem ist sowieso alles möglich. Als Eros kann er *ihr* natürlich den wundervollsten Liebesgott geben, selbst wenn er tagsüber Parkwächter ist.

Für die Bereicherung und Komplettierung des persönlichen Lebens ist es von großer Wichtigkeit, alle Aspekte der Liebe, wie sie die Urprinzipien enthüllen, ins Leben zu integrieren. Zärtlichkeit und Kunstsinn sowie Friedfertigkeit und Schönheit der Liebesgöttin und die Lust und Sinnlichkeit ihres Sohnes sind leicht umzusetzen. Doch auch die dunklen Seiten wie Eifersucht, Eitelkeit, Rachsucht und unverschämte Grobheit bedürfen der Be(ob)achtung im eigenen Leben. Was Eros und die Erotik angeht, ist vor allem zu prüfen, ob genug Anteile von Mars im Hinblick auf (Feuer-)Kraft und Energie, Dynamik und Härte ins Spiel der Liebe einfließen.

Fehlende Aspekte sind über die Seelenbilderwelten leichter zu integrieren, als das auf den ersten Blick erscheinen mag. In der Welt unserer Fantasien sind wir vogelfrei, was schon das Wappentier des Uranos anklingen lässt. Diese Fantasien mit anderen zu teilen, ist heute leichter denn je, etwa über das Internet, eine urprinzipiell uranische Domäne. Aber sie wären mit einem konkreten Partner natürlich noch weit spannender und erfüllender zu teilen, zu erfahren und zu (er-)leben. Selbst Schattenaspekte werden so leicht und nicht selten sinnlich-genussvoll zugänglich. Das ist eine ideale Möglichkeit, zu erfahren, dass im Schatten tatsächlich der größte Schatz liegt.

Wir brauchen uns auf dieser Ebene der Seelenbilder auch vor nichts und niemandem zu fürchten. Von Anfang an ist brutale Gewalt ein Thema nicht nur von Mars, sondern auch im Zusammenhang der Zeugung von Venus. Insofern liegt es nahe, eigene diesbezügliche Neigungen etwa in sadomasochistischer Hinsicht in Fantasien oder auch so konkret wie allen Beteiligten vertretbar auszudrücken, um sie auf diese Weise zu integrieren.

Eros *schießt Pfeile*, die Herzen treffen und offensichtlich sehr oft (die bürgerliche Ruhe) verletzen. Aber auch Venus kann mit ihrer Eifersucht und manchen Rachegelüsten, wenn sie nicht als Schönste der Göttinnen erkannt wird, ziemlich verletzend werden und Schmerzen auslösen. Das liegt mit in ihrer Natur. Wir können diesen Teil von ihr lieber in sinnlichen Spielen leben und genießen, statt in schmerzlichen Kämpfen um Sorgerechte und Abfindungen.

Entscheidend ist, dass wir diese Ebenen und Bilder ernst nehmen und entsprechend mit Energie laden. Wer eine Psychotherapie macht, nimmt seine Bilder ernst und wichtig, vor allem wenn er jede Stunde selbst bezahlt. Wer seine (Bilder-)Reise in Eigenregie macht, sollte sie ebenfalls besonders würdigen. Dann eröffnen sich hier große Chancen. Falls die eigene Fantasie nicht reicht, ist es einfach, sich an Filmen und Romanen als Anregung zu orientieren und sich frei zu bedienen, wie es durch die Lesereisen ins Land der *Grauen Schatten* (*Shades of Grey)* bereits geschieht. Der Bonding- oder Fessel-Boom in den USA deutet es jedenfalls an. Moderne Technikfreaks können sich auch (zusätzlich) des Cyberspace bedienen oder sich dort anregen lassen. Bezüglich Ideen und Anregungen leben wir wirklich in der besten und reichsten aller Zeiten und Welten – wir dürfen das entspannt ausnutzen, um Spannung zu erzeugen und uns das erotische Leben zurückzuholen.

Spiel und Spannung inszenieren

Der Schritt von der reinen Fantasie zur Aktion ist relativ vertraut, und die meisten haben ausführliche Erfahrungen damit – bei der Selbstbefriedigung in der Pubertät. Onanieren war fast immer mit einer Geschichte verbunden, die wir uns selbst ausdachten und also in Gedanken erzählten, ohne uns das vielleicht so recht bewusstzumachen.

Natürlich kann, wer sich selbst Geschichten erzählen oder sogar vorstellen kann, sie auch anderen erzählen. Die Geschichte ist dabei das Drehbuch, die Vorstellung der Film. Wir haben also schon oft eigene Filme gesehen und können uns nun auch gegenseitig Geschichten erzählen und damit den Partner anregen, ebenfalls seinen Film daraus zu machen durch seine Vorstellungen, die er uns wiederum zurückvermittelt. So entwickelt sich etwas sehr Modernes, ein interaktiver Film, in dem wir selbst die Hauptdarsteller sind. Und ist nicht jeder gern im Mittelpunkt und wird gesehen und erkannt? Genau das ermöglicht uns der Partner. Indem er uns sieht und uns verführerisch findet, ohne uns zu verurteilen, repariert er nichts ahnend unsere möglicherweise strenge und krank machende Erziehung, und wir ersetzen die beengenden Bilder durch erweiternde und öffnende Vorstellungen. Denn auf der Ebene der inneren Bilder und Filme steht uns jedes Filmgenre offen. Wir können wie erwähnt im Bett biografische Filme *spielen* und uns und den Partner mit der eigenen Vergangenheit aussöhnen, damit zugleich Eifersucht auf dieselbe verhindern. Wir können später aber auch in das Fantasy-Genre wechseln und unsere noch offenen Wünsche und Vorstellungen schon einmal auf dieser Ebene durchspielen, bevor sie konkreter werden.

Das ist der Punkt, an dem in diesen besonderen Filmen die Zukunft schon Wirklichkeit ist. Die Figuren können aus der zweidimensionalen Ebene der Leinwand heraus in die dreidimensionale Wirklichkeit unseres Lebens kommen und unser Leben teilen und leben. Damit ähnelt diese Ebene mehr dem Theater, das auch große Schauspieler fast immer noch mehr schätzten als den Film, weil diese Bühne der des Lebens näher ist und damit dem eigenen Erleben. Das Besondere für uns, das noch weit über eine noch so schöne Theatererfahrung hinausgeht, ist, dass wir hier selbst unser ganz individuelles Theaterstück spielen. Wir können uns Rollen aussuchen sowie andere Schauspieler und uns bekannte Theaterstücke, Filme oder Romane nachspielen. Mit der Zeit und Erfahrung werden wir immer freier, unser eigenes Stück zu geben, unseren eigenen Lebensroman zu spielen, unseren persönlichen Film, der sich mit dem des Partners natürlich überschneidet und von diesem mit beeinflusst wird. Unserer Fantasie sind auf dieser Ebene wenig Grenzen gesetzt, aber es geht noch weiter, und auch das hat die Onanie schon angedeutet. Wir können selbst konkret ein*greifen* und *Hand*lungen setzen. Sicher können es einige auch so, aber die Mehrheit muss dazu richtig *hand*greiflich werden.

Es lassen sich außerdem heute mit einfachen Mitteln technisch verblüffend gute konkrete Filme mit- und voneinander drehen. Schon der Dreh kann erregend sein und das anschließende gemeinsame Anschauen erst recht. Sie anschließend ins Internet zu stellen, davor kann ich aber nur warnen. Es ist wie bei Tattoos: Sie bleiben dort ein Leben lang und können einen verfolgen. Also lieber solche Filme, wie andere Medikamente auch, kindersicher für besondere Stunden aufbewahren.

Was wir auf der Bilderebene sozusagen als Drehbuch inszeniert haben, können wir also konkret in Szene setzen mit Kostümen und Musik, mit Düften und Essgelagen, mit Statisten und was immer wir hineinbringen wollen. Es ließen sich Film(stück)e einspielen, und wir könnten Videos als Einstieg benutzen und daraus als Schauspieler hervorgehen – hier ist alles möglich.

Eine schwache, weil von den Möglichkeiten der Zeit längst überholte Vorlage aus dem Therapiebereich ist das Psychodrama nach Moreno.

Statt also Theater im negativen abwertenden Sinn des Eifersuchts- oder Zickentheaters zu inszenieren, könnten wir es als positive Chance be- und ergreifen, um uns spielend zu befreien und unsere Sinne zu erfreuen. Beim Film ist nur die Optik betroffen; umso mehr Sinne wir aber ansprechen können, desto besser und in der Wirkung sinnlicher und damit erotischer. Auf der privaten Theaterbühne lässt sich so wirklich großes Theater geben und können die großen Themen aus- und angepackt werden. Natürlich könnten Szenarien wie das schon besprochene Freudenhaus hier ebenfalls aufgegriffen werden. Es wäre zum Beispiel auch eine einfache Möglichkeit, die eigene Frau zu kaufen und einmal auf uranische Art und Weise für die Hausarbeit zu bezahlen – um eine nicht so seltene Fantasie beider Geschlechter aufzugreifen.

Mit entsprechenden konkreten Accessoires und eventuell neu gelernten Künsten lassen sich solche Geschichten jedenfalls noch verbessern und vertiefen:

DÜFTE UND ESSENZEN: Hochwertige Aromaöle und Duftessenzen können über den Geruchssinn, der von so entscheidender Bedeutung ist, das sinnliche Erleben intensivieren. Zu Beginn dieser Entdeckungsreise sind die Einflüsse des Duftes meist noch gar nicht in ihrem ganzen Ausmaß einzuschätzen. Die Möglichkeiten gehen weit über Räucherstäbchen und Duftkerzen hinaus, eben bis zu Aroma- und Massageölen für verschiedene Anlässe und

Körperregionen. Parfums, Duftkissen und dergleichen lassen sich in Spiele, Filme und Theaterstücke integrieren.

Der tiefste Zugang zu diesem Thema führt über den eigenen Duft. Dieser ist über regelmäßiges Fasten und eine sensible Ernährung im Sinne von *Peace Food* (siehe Literaturverzeichnis) zu fördern mit dem Ziel, zu duften wie die zuletzt genossene Frucht.

TÖNE, KLÄNGE UND MUSIK: Wer Erfahrungen mit Sitzungen des verbundenen Atems hat, mag die Bedeutung von Musik für die Seele am ehesten ermessen. Es lassen sich mit Klangkulissen neue Räume schaffen, und Klangteppiche können wie fliegende Teppiche in andere Räume und Welten tragen. Die richtige Musik im richtigen Moment zu spielen ist tatsächlich eine Kunst, die gelernt werden will, aber gut und genussvoll zu lernen ist. Für erotische Abenteuerreisen tun sich hier wundervolle Möglichkeiten auf.

BERÜHRENDE VIBRATION: Eine Massage nach der Methode des Tibetan Pulsing kann in diese Welt einführen. Aber auch all die vibrierenden Gerätschaften, die heutige Sexshops anbieten, haben einen Reiz, wenn die ersten Hemmungen einmal gefallen sind. Wir müssen sowieso heraus aus den Zeiten, dass Männer ihre Kondome aus Toilettenautomaten ziehen. Frauen haben ihre Verhütung schon immer ganz offen in Apotheke oder Drogeriemarkt gekauft. Was ist schon dabei – wir sind Menschen, und als solche nun einmal erotisch-sexuelle Wesen. Schon der Einkauf in einem modernen Sexshop kann überaus erotisch sein. Selbst die pulsierenden Gerätschaften zur Osteoporosevorbeugung und Cellulitebehandlung eignen sich zur sinnlichen Anregung, wenn *man* oder *frau* sich darauf setzt und durchvibrieren lässt, was obendrein den Beckenboden stärkt.

VERKLEIDUNGEN UND DESSOUS: Eine spezielle »Kammer der Lüste« mag nicht so leicht zu verwirklichen sein, aber ein persönlicher Fundus an Kleidern und gegebenenfalls Dessous für die erotischen Lustspiele ist sicher realisierbar. Kauf und Anprobe von

Dessous sind durchaus schon ein sehr erotisches Vergnügen; umso gewagter, desto Eros. Und *frau* kann sich manchmal die Kostüme auch noch selbst nähen oder jedenfalls entsprechend verändern. In ein hautenges Kostüm ließen sich zum Beispiel an entscheidenden Stellen nach Be*lieben* Löcher schneiden, deren Durchmesser vor allem vom Mut abhängen könnte, um be*lieb*ige Freiräume und Freiheiten zu schaffen. Striptease ist nicht jeder*manns* Sache, aber mit scharfen Kleidern macht er noch mehr her.

SCHM(A)USEN: Die Kunst des Verführens bekommt auch aus dem lukullischen Bereich Impulse. Man denke nur an Tafelfreuden im Kerzenschein. Zur Nähe von Essen und Erotik sagte die die mit vier Hauben prämierte österreichische Köchin Johanna Mayer einmal sinngemäß, dass nach einem guten Mahl noch Lust auf Liebe bestehen müsse. Bemerkenswert ist auch, wie die Hauben-Köchin und Buchautorin Dorothea Neumayr gerade aus der veganen Küche mit ihren Blütenverzierungen und duftenden Kräuterspielen schon solch anmachende Delikatessen zaubert, dass Eros gleichsam mitserviert wird. Auf dem nackten Körper des Partners ließe sich eine ungemein erotische Tafel decken, besonders wenn die üblichen Esswerkzeuge durch die archaischen Möglichkeiten von Händen, Lippen und Zunge ersetzt werden.

SICH EINLASSEN: Wo immer wir uns auf den Augenblick des Hier und Jetzt einlassen, wird er sich uns öffnen. Das kann auf Fantasieebenen wie in Ritualen gleichermaßen geschehen und bietet uns wundervolle Chancen. An den Öffnungen unseres Körpers können wir es üben und unsere Erlebnisse dabei mit Achtsamkeit begleiten. Jede Pore der Haut, unseres größten Organs, ist eine kleine Öffnung. Wann immer und wo immer wir unsere Hautgrenze konkret öffnen, schaffen wir auch im übertragenen Sinn Offenheit. Besonders geeignet sind alle Körperöffnungen, bei denen äußere in innere Haut übergeht. Diese Übergänge sind durch Lippen gekennzeichnet, und diese werden ausnahmslos gern geküsst. Dies gilt nicht nur für die Lippen des Mundes mitten im Gesicht, die durch Amors Bogen als Ort der Verlockung markiert sind. Die Erotik ist die ideale Ebene, unsere Lippen zu entdecken und (Sich-)Einlassen zu üben.

LOSLASSEN: Auf dem Gegenpol ist Loslassen genauso wichtig wie Sicheinlassen. Je mehr wir loslassen, desto leichter und freier werden wir. Beides ist für die Erotik so förderlich, die durch Eros' Herkunft mit viel Luft(igem) ausgestattet ist. Wenn wir jede Woche etwas loslassen, das uns belastet, haben wir in einem Jahr zweiundfünfzig Chancen, uns zu entlasten und für Wesentliches wie Sinnenerfahrungen und -lust freizumachen. Dazu verführt der Tischaufsteller *Geheimnis des Loslassens* (siehe Literaturverzeichnis) jede Woche mit sinnlichen Bildern und Texten. Loslassen ist darüber hinaus der Schlüssel zum Geheimnis der Gelassenheit, die der Sinnlichkeit so entspannend entgegenkommt.

DEN ERSTEN AUFSTEIGENDEN GEDANKEN ERGREIFEN: In der Kunst, den ersten aufsteigenden Gedanken wahr-, wichtig- und anzunehmen, liegt das Geheimnis aller Fantasie(reisen). Dem ersten Gedanken zu trauen und mit ihm zu gehen ist die große Chance. Dies macht auch geführte Meditationen erst schön und so wirksam. Hier ist uns ein wundervoller Zugang zum Augenblick geschenkt, aber auch zu unserer inneren Stimme und der unseres inneren Arztes und sogar zu Gottes Stimme und natürlich der von Venus und Eros. Der erste aufsteigende Gedanke macht aber auch alles in jedem Moment der Fantasie neu. So ergibt sich hier in der Kombination von Fantasie und erstem Gedankenimpuls eine der wichtigsten Künste überhaupt, die unser Leben in jedem Augenblick neu entstehen lassen kann. Der erste aufsteigende Gedanke wird so zum Schlüssel ins Hier und Jetzt und damit auch zur Erotik, die nur im Augenblick wirklich geschehen kann.

(VER-)FÜHREN: Die Kunst des Verführens ist immer auch eine des Führens, da der oder die Verführende ja vorangehen muss und die andere Person (ver-)lockt zu folgen. Die besprochene wissenschaftliche Flirtschule kann hier weiterhelfen. Wer sich gut auf andere Menschen und Situationen einlassen und zugleich gut loslassen kann, ist ein guter Verführer und gut zu verführen. Beides kann gleich viel Freude machen, auch wenn wir meist nur einer Seite dieser Medaille nachkommen. Das ist schade und wäre mit etwas Mut und Vertrauen zu erweitern.

(MIT-)SCHWINGEN: Erotik kann sich nur dort entwickeln, wo wir uns einlassen und ins Mitschwingen geraten – mit einem Partner oder einer Musik, einer Landschaft oder dem Pferd, das wir gerade reiten. Erotik muss Bezogenheit herstellen, um sich selbst zu genügen, und da Liebe Resonanz ist, liegt hier ein weiterer Schlüssel zu ihrem Geheimnis, und dieses reicht von den großen Liebesgeschichten der Weltgeschichte bis in den Swingerclub.

SPIELEN: Die Kunst des Spiels ist unter Erwachsenen heute fast in Vergessenheit geraten, selbst die Spiele, die uns im Sport noch interessieren, werden todernst genommen und so in ihrem Wesen verkannt. Zum Glück haben wir die Kinder, mit denen zu spielen uns wieder lehren kann, auf diese lockere und eben kindliche Art und Weise in den Augenblick einzutauchen und darin zu versinken, loslassend von allem anderen als diesem einen Moment des Spiels. Das Liebesspiel ist die wundervollste Möglichkeit, zu werden wie die Kinder und zurückzukehren zu unserer Seele, die ebenfalls nur im Augenblick leben kann. Wir können es üben, wenn wir uns als Mann einer Frau nähern und sie bespielen, in dem wir so, wie sie es – wie fast alle Frauen – liebt, um den Punkt des Interesses herumspielen, spiralig und in stetigem Kommen und Gehen, dabei auch mit der Zeit spielend. Und als Frau lässt sich üben, durch geradliniges Voranstürmen, pfeilgrade dem Ziel entgegen, einen Mann zu erobern. Das ist sein einfaches Spielmuster.

Wer mit Mustern spielen kann, seinen und denen der anderen, wird mehr Freude, insbesondere an erotischen Spielen entwickeln. Roger Caillois beschreibt in seinem Klassiker *Die Spiele und die*

Menschen[19] die archetypischen und damit zeitlosen Grundlagen echten Spiels: 1. ist die freiwillige Zusammenkunft der Spieler Grundvoraussetzung; 2. das Spielen sollte unproduktiv sein, also ohne Erwartungen an Ergebnisse oder Verdienst; 3. Spiel ist ein räumlich und zeitlich begrenztes »Ereignis«; 4. der Ablauf des Spiels ist durch ein Regelwerk festgelegt; 5. während des Spiels lebt man in einer fiktiven Wirklichkeit; 6. der Ablauf ist offen und das Ende ungewiss.

BE- UND ANRÜHREN: Eine direkte Berührung ist Männern oft angenehm; Frauen bevorzugen Berührungen, die sie auch in der Seele spüren können. Daher müssten sie sanft sein wie ein Schmetterling, der sich auf einer Blüte niederlässt. Berührungen wollen in der Erotik auch Rührung erzeugen, Emotionen und Gefühle wecken. Wenn eine Berührung rührt, hat sie die Seele berührt, und das könnte ihr bewusstes Ziel werden. Wir können Berührung neu lernen, wenn wir sonst zum Zupacken neigen, was ja auch seine Reize hat. Wer nur sanft kann, will insgeheim den festen und bestimmten Zugriff lernen, der immer als Folge der Sanftheit im erotischen Liebesspiel reizvoll ist. Ideal ist, das ganze Repertoire vom Anpacken bis zum Anrühren in erotischen Spielen zur Verfügung zu haben und ausspielen zu können.

STIMMUNG ERZEUGEN: Die Kunst liegt in der Wahl von Musik und Düften, Bildern und Worten, die geeignet sind, für diese erotische Situation eine gute, anregende, ja erregende Stimmung zu erschaffen. Wir kennen diese Kunst meist von ihrem Gegenpol, wenn bei einer Beerdigung eine dem Anlass entsprechende sentimentale und nostalgische Stimmung mit genau denselben Hilfsmitteln wie vor allem Musik erzeugt wird. Wer sich in der Kunst der stimmungsvollen Inszenierung üben will, der kann sich zunächst einmal der Unterschiede bewusst werden, etwa am Beispiel

---

19 Roger Caillois: *Die Spiele und die Menschen. Maske und Rausch*. Langen-Müller 1966.

eines Films wie *Rendezvous mit Joe Black*, in dem es ums Sterben geht und die Liebe Nebenthema ist, und eines Films wie *Die Kurtisane von Venedig*, in dem die Spielarten der Liebe, von der käuflichen bis zur großen, im Mittelpunkt stehen und der Tod das Nebenthema liefert.

Den richtigen Film zur richtigen erotischen Situation zu finden ist ebenfalls eine Kunst, um Stimmungen zu lenken und Emotionen zu wecken, sogar Gefühle anzuregen und Themen ins Leben zu holen. Der gerade erwähnte Film *Die Kurtisane von Venedig* zeigt die Liebe in schönen Bildern und löst wie jeder gute Film unterschiedlichste Stimmungen aus. Liebesfilme zu empfehlen ist ansonsten müßig, da wäre es einfacher und platzsparender, jene Filme anzuführen, die nicht mit Liebe zu tun haben. Das allein könnte uns schon zeigen, was für ein zentrales Thema die Liebe zu allen Zeiten war, immer noch ist und auch bleiben wird.

EINE SCHRECKLICH(E) EROTISCHE FANTASIE

Sie liegt dösend auf dem Sofa und langweilt sich, er verspätet sich wieder einmal – wie eigentlich jeden Tag. Sie lebt in diesem luxuriösen Paradies und kann so wenig damit anfangen. Da – sie hört ein Geräusch –, kommt er etwa doch schon früher? Kaum zu glauben, aber nein. Trotzdem war da das Geräusch, irgendwie untypisch und verdächtig ... Und sie beginnt zu träumen, dass da wirklich jemand kommt. Ein Einbrecher! Schlimmer noch vielleicht, ein Gewalttäter! Oder gar ein Terrorist?

Und dann ist er tatsächlich da, er steht schon vor ihr, vermummt mit einem schwarzen Tuch vor Mund und Nase; über den breiten Schultern trägt er einen dunklen, wallenden Umhang. Düster und bedrohlich sieht er aus. Das Blut scheint ihr in den Adern zu gefrieren. Er aber wirkt kein bisschen aufgeregt. Er packt sie mit entschlossenem Griff, dreht ihr den Arm auf den Rücken und macht sie vollkommen wehrlos.

»Wenn du schreist, war es das!«, fährt er sie an, und der drohende Unterton seiner tiefen Stimme lässt keinen Zweifel daran, dass er es ernst meint. Bewegungsunfähig, innerlich erstarrt, wagt sie keinen Mucks, und da drängt er sie auch schon ins Schlafzimmer, sie hat es kommen sehen. Ihr stockt der Atem.

Starke Hände umschließen ihre Taille wie eine eiserne Klammer, als er sie auf das Bett wirft. Zitternd vor Angst, sucht sie unter der Decke Schutz, doch die reißt er ihr sofort weg. Sie fühlt sich vollkommen nackt und bloß unter seinem harten Blick.

Was tut er da? Er zieht Handschellen hervor. Wieder dieser feste Griff. Erst fesselt er ihre linke Hand an den einen Bettpfosten, dann die rechte an den anderen. Sie strampelt mit den Beinen und ahnt doch, dass Widerstand zwecklos ist. Er neigt den Kopf leicht zur Seite: Amüsiert er sich angesichts des sinnlosen Befreiungsversuchs? Das macht ihr noch mehr Angst, und als er plötzlich verschwunden ist, fragt sie sich, warum.

Offenbar ist er in die Küche gegangen, und nun sucht er dort etwas. Doch was und warum? Er nimmt sich viel Zeit. Sie zieht an ihren stählernen Fesseln, bis sie ihr in das Fleisch schneiden. Es brennt wie Feuer, aber sie nimmt den Schmerz kaum wahr, weil ihr das Blut inzwischen heiß durch die Adern rauscht. Schreien hätte gar keinen Sinn, denn niemand würde sie hören, und er würde höchstens noch zorniger. Wie kann sie ihn bloß beruhigen, gnädig stimmen?

Er kommt zurück ins Schlafzimmer – ihren alten Einkaufskorb in der Hand. Sie sieht den Hals einer bereits geöffneten Champagnerflasche herausragen. Er mustert sie nur kurz, stellt den Korb ab und reißt ihre Kleiderschränke auf.

Was sucht er denn dort? Mit gespannter Aufmerksamkeit beobachtet sie, wie er auch alle Schubladen öffnet. Triumphierend hält er einen ihrer Tangas in die Höhe. Dann wühlt er weiter durch ihre Dessous, und im hintersten Winkel findet er jetzt ausgerechnet ihre beiden Vibratoren, der eine ist noch originalverpackt.

Wie peinlich ihr das ist und wie widerlich. Sie liebt ihre Ordnung und hat ihre Geheimnisse, und er zerrt alles brutal hervor …

Völlig überraschend schließt er die Handschellen auf.

»Stell dich hin!«

Sie gehorcht, während er sich jetzt auf das Bett wirft. Woher hat er denn plötzlich die Pistole? Er richtet die Waffe auf sie.

»Du weißt Bescheid, oder? Also zieh dich schön langsam aus!«

Seine Stimme ist nun nicht kalt und schneidend, sondern lockend und in ihrer sonoren Tiefe irgendwie so männlich, dass es ein heißes Kribbeln im unteren Teil ihrer Wirbelsäule auslöst. Sie erkennt verwundert, dass sie seine Stärke und Unbezwingbarkeit geradezu körperlich spürt, obwohl ein paar Meter sie trennen. Ja, er hat nicht nur die Situation, sondern auch sie im Griff.

»Steck das Ding weg. Das brauchen wir nicht«, hört sie sich plötzlich hauchen und erschrickt wieder zutiefst, weil ihr ungewollt das kleine Wörtchen »wir« über die Lippen geflossen ist.

Da springt er auf, reißt sie mit zum Sessel, auf den sie normalerweise achtlos Kleidung wirft. Jetzt sitzt er dort und hat sie übers Knie gelegt. Sie spürt siedend heiße Wut in sich aufsteigen, das hat seit ihrem Vater in der Kindheit niemand mehr gewagt! Sie wehrt sich. Er aber hat so viel mehr Kraft und hält sie fest, während er ihren weiten Rock hochschlägt. Er zieht ihr Höschen bis zu den Schenkeln herunter, sodass es ihr Strampeln bremst. Und jetzt schlägt er sie auf den nackten Po! Erst hört sie nur das trockene Klatschen, ihre Wut überlagert jede körperliche Empfindung. Er scheint das zu wissen und schlägt fester zu. Sie spürt, wie es zu brennen anfängt, aber irgendwie weiß er genau, wo er hinschlagen muss, nämlich leicht außen auf die Pobacke, die nun heftig glüht.

Sie weiß nicht, was mehr schmerzt oder brennt – ihre Wut oder ihr Körper. Ihr Toben scheint ihn nur noch mehr zu reizen.

Er verdoppelt seine Schläge, und so gibt sie unter seinen Händen auf. Ihr Körper entspannt sich auf merkwürdige, nie gekannte Weise …

Dann hält er plötzlich inne.

»Willst du dich jetzt freiwillig ausziehen, oder soll ich weitermachen?«

»Nein, bitte, ich tu, was Sie wollen.«

Zu ihrem Erstaunen legt er seine Hand auf ihren nackten, glühenden Po, der jetzt so empfindlich ist. Er streicht darüber, als würde er die pralle Form genießen, und das geht ihr durch und durch. Nun drängt er auch noch ihre Backen auseinander – und schaut, ausgerechnet dort. Sie möchte in den Boden versinken, bleibt aber nur hilflos und ausgeliefert auf seinen Knien liegen.

»Gut«, sagt er gönnerhaft, »hast einen wirklich schönen großen, runden Hintern.« Er zieht ihren Slip wieder hoch und befiehlt ihr aufzustehen.

»So, jetzt will ich was sehen, schön langsam und erst die Bluse.«

Er hat wieder die Pistole auf sie gerichtet. Ihr Po brennt und erinnert sie daran, dass sie ihm besser gehorchen sollte. Sie fühlt sich ihm so ausgeliefert, jeder Widerstand erscheint zwecklos. Besser tun, was er sagt, als ihr Leben zu riskieren. Und wenn er Lust bekommt, wird er sie schon nicht umbringen.

Langsam öffnet sie den obersten Knopf und dann noch einen und noch einen. Ein unbeschreibliches Gefühl breitet sich in ihr aus. Da ist die Angst, aber dieser Striptease kitzelt auch ihren Stolz. Schon kommt ihr üppiger Busen zum Vorschein. Der BH ist viel zu klein, die Bluse hat sowieso gespannt. Es ist ihr peinlich, wie schnell die Knöpfe aufspringen, und sie errötet. Sie schämt sich vor diesem Kerl, und das macht sie wieder wütend.

Ein unwirscher Wink mit der Waffe, und sie streift sich die Bluse über ihre Schultern. Auch die BH-Träger rutschen herab; immer mehr Busen drängt zum Vorschein.

»Den Rock!«, dröhnt schon das nächste Kommando. Fast mechanisch öffnet sie den Reißverschluss und lässt den Rock fallen. Nur noch in Höschen und BH, fühlt sie sich eigentlich schlimmer als nackt, und ihr Gesicht brennt fast wie ihr Po.

»Den Slip!«, fährt der nächste Befehl wie ein Peitschenhieb in die Stille.

Gehorsam beugt sie sich nach vorn, versucht, die üppigen Brüste zurückzuschieben, und lässt schließlich den Slip zu Boden gleiten.

Sie wundert sich, wie sehr sie sich vor diesem verbrecherischen Eindringling schämt. Tränen rollen ihr über die Wangen, und sie weiß nicht, ob vor Scham über ihre Nacktheit, vor Wut über diesen Kerl oder vor Verzweiflung über ihre Hilflosigkeit und ihr Ausgeliefertsein. Seine stahlharten Augen sehen alles.

Er legt Musik auf. Betroffen registriert sie, dass es ausgerechnet ihre Lieblings-CD ist. Wie kann er das wissen, kennt oder durchschaut er sie etwa, oder lag das Album einfach zuoberst?

Die vertrauten, geliebten Klänge berühren sie jetzt eigenartig. Doch schon gibt er wieder ein eindeutiges Zeichen mit der Waffe.

Folgsam dreht sie sich langsam um, sodass er ihren bis auf den zu knappen BH nackten Körper noch besser und von allen Seiten betrachten kann. Und aus den Augenwinkeln erkennt sie die Lust in seinem Blick.

Solange er so schaut, wird er sie wenigstens nicht umbringen. Das ist ihre Hoffnung. Fast meint sie, sie würde diese Augen erkennen. Es liegt etwas darin, das sie schon einmal gesehen hat.

»Beweg dich zur Musik, und nimm die Hände endlich dort weg!«, befiehlt er. Zögernd geben die Hände ihre Scham frei, die sie doch vor seinen Blicken schützen wollte. Sie hebt die Arme und bewegt ihre Hüften zu dieser wundervollen Musik. Sie tanzt in ihrer Nacktheit vor diesem Unhold um ihr Leben, und doch fühlt sie auch einen winzigen Funken Triumph, sich so zu zeigen und seine großen dunklen Augen zu beobachten, die seine Lust spiegeln.

Plötzlich ein vertrautes Türgeräusch! Ihr Mann kommt nach

Hause. Es löst Panik in ihr aus. Was wird der Fremde tun? Sie hat Angst um ihren Mann.

»Zieh dich wieder an!«

Nichts, was sie lieber täte, und sie gehorcht auf der Stelle, schlüpft in das Höschen, zieht die Bluse über den BH – da packt er sie, und schon spürt sie das kalte Metall der Handschellen, die noch am Bettpfosten hingen, erneut um ihre Handgelenke. Unter seinem Umhang zieht er ein Klebeband hervor und verschließt ihr damit schmerzhaft grob den Mund.

Was wird mit nun mit ihr und ihrem Mann geschehen? Dass ihr Mann keine Chance gegen den Eindringling hat, ist sonnenklar. Da braucht sie bloß an die breiten Schultern des Fremden zu denken. Sie hat längst erahnt, wie stark und muskulös er ist.

Jetzt schlägt er seine Maske zur Seite und trinkt lässig und aufreizend langsam vom Champagner. Dann gleitet er lautlos aus dem Zimmer; ihr erscheint er wie ein gefährliches Raubtier. Nein, Angst hat der nicht, das spürt sie. Wenigstens einer, der nicht vor ihrem Mann zittert und kriecht wie der ganze Rest, denkt sie und erschrickt dabei über sich selbst.

Sie hört Geräusche und ein lautes Stöhnen. Schon kommt der Angreifer zurück und trägt ihren Mann wie einen nassen Sack über der Schulter. Sorgfältig fesselt er den offenbar Bewusstlosen und klebt auch ihm den Mund zu.

»Soll er zuschauen?«, fragt er sie lauernd.

Sie schüttelt entgeistert den Kopf.

»Dann willst du also mit mir allein sein?«

Erneut schüttelt sie den Kopf.

»Wenn du so unentschlossen bist, dann kommt er erst mal ins andere Zimmer. Ich lasse die Tür offen, dann kann er dich wenigstens hören – wenn es denn etwas zu hören gibt.«

Er schaut sie mit funkelnden Augen herausfordernd an. »Wir können ihn ja jederzeit hereinholen, damit er sieht, wie du es gern hast – und wie gern du es hast.«

Seine unverschämte Selbstsicherheit jagt ihr heiße und kalte Schauer durch den Körper. Es erregt sie aber auch, nur daran zu denken, ihren Mann gefesselt nebenan rumoren zu hören oder ihn gar zuschauen zu lassen, wenn dieser Kerl sich gewaltsam alles nimmt und sie doch gar nichts machen kann, sie auch nichts dafür kann, dass es alles so gekommen ist.

»Und wenn du schreist, gibt's die ganze Zeit Klebeband auf deinen hübschen Mund, aber stöhnen darfst du natürlich.«

Diesen Gefallen werde ich ihm nicht tun, nimmt sie sich ganz fest vor. Und ihrem Mann will sie es nicht antun. Der hätte zwar einiges verdient, aber das nun doch nicht.

Jetzt nimmt er den nächsten Schluck Champagner, diesmal direkt aus der Flasche. Er scheint sich so ungemein sicher zu fühlen, und das steigert ihre Wut mehr als ihre Angst.

»Bisher hat doch alles ausgezeichnet geklappt, möchtest du auch einen Schluck Champagner?«

Wieder schüttelt sie den Kopf, denn nach Alkohol steht ihr jetzt gar nicht der Sinn. Er aber hat anders entschieden.

»Sollst trotzdem was abbekommen.«

Seine Hand liebkost ihre Wange. Sie will den Kopf zur Seite drehen, kommt aber nicht dazu, weil diese Hand ihr plötzlich mit brutaler Kraft das Klebeband vom Mund reißt. Sie verspürt den scharfen Schmerz und ist perplex, als er ihr sofort Champagner über Lippen und Mund gießt; sie spürt die Kühle, das Prickeln und eine Spur des feinen Geschmacks.

Er nimmt wieder einen großen Schluck, beugt sich zu ihr herab und drückt seine Lippen auf die ihren, so bezwingend stark und zugleich sanft, nach der Art, wie er auch seine Hände zu gebrauchen versteht. Ehe sie weiß, wie ihr geschieht, hat seine Zunge ihren Mund geöffnet und lässt Champagner hineinfließen.

Sie muss schlucken; es schmeckt verboten gut.

Er gibt ihr einen weiteren Champagnerkuss. Sie spürt schon

seine Zunge, aber diesmal ist sie besser vorbereitet und spuckt ihm den Champagner mit aller Kraft ins Gesicht.

Er scheint nicht einmal überrascht zu sein, lächelt nur und nimmt in aller Ruhe einen weiteren tiefen Schluck. Dann packt er sie und küsst sie so fordernd und bestimmt, wie sie es noch nie zuvor erlebt hat. Sein Kuss ist so atemberaubend, dass sie kaum merkt, wie der Champagner in sie hineinfließt. Sie bäumt sich auf, und die Fesseln schneiden ihr ins Fleisch, aber auch das erregt sie plötzlich. Sie stellt es mit Grauen fest und errötet schon wieder.

Sie könnte ihn zu beißen versuchen, wie es ein Teil in ihr fordert, der dieser seltsamen Verführung widerstrebt. Aber sie fürchtet seine Strafe, und da ist auch ein ganz unsäglicher, entsetzlicher Teil in ihr, der sogar gespannt darauf wäre. Sie erschrickt und bekommt noch einen trunken machenden langen Kuss und noch einen – seine Zunge ist ihr schon nicht mehr fremd. Sie muss sich zwingen, das alles unangenehm zu finden, und das beschämt sie am meisten.

Sie ergibt sich den fordernden Lippen und der forschenden Zunge dieses ungewöhnlichen Champagnergelages. Es fehlte wenig, und sie würde den Kuss erwidern.

Ihm macht das Spiel größten Spaß, und sie wird immer trunkener und weiß schon nicht mehr so sicher, wovon.

»Du bist noch etwas schüchtern, das wird sich aber schon bald geben.«

Seine siegessichere Prophezeiung macht sie zornig.

Als er Flasche und Glas hält, fällt ihr auf, dass er schöne, schlanke Hände mit langen eleganten Fingern hat. Ihr ist, als würde sie diese Finger über etwas Kostbares gleiten sehen, über die Tasten eines Flügels… Wahrscheinlich spielt ihre Fantasie ihr Streiche. Sie bildet sich das nur ein, um dem Grauen zu entgehen, denn wer solche Musikerhände hat, kann doch nicht brutal morden!

Aber bevor sie weiterdenken kann, hat sie plötzlich eine Binde vor den Augen. Mit einem geflüsterten »Bitte nicht« ist dem nicht beizukommen, auch nicht mit Schreien. Und wieder trifft er sie ins Mark: »So ganz unverhofft und unerwartet hast du es doch noch viel lieber.«

Wie will er wissen, was ich mag, wehrt sich alles in ihr. Aber dann hat es tatsächlich etwas Erregendes, so im Dunkeln gelassen zu werden – in jeder Hinsicht.

Sie fühlt ihren linken Fuß gepackt und ebenfalls stählern gefesselt, dann den rechten. Dabei dehnt er sie so weit auf, wie ihre Schenkel es erlauben und noch ein schmerzendes bisschen weiter. Muss das Bett auch so breit sein! Da liegt sie nun in ihrem winzigen Höschen und der zu engen Bluse zwischen den vier Pfosten ihres eigenen Ehebettes, in dieser samtartigen Dunkelheit – völlig ausgeliefert. Von ihrem Mann im Nebenzimmer hört sie nur, wie er sich gegen seine Fesseln wehrt. Und was hat dieser skrupellose Eindringling nun vor, ist er gleich über ihr?

Wenn sie an ihren Fesseln zieht, schneiden sie in ihr Fleisch, so lässt sie es sofort wieder. Noch nie in ihrem Leben war sie so von der Gnade eines anderen abhängig.

Er setzt sich zu ihr aufs Bett, zwischen ihre weit gespreizten Beine; sie spürt es an der Bewegung des Bettes. All ihre Sinne sind geschärft.

Da wirft er ihr ein Tuch über das Gesicht. Vielleicht ist es das Tuch, mit dem er sein Gesicht verhüllt hatte, denn sie riecht ihn jetzt irgendwie. Dann spürt sie, wie er an den Innenseiten ihrer Schenkel aufreizend langsam von unten nach oben entlangstreicht. Durch seine Berührung wird ihr Angst und Bang, aber es wird ihr auch heiß, und es ist nicht nur unangenehm, gesteht sie sich wider Willen ein.

Sie ist verwirrt, was sie nun fühlen und denken soll. Wut, Scham, Empörung, Lust? Etwas in ihr hat offenbar empörend unanständige Sehnsüchte und findet gerade Geschmack daran, dass sie gestillt werden. Diesen schockierend unartigen Teil kennt sie gar nicht, aber er ist unverkennbar da und möchte stöhnen und sogar genießen, was sie sich selbstverständlich nicht erlauben kann und will. Der Champagner muss sie schon so betrunken gemacht haben, woher sonst könnten solche Gedanken kommen! Und tatsächlich mischt sich in ihre Angst auch schon wieder eine gewisse Spannung, was er weiter mit ihr tun mag

Jetzt hört er auf, ihre Schenkel zu erforschen, und öffnet ihre Bluse, Knopf für Knopf. Sie spürt ihre halb entblößten Brüste zittern. Sie schämt sich tatsächlich, wie fest sich ihre Knospen aufgerichtet haben. Sie wartet nur darauf, dass ihre Brüste aus dem BH gehoben werden. Da spürt sie plötzlich seine Zunge am Ohr, nein im Ohr, leckend. Erregung packt sie. Es macht sie schier verrückt, als seine Lippen ihre ganze Ohrmuschel umschließen und ein warmer Luftstrom in ihr Ohr dringt. Sie stöhnt.

Der Fremde fragt sie etwas mit den Lippen ganz nah an ihrem Ohr: »Wollen wir ihn nicht doch zuschauen lassen? Er ist ganz außer sich, und du siehst so scharf aus, so ergeben und bereit, wie du hier liegst. Aber kommen darfst du erst, wenn ich es dir erlaube, sonst werde ich dich wirklich hart bestrafen. Vielleicht mit deiner hübschen Reitgerte, die ich auch gefunden habe. Soll ich dich etwa wieder übers Knie legen?«

Unglaublich, sie selbst sollte so viel Frechheit und Anmaßung bestrafen können! Und sie würde bestimmt nicht kommen, schon gar nicht bei ihm.

Jetzt ist seine Zunge plötzlich in ihrer Achselhöhle, dabei schwitzt sie so, und das ist ihr sogar in dieser Situation noch peinlich. Was ist bloß mit mir los, denkt sie, selbst jetzt will ich einen guten Eindruck machen und diesem Typ insgeheim wohl auch noch gefallen.

Seine Zunge hört nicht auf, ihre Achsel zu erforschen; er flüstert ihr zu, wie gut sie schmecke, und dabei sei das erst der Anfang, da er sie überall schmecken wolle.

Sie riecht seinen Schweiß und findet ihn nicht einmal so widerlich – und ist jetzt richtig aufgebracht über die Lüsternheit, die offenbar in ihr steckt.

Auf einmal spürt sie, wie etwas Kaltes über ihren Hals Richtung Brust gleitet, und es ist nicht nur schrecklich, sondern auch erregend, so vor ihm zu liegen – so offen und so ausgeliefert.

Ebenso sanft wie bestimmt zieht er ihr den linken BH-Träger von der Schulter und dann den rechten, und sie spürt das Gewicht ihrer Brüste, malt sich aus, wie diese Üppigkeit jetzt auf ihn wirken muss. Ihre Brust bebt und das – so fürchtet sie – wird ihn weiter erregen. Und es erregt ihn. Ihr Herz schlägt ihr bis zum Hals, und sie fühlt es sogar in ihrem flachen Bauch, den sie sonst so stolz zeigt. Diese Angst und Erregung, das muss sie sich durch all den Champagner hindurch eingestehen, reizen sie jetzt wohl kaum weniger als ihn.

Sie spürt, wie sich der BH von den Brüsten löst, ihren Oberkörper ein wenig mit hochzieht, ein entschlossener Ruck der kräftigen Hand und dann die befreiende Erleichterung, als der Verschluss nachgibt und ihre Brüste freikommen. Er hat ihr doch tatsächlich den BH aufgeschnitten, und sie spürt, wie ihre Brüste ihm jetzt förmlich entgegenspringen mit festen, prallen Knospen, wie peinlich und erregend zugleich. Schon spürt sie seine Hände, wie sie die Rundungen langsam berühren – und sie genießt es jetzt auch, verbotenerweise. Die Anstandsdame in ihr tobt vor Verachtung, aber ihr unanständiges Ich kann nicht anders.

Er nimmt sich viel Zeit für ihre Brüste, die noch alle Männer angemacht haben, und sie fallen ihm jetzt wie große, reife Früchte zu, während sie nur daliegt, eine leichte Beute, die er sich einfach nimmt – was soll sie auch machen.

Sie spürt jeden Luftzug auf der nackten, empfindlichen Haut der Brüste, und ein Zittern läuft über ihren Oberkörper, und sie fühlt sich so entblößt und so schamlos betrachtet, zeigt jedoch keinen Widerstand, schon wegen ihres Mannes nebenan. Was für ein Gedanke!

Langsam nehmen die Finger des Unbekannten ihre rechte Knospe und spielen mit ihr, ziehen an ihr, während sie vor Erregung so hart wird, dass es sogar ein wenig schmerzt und sich ihre Lust an diesem Spiel kaum mehr verbergen lässt. Während sie noch mit diesen Empfindungen kämpft, zieht er auch an der anderen Knospe und knetet sie noch dabei alle beide zwischen seinen Fingern. Und sie mögen das so…

Diese Finger, woran erinnern sie sie nur? Sie würde am liebsten laut stöhnen. Da nähert sich schon wieder sein Mund dem ihren. Seine Zunge öffnet ihre Lippen und bahnt weiterem Champagner den Weg. Ihr Mund ist voller Lust, aber seine Lippen verschwinden schon wieder – um gleich zurückzukehren. Ihr Mund lässt ihn herein und möchte am liebsten in vollen Zügen trinken, doch dann entscheidet sie sich anders. Sie prustet ihm den Champagner erneut ins Gesicht, trotzig und mutwillig in Erwartung seiner Reaktion. Was mag er ihr als Nächstes antun, wie wird er sie strafen?

Sie fühlt sich so trunken und seltsam und irgendwie fast angenehm warm – noch nie hat sie Champagner so genossen. Sie spürt den Klaps seiner flachen Hand, der ihre linke Brust zur Mitte fliegen lässt und nun die rechte. Er lässt ihre Brüste tanzen, und sie erkennt, dass sie geschlagen wird, auf die Brüste – eine Ungeheuerlichkeit, aber es ist ein so süßer Schmerz. Sie ist außer sich, aber ihre Brüste genießen es – und was soll sie denn machen!

Sie fühlt sich trunken und unverschämt lüstern, verboten lüstern, das muss sie zugeben, aber ganz schuldlos. Denn was kann sie tun, nichts, außer gute Miene zu seinem bösen und zugleich so betörenden Spiel zu machen.

Und nun fühlt sie, wie ihre Brüste in seinen Händen liegen. Er knetet sie fest und bestimmt und zieht sogar brutal an ihren Knospen. Sie fühlt nur, dass er sich nimmt, was er will – und das gefällt ihren Brüsten. Er geht so rücksichtslos zur Sache, und es ist so schön – nur gut, dass niemand ihre Gedanken lesen kann.

Wie aus dunkler Ferne kommt die Erkenntnis zu ihr, dass sie

wirklich keine Schuld daran hat und dass sie sich ergeben muss und will, um ihr Leben zu retten. Und das fühlt sich süß und verboten an, und sie erschrickt schon wieder. In ihr tobt ein Krieg, das spürt sie noch klar, zwischen der lieben, so anständigen Frau, die sich zu benehmen weiß, und einer wilden, lüsternen Amazone, die sich da ihrer immer mehr bemächtigt und die mehr will, die zu unterdrücken ihr immer schwerer fällt. Sie zahlt doch nur mit Lust, statt mit ihrem Leben, beruhigt sie die schwindende Anstandsdame in ihr.

Jetzt fühlt sie die Zunge auf der Knospe, dort die kleinen Falten leckend, die diese vor Erregung wirft. Sie könnte schreien, aber behält doch mit äußerster Anstrengung die meiste Lust und Erregung für sich und in sich.

Da nehmen die Lippen ihre Knospe und nagen daran, und sie spürt kleine lüsterne Bisse fordernder Zähne, seltsamerweise ohne eine Spur von Angst.

Sie windet sich, und die Fesseln schneiden in ihr Fleisch, aber es steigert nur ihre Lust an seiner unüberwindlichen männlichen Kraft, der sie sich zu fügen hat, wenn ihr das Leben lieb ist.

Das unverschämte Weib in ihr bekommt die Oberhand, je mehr sie seine wilder werdenden Küsse und seine Zunge von den Brüsten bis zum Hals hinauf spürt. Wer immer dieser Kerl ist, er erkennt die Frau in ihr und macht sie wahnsinnig vor Lust. Ihre innere Anstandsdame ist entsetzt, aber auch schon so gut wie abgemeldet, und das Vollweib in ihr, das sie kaum kennt, genießt es einfach, wie diese Zunge sich nimmt, was sie will, und ihr dabei noch so viel gibt. Sie ist schon jetzt so nass, und auch das wird sie schon bald verraten.

Da spürt sie seinen Finger an ihrer Schenkelinnenseite langsam hochfahren – und schon hat er ihren Slip zur Seite geschoben. Er muss spüren, wie bereit sie jetzt schon ist – total offen für seine unverschämten Spiele. Schon küsst sie ihn zurück und ist entsetzt über sich selbst.

Sie spürt plötzlich etwas Biegsames und doch Festes über ihre Schenkelinnenseite streichen und dann über ihren Hügel. Ist es etwa die Reitgerte? Er berührt sie mit diesem Ding, als sei sie selber auch ein Ding.

Doch schenkt er ihr wieder einen dieser Champagnerküsse, die sie so willenlos machen, aber auch kühlen – und die sie anschließend umso heißer machen. Sie glüht. So geil kennt sie sich nicht, und dass ihr Mann im Nebenzimmer jetzt stöhnt, ist entsetzlich, und auch wieder erregend. Stöhnt er jetzt etwa aus Lust, weil auch sie ihr Stöhnen nicht mehr beherrschen kann? Das wäre ja der Gipfel, er, der ihr drei Kinder gemacht hat, sie aber noch nie so richtig zum Stöhnen bringen konnte!

Sie ist so heiß und nass, und sie erschrickt, als der Fremde sie aus ihrem Höschen schneidet. Nun ist sie vollkommen entblößt, und sie weiß, dass er sie genüsslich betrachtet und sich an ihrer nackten Erregung weidet. Ihr ist, als pulsiere ihre Scham.

Er öffnet ihre unteren Lippen, und ein Finger fährt langsam und genussvoll durch ihr warmes, feucht-glitschiges Tal, und seine irgendwie noch dunkler gewordene Stimme sagt: »Oh, wir sind ja schon so nass wie die Knospen fest und haben so viel Lust, wir beide.«

Sie stöhnt auf, und von fern hört sie auch das Stöhnen ihres Mannes. Doch was wird der Fremde jetzt tun, er, der offenbar auch voll Lust ist? Er wird doch jetzt nicht aufhören!

Ihr ist heiß, ihr Schweiß rinnt. Da ist wieder seine Zunge, die leckt; da sind Hände, die genau wissen, was und wohin sie wollen, und es in einer Weise tun, die in ihr eine ungeheure Wollust entfacht. Die Hände öffnen ihre unteren Lippen, und da ist gleich diese Zunge, mit der sie schon innige Bekanntschaft gemacht hat. Eine wundervolle Zunge, die langsam und hingebungsvoll ihre reichlich fließenden Säfte zu kosten beginnt.

Es bringt sie fast zur Explosion, aber sie darf ja nicht – aus so vielen Gründen, und sie hat Angst, was es alles bedeuten würde.

Sie kann doch so gar nichts dafür, das ist ihre letzte Sicherheit. Es ist nicht ihre Schuld, sondern die des fremden Eindringlings.

Und dann spürt sie plötzlich etwas Weiches, Leichtes auf ihrem Hügel, das geradezu zärtlich verteilt wird, wie mit einem weichen Pinsel, und wittert einen eigenartig vertrauter Duft ... Sie schreit auf. Er rasiert sie, offenbar mit der Klinge ihres Mannes, um sie ganz nackt zu haben. Was für ein Gefühl!

Sie wird auch gewaschen, dann trocknet er sie mit dem Föhn und weiß genau, wie lange er den heißen Luftstrahl wohin lenkt.

Da spürt sie, wie er sie dort wieder massiert. Diesmal spürt sie eine kühle weiche Masse, schwerer als der Schaum gerade eben noch, nasser auch und anschmiegsam, wirklich angenehm sogar. Dann kommt seine Zunge hinzu, leckend und schleckend zwischen ihren unteren Lippen. Dann bekommen die Lippen ihres Mundes einen langen, festen Kuss. Sie schmeckt Mousse au Chocolat, diese Süße geht ihr durch und durch. Die Mousse, die er in der Küche gefunden hatte, genießt er von ihren Lippen, auch den intimsten.

»Das ist noch keine Nachspeise«, sagt er belustigt. »Ich wollte nur mal kosten. Der Hauptgang kommt erst noch, und das bist du.«

Ob sie es so lange aushalten kann? Würde er es überhaupt merken, wenn sie ganz still käme? Und sie ist so nahe dran, und er leckt sie gnadenlos fordernd und dann wieder sanft. Und dazwischen diese schokoladensüßen Küsse auf die oberen Lippen! Der Champagner schmeckt dagegen jetzt herb und frisch. Was für ein Picknick!

Plötzlich ist die Augenbinde weg, und er schaut sie über seiner Maske, die er jetzt wieder trägt, begierig an – verlangt jetzt, sie solle ihre Augen offen halten, während sie den nächsten Champagnerkuss empfängt und sich in seinen tiefen braunen Augen verliert, so nah und so unendlich unverschämt. Er verbindet ihr wieder die Augen; sie erkennt gerade noch, dass er den Umhang abgelegt hat, und auf seiner Hose sieht sie vorn einen großen nassen Fleck. Er wird doch nicht schon gekommen sein! Sollte sie darüber lachen oder weinen?

Gerade ist ihr noch so heiß, da spürt sie etwas Eiskaltes, einen Eiswürfel, an ihrem Lustpunkt. Es treibt sie schier in den Wahnsinn, wie er ihre Lustquelle so eiskalt, so schmerzvoll, so lustvoll umkreist. Dann liegt das Eisstück im Eingang ihrer Höhle, dann tiefer darin. Ein Finger zuerst und darauf die Zunge massieren, umkreisen heiß und kalt ihren Hotspot der Lust. Sie denkt an das kleine Mädchen, das sie einmal war, an die verbotenen Spiele von damals, und als er plötzlich hier saugt, kann das große Mädchen nicht mehr an sich halten und lässt sich einfach gehen.

Sie kommt, wie damals als Mädchen, ganz heimlich: Wellen von Lust und Wärme, die sich wie Wasserwellen von einem Steinwurf im ruhigen Spiegel eines Sees ausbreiten, eine große, alles mitreißende Implosion, und sie ist ganz innen bei sich und genießt die Wellen, die sich in ihr ausbreiten.

Hat er etwas gemerkt? Seine Finger wandern schon weiter.

Doch zu ihrem größten Erstaunen ist noch eine viel tiefere Lust in ihr. Eine schreckliche ungekannte Wollust wächst unter diesen Fingern, von denen erst einer und jetzt noch einer oder drei ganz selbstverständlich in sie eindringen und anfangen, alles dort zu erforschen und zugleich zu massieren. Sie ist jetzt so nass und offen wie noch nie.

Diese Finger lassen sich Zeit, ganz so, wie sie es sich immer gewünscht hat. Oh, sie könnte noch einmal und gerade schon wieder kommen – es wird tatsächlich von neuem schwer, sich nicht gehenzulassen. Sein Verbot bringt sie erst recht um den Verstand, denn sie spürt eine geradezu vulkanische Lust in sich aufsteigen, jedenfalls eine, die auf Explosion drängt und sie von innen heraus zu sprengen droht – eine süße, verbotene Lust.

Sie spürt, wie die Anstandsdame einfach verschwindet, und sie sich den lustvollen Empfindungen nur hingeben will. Lange genug hat sie sich gewehrt, und ihr stöhnender Mann nebenan, hätte er nicht genug Gelegenheit gehabt, sie so zum Genuss zu bringen in all den Jahren.

Sie ist nun schon so nahe am Explodieren, und dieser Unhold, als solcher entpuppt er sich immer mehr, hat mit seinen geschickten Fingern auch den Punkt ihrer größten inneren Lust an der Vorderwand ihres Gewölbes gefunden. Er lässt aber immer wieder ab von ihm – verhindert so absichtlich ihr Kommen und quält sie mit dieser unerträglichen Lust, und sie muss jetzt stöhnen, kann nichts mehr unterdrücken: »Ach bitte«, flüstert sie. Aber er bleibt streng: »Wehe, noch einmal hintergehst du mich nicht!«

Er hat es also gemerkt, sie kann ihm nichts vormachen. Umso besser, ihr bleibt nur Sichergeben, diese Hingabe mit ihrer ungekannten Süße.

Sie spürt, wie drängend seine Hand ihre Höhle erobern und sogar ausfüllen will, und sie öffnet sich ihr, soweit sie kann. All ihr Widerstand ist geschmolzen wie jenes Stück Eis in ihr. Soll doch geschehen, was geschehen soll.

Aber statt es zu Ende und sie zum Explodieren zu bringen, taucht die Hand wieder aus der Tiefe auf, massiert ihren Eingang und ist wie gebadet von ihrem eigenen Öl, das er nun auch noch auf ihren Brüsten verteilt.

»Du bist so unglaublich geil und so nass von deinem eigenen Saft und Liebesöl«, haucht er in ihr Ohr.

Und da kommt seine drängende Linke zurück und windet sich einer Schlange ähnlich in ihren Schoß, der mehr Raum hat, als sie je dachte, und sie spürt, wie ihr ein Kissen unter den Kopf geschoben wird, und dann ist die Augenbinde weg, und sie sieht, wie sie vier Finger schon aufgenommen hat, und er immer noch nicht genug bekommt und weiter in sie dringt. Seine rechte hat jetzt ihre Brust gepackt, als wolle er sich festhalten, und es ist ein schrecklich angenehmer Schmerz. Allein der Anblick, wie sie seine Hand verschlingt, lässt sie schon fast kommen, und er spürt es, und seine hochgezogenen Brauen warnen sie gerade noch rechtzeitig.

Als er jetzt noch den Daumen an ihren Lustpunkt legt, genau dort, wo das Mädchen in ihr gekommen war, wird sie von einer Welle der Lust erfasst. Er aber zieht die Hand zurück und leckt sie mit sichtbarer Lust, und das macht sie ungeheuer an. Sie spürt, wie sie ihm schmeckt.

Diese leckende Geste des Genusses lässt sie Ekstase fühlen. Längst ist sie frei, und als er sie so sieht, gibt er ihr seine Hand, und auch sie leckt und schmeckt sich. Aha, sie ist scharf und aromatisch zugleich, wie sie es nicht von sich kennt. Ja, sie hat ihren Saft schon gekostet, damals, vor langer Zeit, aber das hier schmeckt anders, sie schmeckt jetzt anders und neu, und sie fühlt sich auch scharf und voller köstlicher Aromen. Er mag ihren Duft, und das macht sie unerwartet glücklich, und so genießt sie es einfach, ohne viel zu denken und sich Sorgen zu machen.

Sie muss nichts tun, um weitere Schläge zu vermeiden, oder etwas tun, weil die Schläge ihre Lust noch steigern. Dieses Weib, das jetzt aus ihrer Tiefe auftaucht, sie kennt es irgendwie von irgendwann. Die Angst liegt weit hinter ihr.

Sie sieht nur seine Augen, den Schweiß auf seiner Stirn und riecht diesen animalisch scharfen Duft.

Hat er ihr etwa Drogen in den Champagner gegeben, die sie noch gefügiger machen, als sie sowieso schon war?, meldet sich ein letzter Zweifel.

Er lächelt sie an, und sein Blick lässt sie erbeben. Als könnte er Gedanken lesen, sagt er nur: »Nur du allein.«

Ja, auch sie spürt es. Sie will es, sie ist bereit. Und sie ist es, die er will, und er nimmt sie sich ganz und gar. Sie kann es sich eingestehen, wie sehr sie ihn begehrt. Er hat sie sich verdient, wie immer er sie will.

Sie genießt ihre Lust und seine Erregung, will auch ihn schmecken, und sie öffnet ihren Mund, und im Nu ist sein Glied frei, und es ist tropfend nass von seinem eigenen Öl.

Sie leckt und schmeckt ihn und nimmt ihn tiefer in sich auf, als sie das bisher je gewollt hätte – sie spürt, wie seine Nässe ihrer entspricht und hätte ihn so gern noch tiefer in sich, dort unten.

Schon ist die Augenbinde wieder da, und sie gleitet zurück in die samtene Schwärze, die ihr jetzt wohltuend und entlastend erscheint.

Genießerisch spürt sie seine feuchte Spitze zwischen ihren großen weichen Brüsten und diese gewaltige, immer noch mehr anwachsende Lust, die sie wellengleich durchflutet.

Sie spielt mit ihm und er mit ihr ein süßes, forderndes Spiel, und sie genießt nun auch seine Lust, da sie selbst nur noch fließt, und ein Gedanke von ihr genügt, und sie bekommt wieder einen Champagnerkuss, der sie erfrischt für das, was noch kommen mag.

Sie spürt an ihrem Schenkel, wie sehr sie diesem, ihrem zärtlichen Unhold gefällt, so hart und deutlich, und es befriedigt sie unglaublich und ausgesprochen unverschämt, sodass sie – vielleicht ein letztes Mal – sanft erschrickt. Sie will seinen Speer fühlen, in ihrer Höhle. Muss sie etwa darum bitten, betteln?

Da dringen auch schon seine Finger wieder in sie ein, streifen das restlos befriedigte Mädchen in ihr nur so eben und tasten sich weiter zu dieser Frau in ihr vor, zu ihrer inneren Lustquelle.

Doch statt sie endlich kommen zu lassen, gehen sie noch viel tiefer hinein und greifen spielerisch nach ihrem innersten, tiefsten Mund.

Das Weib in ihr ist so erregt wie nie zuvor, denn das hat noch niemand gewagt; das hat noch niemand so forsch, so dreist, so wundervoll berührt und genommen.

Ihr innerer Mund wird massiert und geliebt, ja das muss es wohl sein, und sie ist außer sich vor innerer Bewegtheit. Dieses Weib in ihr wird so groß und mächtig und wild, dass sie eine fast überirdische Wachheit und Offenheit für diesen Moment und seinen nächsten Streich erlebt – und als er sie so tief innen anfasst und erfasst, muss sie kommen mit einem Schwall von eigenem Wasser, der sich in seine forschende und fordernde Hand ergießt.

Es ist neu und gut – und sie gibt sich ihm und gibt ihm ihr Wasser und all ihr Sein. Wellen von Energie breiten sich aus ihrer Tiefe in ihr Körperland aus.

Da wird ihr die Binde entrissen, und sie muss die Augen öffnen, und während sie so gewaltig kommt wie noch nie, blickt sie in diese Augen, die sie nun wundervoll findet und in denen sie sich zu verlieren scheint. Und er schaut sie an und ist plötzlich nicht nur bei und über ihr, sondern auch tief in ihr, und das ist so völlig in Ordnung, während sie eins ist mit sich und der Welt ihrer großen Lust und ihrem Geliebten, der sie nun, die hilflos und in himmlischen Wellen kommt, auch noch zurechtstößt, so wie er sie will und sie es auch will und braucht.

Seine starken Stöße lösen neue Wellen in ihr aus und fachen ein unbekanntes weibliches Feuer in ihr an und die fließende Leidenschaft eines wundervoll großen Weibes. Er lässt ihr keine Ruhe, und sie will auch keine, braucht keine, sondern ihn, will ihn spüren und noch weiter haben. Seinen fordernden Stößen und seiner großen Kraft gibt sie sich einfach hin und erlebt so viel Mann, in diesen offenen Augen und in ihrem weiten, offenen Schoß und seinem Schaft, wie sie sie noch nicht kennt, aber immer schon wollte, und jetzt mit so großer Freude und solcher Offenheit empfängt, dass sie an Liebe denken muss. Vielleicht ist es der Liebesgott selbst, der sie so zurechtstößt, wie sie gemeint ist und wie sie es schon lange gebraucht hätte und jetzt auch verdient hat – das spürt sie mit all ihren Sinnen. Seliges Sein und dieses so lange Kommen, jetzt und hier und am liebsten immer.

Und jetzt ist er auch noch sanft mit ihr und lässt sie weitergleiten in Wellen der Erlösung, und sie genießt die Massage durch seinen Zauberstab tief in ihrem Innern und das Streicheln ihrer Brust, die wie ein Geschenk in seiner Hand liegt. Sie fühlt sich so sehr vom Leben und von ihm gemeint und gewollt. Wie von Ferne spürt sie, wie er sich in ihr bewegt und ihr seinen männlichen Rhythmus gibt, der sich mit ihrem weiblichen verbindet – so wie es sein muss und auch immer ihre Sehnsucht war.

Als er sich aus ihr schließlich löst, fühlt sie sich für einen Moment leer und verlassen und ist erleichtert und froh, als sich ihr die magische Hand wieder nähert und in ihrem so weiten Eingang spielt, während sie ein betörender Duft umweht, ihr eigenes Parfum, verbunden mit ihrem und seinem besten, intimsten Öl.

Die mit dem gemeinsamen Liebesöl benetzte Hand macht einen weiteren Vorstoß in ihren schon so weiten, großen Schoß, der sich so bereit und weich anfühlt, als sei er für diese Hand gemacht. Rasch und einfach dringt die Hand tiefer und nimmt die bereits gestürmte Festung nun nochmals in bewusster, zielstrebiger Sanftheit, und als er ihr zuflüstert, »Schau!«, sieht sie die ganze Hand in sich eingetaucht, verschwunden bis zum Gelenk. Und sie kann und muss weiter kommen und kommen, und ihr ist sonst alles egal. Sie darf jetzt kommen wie noch nie, das weiß und spürt sie, und daneben ist ihr nichts mehr wichtig, und nichts macht ihr mehr etwas aus. Es ist mehr, als sie ertragen kann, so weit war sie seit den Geburten der Kinder nicht.

Vielleicht ist es jetzt einfach ihre große Offenheit für das Leben und die Lust, und sein Nicken macht sie ganz sicher. Er hat es so erzwungen, so zielgerichtet und irgendwie brutal, aber auch sanft und wissend, und sie ahnt, sie ist nicht die einzige Frau, der er das getan hat. Doch es ist in Ordnung, es ist ein Geschenk, es ist jetzt.

Tief in sich spürt sie ihren inneren Mund ihrer wunderbaren Gebärmutter, mit dem erfahrene Finger ihr Spiel spielen, und das Weib in ihr ist so wach, und eine Offenheit wie noch nie ergreift Besitz von ihr, und sie kommt in Wellen immer noch – wieder und wieder. Sie sucht seine Augen, die auch in ihre eintauchen, während sie kommt, und sie weiß, wohin sie gehört in diesem Moment, der ewig ist und sie beide so beschenkt.

Dann erkennt sie diese Augen oder glaubt es jedenfalls. Kann das denn sein? Er ist es?

Und später wird sie zu ihm sagen: »Nimm mich – mit, wohin du gehst!«

Und er wird antworten, dass er das gern tun werde und immer wieder zu ihr komme in ihre Seelenbilderwelt, um sie abzuholen und mitzunehmen.

»Wir haben noch so viel vor, wenn du dich weiter traust, mit deinen tiefsten Wünschen zu sein. Deinen Mann haben wir im Nebenzimmer schon mal mithören lassen, damit er sich langsam an euch alle gewöhnt, die da in dir sind und auch leben wollen. Du wirst ihn einweihen, wenn er sich erst entfesselt hat. Es wird auch sein Leben retten, aber zuerst kommst du dran. Und wenn ich jetzt diesen Raum verlasse, bleibst du noch dieses ganze Lied lang, das ich dir gleich auflege. Dann kannst du gehen und deinen Mann befreien. Ist das klar? Denk an den Anfang unserer Begegnung, ich kann auch anders!«

Die Handschellen klicken auf, und sie ist wieder frei und war doch gerade mit ihnen nie freier gewesen. Sie bleibt einfach liegen, während er verschwindet, wie er gekommen war.

Als die lange Ballade, eine ihrer liebsten, verklungen ist, reibt sie sich die Haut, wo die Fesseln saßen, und steht ein wenig schwankend auf. Sie merkt, dass er alle Spuren seines Überfalls beseitigt hat. Nichts weist mehr auf ihn hin, und sie wankt ins Nebenzimmer zu ihrem Mann, spürt aber bereits auf dem Weg, wie sie schon wieder Lust auf diesen Fremden hat und auf dieses Weib in sich ...

Aber nebenan ist niemand. Sie findet weder ihren Mann noch die Spuren seiner Fesseln.

RITUAL ALS WEG

»Nur durch die Liebe finden wir Sinn.
Wenn wir in Liebe aufgehen, werden wir Sinn.«
BRUDER DAVID STEINDL-RAST

Eros kommt in jedem Fall (zurück), unsere Zeit ist reif für ihn. Erotische Romane haben schon einmal den Umsatz für seine (Sex-)Spielzeuge dramatisch gesteigert. Die Experimentierfreude nimmt generell zu, und Frauen entdecken ihre Lust an Erotik und Sinnlichkeit, was nichts anderes meint, als die Sinne anregende Freude. Da Frauen insgesamt so sehr im Kommen sind, wie Männer auf dem absteigenden Ast, werden sie diese Welle noch weiter steigern. Außerdem ist hier Polarisierung gar nicht zwingend, sondern es ergibt sich hoffentlich die Situation gegenseitigen Gewinns. Das dazu passende Gebet an Eros wäre: Lieber (Liebes-) Gott, mach das *schöne* Geschlecht stärker und das *starke* Geschlecht stark.

Auch wenn sehr viele Frauen jetzt auf dem archetypisch männlichen Karriereweg sind, werden sie sich dort wohl nicht so lange wie Männer mit Dingen wie Titeln und Geld abspeisen lassen, sondern (Seelen-)Nahrung und sogar *Lebensmittel* verlangen, die nicht nur ihrem Bankkonto, sondern auch ihrer Seele gerecht werden. Frauen wollen erkannt werden – als Frauen und sinnlich-erotische Wesen, das ist eine Erfahrung aus langjähriger Partnerberatung und Therapie. Und da ihre Zeit im Kommen ist, werden sie sich besorgen, was sie brauchen.

Selbst wenn aus einer Beziehung allmählich alle Leidenschaft entwichen ist, bieten Spiele und Rituale, Träume und Fantasien eine große Chance, Eros zurückzuholen. Es ist – wie beschrieben – völlig normal, dass Leidenschaft mit der Zeit nachlässt, sofern sie nicht speziell kultiviert wird. Sobald wir uns für selbstverständlich nehmen, verlieren Berührungen all ihren Zauber. Wir können aber über Fantasien, die wir in Rituale einbinden, in jedem Fall wieder zurück zur Lebendigkeit finden, es ist nur eine Frage, ob wir uns trauen, tief genug in die Trickkiste unserer Fantasie zu greifen. Hier lässt sich immer eine Ebene finden, die wieder lebendig macht, weil sie eigene Grenzen berührt.

Die Frau, die jene schrecklich(e) erotische Fantasie träumte, konnte sich über diesen Weg wieder zurück ins (Beziehungs-)Leben holen. In dieser Fantasie nahm sie gleichsam *mit Gewalt* wieder Kontakt zu dem Mann auf, den sie vor langer Zeit geheiratet hatte und der ihr im Laufe der Zeit an seine Karriere verloren gegangen und so fremd geworden war.

Bewusstheit ist die große Chance und der Schlüssel zum Ritual.

Anweisungen, sich wie beim ersten Mal zu berühren, sind sicher gut gemeint, aber nicht so einfach umzusetzen. An sich ist die Idee genial, wenn die beiden sich tatsächlich wie beim allerersten Mal berühren könnten, kämen Spannung und Energie sofort zurück und auch die Lust, miteinander in die Welt der Sinnlichkeit einzutauchen. Dahinter steckt »nur« ein Bewusstseinsproblem. Das Ritual dagegen ist jedes Mal neu und macht alles ganz neu. Darin liegt sein Sinn. Hier vollzieht sich kein Kopieren vorgegebener Muster; Rituale lassen sich bewusst inszenieren. Zwei, die sich einig sind, könnten sich so gemeinsam erotische Rituale kreieren und sie gemeinsam genießen. All die im letzten Kapitel erwähnten Hinweise könnten sie darin nachhaltig unterstützen.

Eros führt über die *Kunst des Bogenschießens* zum Verlieben – wir könnten darin ein Ritual auf Götterebene erblicken. In der geliebten Person erkennen wir spontan jene unserer eigenen Persönlichkeitsanteile, die wir als Nächstes in unser Leben integrieren wollen, die wir bezaubernd finden und uns so gern von der oder dem Geliebten schenken lassen. Wir machen im Idealfall einen Luftsprung und gehen in Resonanz mit all diesen Geschenken und all unseren Hormonen, die dieses Ritual der Entwicklung unterstützen. Anschließend brauchen wir Eros' Mutter Venus, um uns aus der Verliebtheit in die Liebe zu führen – und um in für unsere Entwicklung entscheidenden Ritualen zu integrieren, was wir als Letztes wollten, unseren Schatten. Wenn wir also Mutter und Sohn, Göttin und Gott der Liebe, in unser Leben einladen, und uns ihren Ritualen öffnen, die uns jetzt vielleicht – hoffentlich – ein gutes Stück näher sind, kann es gelingen. Und da ist der Mythos eindeutig, Venus ist die schönste unter den Göttinnen und Eros der schönste unter den Göttern und Lebensprinzipien. So wunderschönen Aufgaben könnten wir uns mit Courage, dem wilden Herzen, hingebungsvoll öffnen.

Alles beginnt mit der Öffnung unseres Herzens für Eros und seine Pfeile. Wer sich von ihm (be-)treffen lässt, hat den Anfang gemacht, in dem alles liegt, und das Leben kann gelingen. Wenn Liebesfeste zu Ritualen werden, eröffnet sich eine neue Wirklichkeit; wenn das Leben zu einem Liebesfest wird, findet es seine Erfüllung.

ANHANG

VERÖFFENTLICHUNGEN VON RUEDIGER DAHLKE

Grundlagenwerke

Die vier Seiten der Medaille, Goldmann Arkana, 2015
Die Schicksalsgesetze, Goldmann Arkana, 2009
Das Schattenprinzip, Goldmann Arkana, 2010
Die Lebensprinzipien (mit Margit Dahlke), Goldmann Arkana, 2011
Die Kraft der vier Elemente (mit Bruno Blum), Crotona, 2011
Das senkrechte Weltbild (mit Nicolaus Klein), Ullstein, 2005

Krankheitsdeutung und Heilung

Wie wir gegen uns selbst kämpfen, Goldmann, 2015
Wieder richtig schlafen (aktualisierte Neuausgabe), Goldmann, 2014
Krankheit als Chance, Gräfe und Unzer, *2014*
Krankheit als Symbol, Bertelsmann, 2014
Angstfrei leben, Goldmann, 2013
Schattenreise ins Licht, Goldmann, 2014
Seeleninfarkt. Zwischen Burn-out und Bore-out, Goldmann, 2012
Burnout? Schnelltest & Erste Hilfe, Integral, 2012
Herz(ens)probleme, Goldmann, 2011
Krankheit als Sprache der Seele, Goldmann, 2008
Frauen-Heil-Kunde (mit Margit Dahlke und Volker Zahn), Goldmann, 2003
Krankheit als Sprache der Kinderseele (mit V. Kaesemann), Goldmann, 2010
Das Raucherbuch, Goldmann, 2011

Depression, Goldmann, 2009
Verdauungsprobleme (mit Robert Hößl), Knaur, 2001
Krankheit als Weg (mit Thorwald Dethlefsen), Goldmann 2000

Weitere Deutungsbücher

Das Tier als Spiegel der menschlichen Seele (mit Irmgard Baumgartner), Goldmann 2016
Das Buch der Widerstände, Goldmann Arkana, 2014
Die Spuren der Seele (mit Rita Fasel), Gräfe und Unzer, 2010
Der Körper als Spiegel der Seele, Goldmann, 2009
Woran krankt die Welt?, www.heilkundeinstitut.at
Die Psychologie des Geldes, Goldmann, 2011

Krisenbewältigung

Lebenskrisen als Entwicklungschancen, Goldmann, 2002
Von der großen Verwandlung, Crotona, 2011
Mythos Erotik, Scorpio, 2013
Die Liste vor der Kiste, Terzium, 2014

Gesundheit und Ernährung

Das Lebensenergie-Kochbuch, Goldmann Arkana, 2016
Das Geheimnis der Lebensenergie in unserer Nahrung, Goldmann Arkana 2015
Vegan schlank, Gräfe und Unzer, 2015
Vegan auf die Schnelle, Gräfe und Unzer, 2015
Peace-Food – vegano-italiano, Gräfe und Unzer, 2014
Peace-Food-Kochbuch, Gräfe und Unzer, 2013
Vegan für Einsteiger, Gräfe und Unzer, 2014
Peace Food, Gräfe und Unzer, 2011
Richtig essen (überarbeitet 2011), www.heilkundeinstitut.at
Das große Buch vom Fasten, Goldmann, 2008
Die Notfallapotheke für die Seele, Goldmann, 2009
Mein Programm für mehr Gesundheit, Südwest, 2009

Vom Mittagsschlaf zum Powernapping, Nymphenburger, 2011
Ganzheitliche Wege zu ansteckender Gesundheit, Co'med, 2011
Sinnlich fasten (mit Dorothea Neumayr), Nymphenburger, 2010
Meine besten Gesundheitstipps, Heyne, 2008
Fasten: Das 7-Tage-Programm, Südwest, 2011
Das kleine Buch vom Fasten, www.heilkundeinstitut.at
Die wunderbare Heilkraft des Atmens (mit A. Neumann), Heyne, 2009
Störfelder und Kraftplätze, Crotona, 2013

Meditation und Mandalas

Mandalas der Welt, Goldmann, 2012
Reisen nach Innen, Allegria, 2004
Meditationsführer: Wege nach innen (mit Margit Dahlke), Schirner, 2005 *Schwebend die Leichtigkeit des Seins erleben*, Schirner, 2012
Arbeitsbuch zur Mandala-Therapie, Schirner, 2010
Mandala-Malblock, Neptun, 1984
Geheimnis des Loslassens (Tischaufsteller), Gräfe und Unzer, 2013

Worte der Weisheit

Weisheitsworte der Seele, Crotona, 2012
Wage dein Leben jetzt!, www.heilkundeinstitut.at
Worte der Dankbarkeit und des Vertrauens, Schirner, 2011
Habakuck und Hibbelig, Allegria, 2004

Geführte Meditationen

CDs: www.heilkundeinstitut.at
Downloads: Arkana Audio und Integral
Grundlagen: *Das Gesetz der Polarität • Das Gesetz der Anziehung • Das Bewusstseinsfeld • Die Lebensprinzipien (12 CD-Set) • Die 4 Elemente • Elemente-Rituale • Schattenarbeit*

Krankheitsbilder: *Allergien • Angstfrei leben • Ärger und Wut • Depression • Frauenprobleme • Hautprobleme • Herzensprobleme • Kopfschmerzen • Krebs • Leberprobleme • Mein Idealgewicht • Niedriger Blutdruck • Rauchen • Rückenprobleme • Schlafprobleme • Sucht und Suche • Tinnitus und Gehörschäden • Verdauungsprobleme • Vom Stress zur Lebensfreude •*
Allgemeine Themen: *Der innere Arzt • Heilungsrituale • Ganz entspannt • Tiefenentspannung • Energie-Arbeit • Entgiften – Entschlacken – Loslassen • Bewusst fasten • Den Tag beginnen • Lebenskrisen als Entwicklungschancen • Partnerbeziehungen • Schwangerschaft und Geburt • Selbstliebe • Selbstheilung • Traumreisen • Mandalas • Naturmeditation • Visionen*
Kindermeditationen: *Märchenland • Ich bin mein Lieblingstier*
7 *Morgenmeditationen • Die Leichtigkeit des Schwebens • Die Psychologie des Geldes –* (Übungen) • *Die Notfallapotheke für die Seele* (Übungen) • *Die Heilkraft des Verzeihens • Eine Reise nach Innen* (Ariston) • *Erquickendes Abschalten mittags und abends • Schutzengel-Meditationen*
Hörbücher: *Körper als Spiegel der Seele • Von der großen Verwandlung* • Krankheit als Weg • Die Spuren der Seele – was Hand und Fuß über uns verraten

ADRESSEN

Informationen zu Seminaren, Ausbildungen, Trainings, Vorträgen

Heil-Kunde-Institut Graz, Oberberg 92, A-8151 Hitzendorf
Telefon: +43-316-719 88 85, Fax +43-316-719 88 86
www.dahlke.at
E-Mail: info@dahlke.at

Seminar- und Gesundheits-Zentrum TamanGa
(25 Minuten vom Airport Graz)
A-8462 Gamlitz, Labitschberg 4
Telefon: +43-34 53-33 600
www.taman-ga.at

Psychotherapien, Beratungen
Heil-Kunde-Zentrum Johanniskirchen
Schornbach 22, 84381 Johanniskirchen
Telefon +49-(0)85 64-819, Fax +49-(0)85 64-14 29
www.dahlke-heilkundezentrum.de
E-Mail: hkz-dahlke@t-online.de

Informationen zur Arbeit von Ruediger Dahlke
www.dahlke.at
Dahlke-Seminar-Zentrum: www.taman-ga.at
Internetportal: www.mymedworld.cc
Webshop: Bezugsquelle für Bücher, CDs, wie auch: Take me – Glücksnahrung, Take me plus: www.heilkundeinstitut.at